均线核心技术

金　铁◎著

中国宇航出版社
·北京·

图书在版编目（CIP）数据

均线核心技术 / 金铁著. -- 北京 : 中国宇航出版社, 2017.10（2024.11重印）
ISBN 978-7-5159-1377-3

Ⅰ. ①均… Ⅱ. ①金… Ⅲ. ①股票投资—基本知识 Ⅳ. ①F830.91

中国版本图书馆CIP数据核字(2017)第224312号

责任编辑 田芳卿　　**装帧设计** 宇星文化

出版发行 **中国宇航出版社**
社址 北京市阜成路8号　　**邮编** 100830
(010)68768548
网址 www.caphbook.com
经销 新华书店
发行部 (010)68371900　　(010)88530478(传真)
(010)68768541　　(010)68767294(传真)
零售店 读者服务部
(010)68371105
承印 三河市君旺印务有限公司
版次 2017年10月第1版　　2024年11月第7次印刷
规格 787×960　　**开本** 1/16
印张 19　　**字数** 263千字
书号 ISBN 978-7-5159-1377-3
定价 45.00元

本书如有印装质量问题，可与发行部联系调换

前 言

技术是什么？

技术不是根据已有的模式和数据，按照自己希望的发展方向去分析和判断。一个以主观愿望进行交易的理想主义者，很快就会被市场开出罚单。

技术更不是“感觉要涨了或感觉要跌了”，交易行为如果建立在感觉上，结果注定很让人受伤。

技术，其实是用来分析价格强与弱的变化、支撑与压制的转化、多空力量的此消彼长。跟随市场动态，分析价格变化，厘清潜在的逻辑，这才是技术之本。

技术包括两个部分：分析技术和操作技术。

别人没看到远处有块金子，你看到了，这是分析技术。看到了和走过去拿到金子是两回事儿，拿到了，这叫操作技术。

学会分析价格买点和卖点并不太难，难在看到金子后，“要能够拿到金子”。掌握了分析方法，并不代表你必然就会赚钱，实战中的具体操作，也是决定最后成败的关键。操作技术需要实战摸索和心态磨炼。

本书以大量案例的形式，试图营造一个更接近实战的技术环境，在此基础上讲解分析技术和操作技术。在涉及操作技术方面，因其变化万千（不同的个股、不同的阶段有不同的操作技术），难以一一尽述，所以只能提示思路和方法。

无论是均线技术还是K线技术，学是为了变，变是为了更加适应实战。没有永远不老的容颜，人如此，技术何尝不是如此。

水本无形，因器成之。不囿成说，不困于中，技术派才会有春天。

目　录

第一章　均线，技术指标之王

在过去的 10 年中，我将全部的时间和精力都投入到市场投机中。像其他人一样，我曾损失过数以千计的美元，并经历了一个在没有预备知识而入市的新手所必然遭遇到的起起落落。我很快便意识到，所有成功人士，无论是律师、医生还是科学家，他们在开始赚钱以前，都对自己特定的追求或职业进行过多年的学习和研究。在我自己的经纪业务以及为大量客户服务的过程中，我有常人难得的机会去研究他人失败和成功的原因。我发现，在对市场没有任何知识和研究的投资者中，90% 以上最终亏本。

——威廉·戴尔伯特·江恩

第一节　价格涨跌的线索——均线

我预测股票市场或任何未来事件的方法就是重视历史，努力发现我们正处于什么样的循环中，据此指出将来的轨迹，将来不过是市场运动的再现。伟大的波动法则建立在波的相似性原理上，即相近的原因产生相近的结果，无线电、电话以及收音机的发明都归功于这一法则。制约使用这种数学法则对未来进行预测的唯一因素，是不能正确地理解和掌握历史的数据、资料。如果你站在正确的起点上，又知道再现历史的那种循环，那么预测 100 年将会同预测 1 年或者 2 年一样简单。

——威廉·戴尔伯特·江恩

一、什么是算术平均线与加权平均线

均线，又称移动平均线，是对最近某个时间段内的收盘价进行平均，将这些数值以线段的形式相连接形成的曲线。

移动平均线的基本原理是：随着市场成本的变化，价格也将体现这种变化，而成本的变化可能会导致价格运行趋势延续或逆转。均线的变化代表了一段时间内市场平均持仓成本的波动。

均线不能决定价格的运行，但是通过均线分析，可以发现价格运行的奥秘。解读均线是一门学问，需要具备相关的专业知识。知识最好从基础开始学起，因为根基牢固与否决定了未来能够达到的高度。

均线核心技术

均线的计算方法是将最近 n 个交易日的收盘价相加并取平均值，然后将计算所得的一系列平均值以线段的形式连接，即形成了均线。

均线的计算公式为：MA ＝（C1 ＋ C2 ＋ C3 ＋… ＋ Cn）÷n

其中，Cn 代表某交易日的收盘价，n 代表移动平均周期，如 5 日、10 日、20 日、60 日等。

下面以 5 日均线为例说明。

某股连续 10 日的收盘价为 10.0 元、10.5 元、10.3 元、10.1 元、10.7 元、10.2 元、9.8 元、9.6 元、9.7 元、10.5 元。

MA5 ＝（10.0 ＋ 10.5 ＋ 10.3 ＋ 10.1 ＋ 10.7）/5 ＝ 10.32（5 日平均值）

MA5 ＝（10.5 ＋ 10.3 ＋ 10.1 ＋ 10.7 ＋ 10.2）/5 ＝ 10.36（5 日平均值）

MA5 ＝（10.3 ＋ 10.1 ＋ 10.7 ＋ 10.2 ＋ 9.8）/5 ＝ 10.22（5 日平均值）

MA5 ＝（10.1 ＋ 10.7 ＋ 10.2 ＋ 9.8 ＋ 9.6）/5 ＝ 10.08（5 日平均值）

MA5 ＝（10.7 ＋ 10.2 ＋ 9.8 ＋ 9.6 ＋ 9.7）/5 ＝ 10（5 日平均值）

MA5 ＝（10.2 ＋ 9.8 ＋ 9.6 ＋ 9.7 ＋ 10.5）/5 ＝ 9.96（5 日平均值）

将上述的 5 日平均值以线段相连即形成 5 日均线，10 日、20 日、60 日等均线的计算相同。

上面讲的是算术移动平均线的计算，也是最为常用的一种计算方法。移动平均线的计算方法还包括加权移动平均等计算方法。

所谓加权移动平均，是指基于计算周期内越是近期的收盘价对未来价格波动的影响越明显，因此赋予其较大的权值。

常见的有以下几种。

（1）末日加权移动平均线。

计算公式：MA ＝ (C1 ＋ C2 ＋… ＋ Cn × 2)/(n+1)

（2）线性加权移动平均线。

计算公式：MA ＝ (C1 × 1 ＋ C2 × 2 ＋ C3 × 3 ＋… ＋ Cn × n)/(1 ＋ 2 ＋ 3 ＋… ＋ n)

（3）平方系数加权移动平均线。

计算公式：$MA = (C1 \times 1^2 + C2 \times 2^2 + C3 \times 3^2 + \cdots + Cn \times n^2) / (1^2 + 2^2 + 3^2 + \cdots + n^2)$

（4）阶梯加权移动平均线。

$MA = [(C1 + C2) \times 1 + (C2 + C3) \times 2 + \cdots + (Cn-1 + Cn) \times (n-1)] / [2 \times 1 + 2 \times 2 + 2 \times 3 + \cdots + 2 \times (n-1)]$

对于均线不同的计算公式和方法，有兴趣的读者朋友可以略作尝试，寻找对自己最有实战指导意义的那一种。

二、流动的平均成本——均线对价格的影响

在价格（K线）不停息的变化中，均线如同流动的水，从来都不曾静止过。不同时间周期的均线，分别代表不同的介入成本。这些均线在或急或缓的运行中，总会给持仓者带来盈与亏，兴奋与沮丧。

当某条均线在某一时间段代表了多数人的平均成本时，这条均线的技术意义非同寻常：价格跌破这条均线，意味着大多数人都亏损；价格涨过这条均线，意味着大多数人都赚钱。

均线是流动的平均成本，表现的是市场持仓成本不断变化的情况，这种变化对于价格的影响抑或均线的作用，大致包括以下几个方面。

（一）助涨

上升趋势运行期间，价格回落能够得到均线的支撑，大多源于持仓成本的约束。依附均线运行的价格，在明显的上升趋势中很少会遭到集中抛售。即便受到部分卖盘的打压，价格暂时回落至均线上下，持仓者一般也不会轻易在成本线上卖出，于是价格多半会企稳并再度转为上升。

随着上升趋势的日益明确和加强，场外资金会不断涌入，加入到持仓者的队伍中来。在价格整体保持涨升的情况下，不同时间周期的均线大多已扭转向上或保持相应的上行角度，均线的这种排列对于价格既起到支撑作用，也起到助涨作用，于是价格会继续稳步攀升。

均线核心技术

如图 1–1 所示，不同时间周期的多条均线扭转向上，并在股价涨升过程中保持相应的上行角度。即使股价在震荡中跌破短期均线，也会得到下方较长时间周期均线的支撑，升势得以继续。

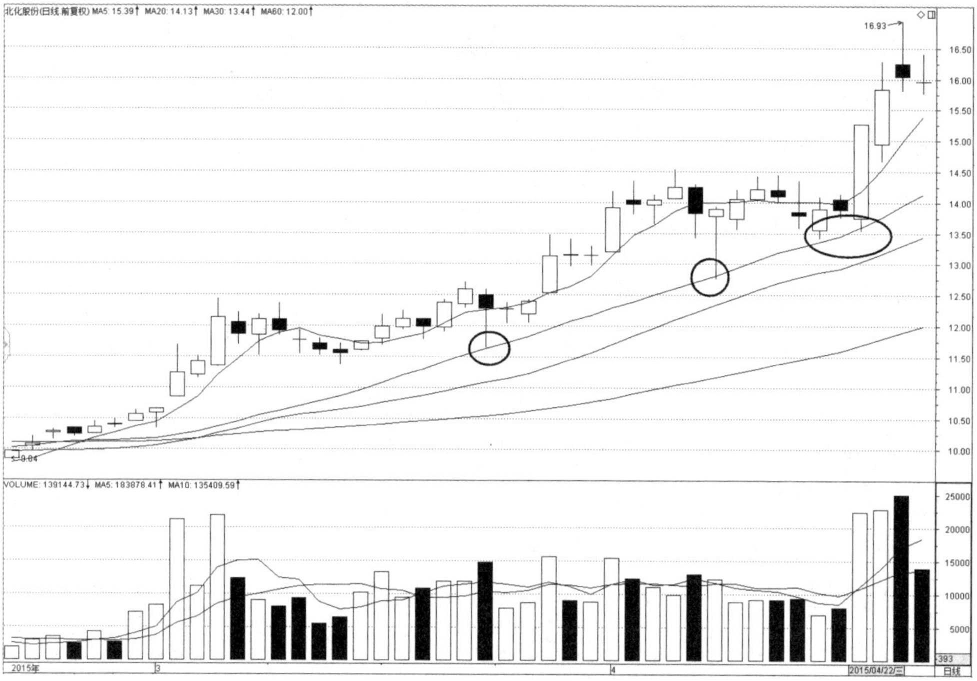

图 1–1

图中多条均线都保持着上行角度，这种排列对于股价的回落能够起到支撑作用。股价得到支撑再次上升，会引燃市场观望资金的做多信心和热情，于是更多的资金纷纷加入进来，这也刺激股价进一步上涨。均线助涨作用的技术含义就在于此。

当上述这种助涨特性一而再、再而三地发生作用，并使得价格过度飙升之后，必然会和较长时间周期的均线产生较大的乖离。较大的乖离率会使低成本持仓者产生越来越强烈的兑现利润的欲望，由此将引发价格趋向或趋势的变化。

（二）助跌

在下跌趋势运行过程中，价格每一次反弹，都会在某个周期的均线附近受到压制，随后转而继续下跌。

情绪处于焦躁不安甚至恐惧状态的持仓者，当发现价格接近自己的成本时，便会毫不犹豫地抛空持仓。这种情况多次出现并成为规律后，会让更多的持仓者选择同样的操作，这就使得相关均线不但具有压制力，还具有助跌的作用。

如图 1–2 所示，在明确的下跌趋势中，股价每一次反弹都会在遭遇上方均线压制后出现跳水的走势。这种具有规律性的涨跌现象，至少说明空方远未到穷途末路的地步。谚语“多头不死，空头不止”，说的就是这种情景。

图 1–2

（三）辨别趋向或趋势

均线是最能清晰反映价格运行趋向或趋势的技术指标。

无论价格是上涨、下跌或横向震荡的趋向或趋势，均线系统总能相对及时、准确地予以呈现，并提供相应的支撑或压制来测试价格运行的真实意图，大家也能够从均线的提示中得到重要的交易参考。

如图 1–3 所示，股价在上升趋向中运行时，不同时间周期的均线依次保持上行的态势，股价多次回落也总能得到均线的支撑并继续维持上涨。在这种技术环境下，持有并做多就是最好的操作方式。

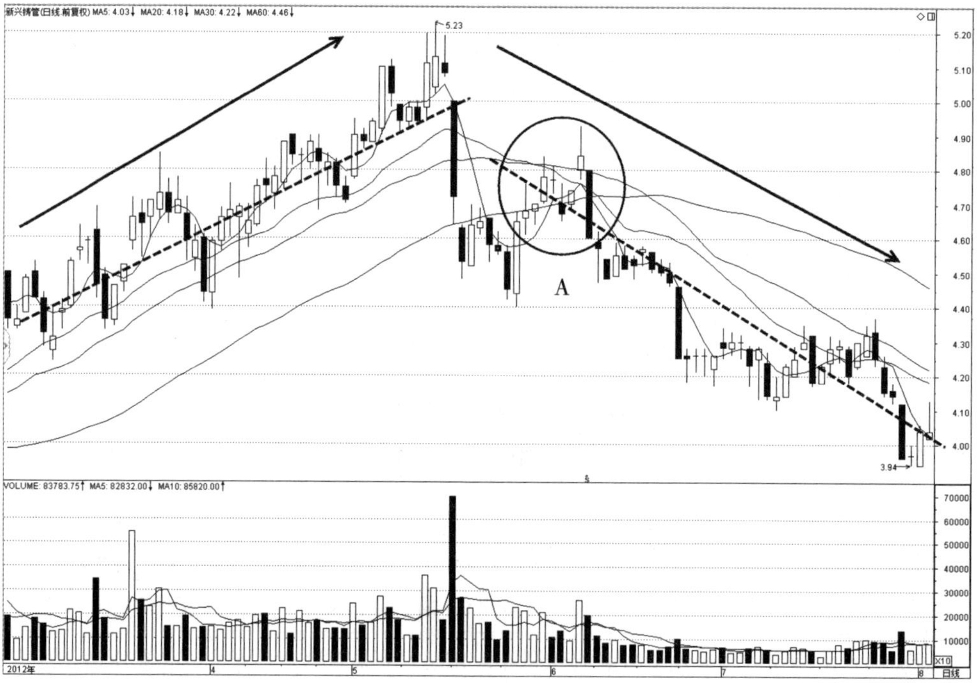

图 1–3

至图中 A 点时，股价大跌后向上反抽均线系统，却不能顺利收复，带来的后果就是股价运行重心扭转下移，此时技术上已经发出了极强的价格转折警示信号。均线系统在 A 点由前期对股价的支撑作用，已经转化为压制作用，那么股价短期内何去何从，几乎都不用过多思考。

A 点之后股价进入下跌趋向，反弹后在均线系统的压制下夭折，随后继续下跌。这个时候还在做多，就无药可医了。与趋向或趋势对抗，至少短期内不会有好日子过。

上面提到股价运行重心（价格运行重心），这是一个较为重要的技术概念。这里讲清楚这个概念，对于理解后面的内容很有帮助。

股价运行重心，即以股价（价格）波动震荡的相对中心位置（或趋向开始的两个震荡高点和低点之间均价位置）画一条直线，即为股价（价格）运行的重心。股价运行重心并非静态不变，而是随着价格的行进方向不断变化。图 1–3 中虚线即为股价运行重心。

股价（价格）运行重心形成后，运行过程中，当股价（价格）偏离重心线过远时，一般会出现向重心线靠拢的动作。触及重心线未继续上升（下跌），而是再次下跌（上升）时，则意味着当前运行重心的方向可能会发生改变。

（四）相对稳定性

均线在研判行情趋向及趋势变化上，比其他技术指标更具有稳定性。在一套配置合理的均线系统中，不同时间周期的均线分别发挥着不同的指示作用，有利于研判行情的多种变化。

如图 1–4 所示，均线系统的配置为 5 日均线、20 日均线、60 日均线，这个配置比较适宜个股行情的波段性操作。

其中的 5 日均线对股价的反应最为灵敏，但也因此会频繁发出提示信号，所以 5 日均线主要用于观察短期股价的强弱变化，在研判趋向变化上的作用相对较小。

20 日均线兼具灵敏性和稳定性的特点，在弥补 5 日均线容易出现过度反应方面具有重要的作用，同时也可用以研判股价运行趋向及力度的强弱变化。

图 1–4

60 日均线在稳定性上相比前两条均线具有较大的优势，通常用作波段行情操作的保护线。

图 1–4 中，股价在 5 日均线上说明趋向强度良好，在 5 日均线下说明趋向暂时趋弱，未跌至 20 日均线皆属于股价超短期波动，不具有趋向研判的意义。

图中两个圆圈标示处，股价跌破 20 日均线时，需要注意可能发生趋向性变化，但作为波段交易而非短线交易者来说，60 日均线才是最后的屏障和保护。

只有股价跌破 60 日均线不能得到支撑，该均线转化为压制时，才是波段结束的信号。反之，则忽略股价的短期波动，继续持仓待涨。

图 1–4 中，这个均线系统的三条不同时间周期的均线，各自发挥着不

同的作用，在及时有效反映股价变化的同时，其具有的稳定性能使交易者避免时时刻刻处于焦躁不安的情绪之中，能够更从容理性地看待和分析行情的发展和变化。

三、道氏理论与葛兰威尔法则

（一）道氏理论

道氏理论源于道琼斯指数创始人之一的查尔斯·道，但查尔斯·道本人并没有将之系统化和著书立说，而是全部以社论的形式发表在《华尔街日报》上。之后经威廉·彼得·汉密尔顿和罗伯特·雷亚等人进行整理、补充、发展和完善，最终形成了道氏理论的完整体系。

有人说，道氏理论是所有投资和投机理论的鼻祖，不管这个说法是否准确，道氏理论对投资和投机的影响都是巨大的。大部分的投资和投机理论皆源于道氏理论，比如葛兰威尔法则以及均线理论等。

道氏理论的精髓和核心，主要由五个定理和三个假设构成，充分理解和消化这部分知识点，对于均线应用有很大的帮助。

1. 五个定理

（1）定理一。

市场有三种走势，三者可以同时出现。

第一种走势最重要，它是主要趋势，即整体向上或向下的走势，也被称为多头或空头市场，期间可能长达数年。

第二种走势最难捉摸，它是次级折返走势或称修正走势，也就是主要多头市场中的重要回调走势，或主要空头市场中的反弹走势，修正走势通常持续三个星期至数个月。

第三种走势通常较不重要，它是每天波动的走势。

道氏理论将纷乱繁杂的市场运行趋势进行了有序的分类，并首次区分主要趋势（长期走势）、次级折返走势（中期走势）和短期波动。这种趋势分类，对于辨别行情的性质、采取不同的交易策略有非同寻常的重要意义。如图 1-5 所示。

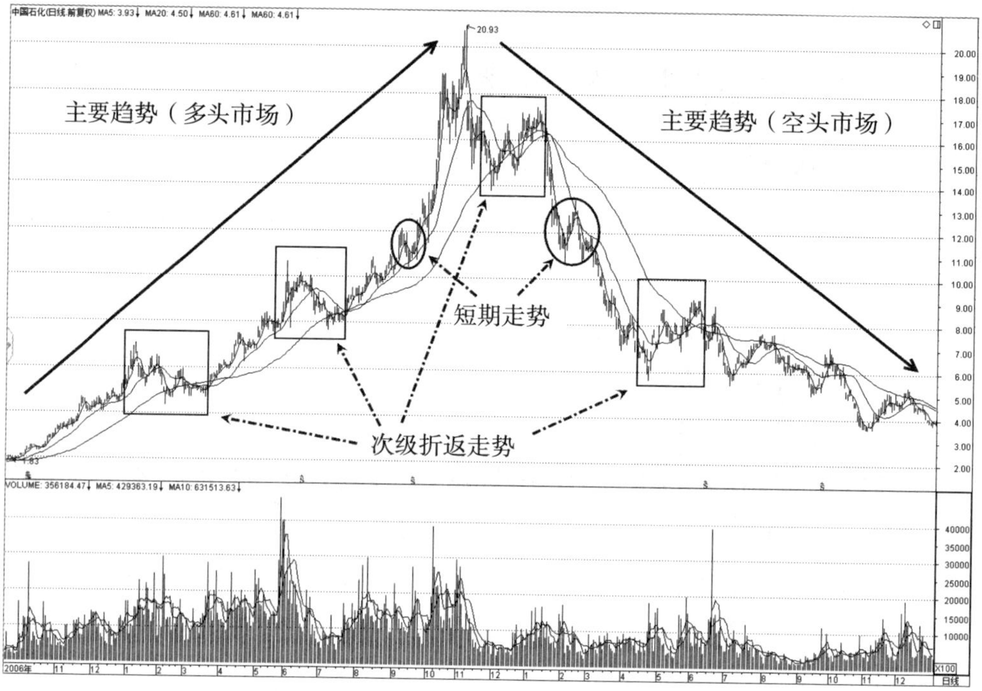

图 1-5

（2）定理二。

主要趋势代表行情整体的、长期的基本趋势，通常称为多头或空头市场，持续时间可能有一年乃至数年之久。正确判断主要趋势的方向，是投机行为成功与否的最重要因素。没有任何已知的方法可以预测主要趋势的持续期限。

道氏理论看重市场运行的主要趋势，认为投机成功的关键就在于是否能够判断出当前行情运行的整体趋势，也就是投资或投机行为应该顺势而为。同时道氏理论还认为一个主要趋势运行的期限并不以人的意志为转移，没有人或组织可以改变或预测主要趋势的持续时间。

（3）定理三。

主要的空头市场是整体长期向下的趋势，其间夹杂着次级反弹。主要的空头市场源于各种不利的经济因素，唯有股票价格将这些可能出现的最糟情况充分反映之后，这种趋势才会结束。

主要的空头市场有如下三个阶段。

第一阶段：市场参与者开始认识到股票过度虚高的价格是难以长久保持的。

第二阶段：与股票抛售相对应的是经济状况与企业盈余的衰退。

第三阶段：质地优良的股票也遭遇到无情的抛售，不论价值如何，许多人急于变现至少一部分股票。

主要的空头市场，就是通常所说的熊市行情。

（4）定理四。

主要的多头市场是整体长期向上的趋势，其中夹杂次级回落。主要的多头市场是由于经济情况好转，投资性与投机性需求增加，并因此推高股票价格。

主要的多头市场有如下三个阶段。

第一阶段：人们对于未来的景气度逐步恢复信心。

第二阶段：股票开始反映经济状况与企业盈余的改善。

第三阶段：投机氛围高涨，股价虚高，大多数人都认为市场仍将继续上涨。

主要的多头市场，就是通常所说的牛市行情。与熊市行情一样，道氏理论同样将牛市行情划分为三个阶段。

（5）定理五。

次级折返走势，在主要的多头市场中是重要的回落走势，在主要的空头市场中是重要的反弹走势，持续的时间通常在三个星期至数个月。

次级折返走势的幅度为前一次级折返走势结束之后主要趋势幅度的33% ~ 66%。

次级折返走势经常被误以为是主要趋势发生改变。比如，反弹会被认为是多头市场的初期走势，但事实上可能仅是空头市场的次级折返走势。相反的情况则会发生在多头市场出现顶部后，参与者认为仅是次级折返走势，事实上却是空头市场的初期走势。

次级折返走势就是牛市行情中的回落走势、熊市行情中的反弹走势。

如图 1–6 所示，该股经过大幅下跌后，出现在 A 点和 B 点的次级折返走势性质的反弹，很容易被认为是多头市场的初期走势。

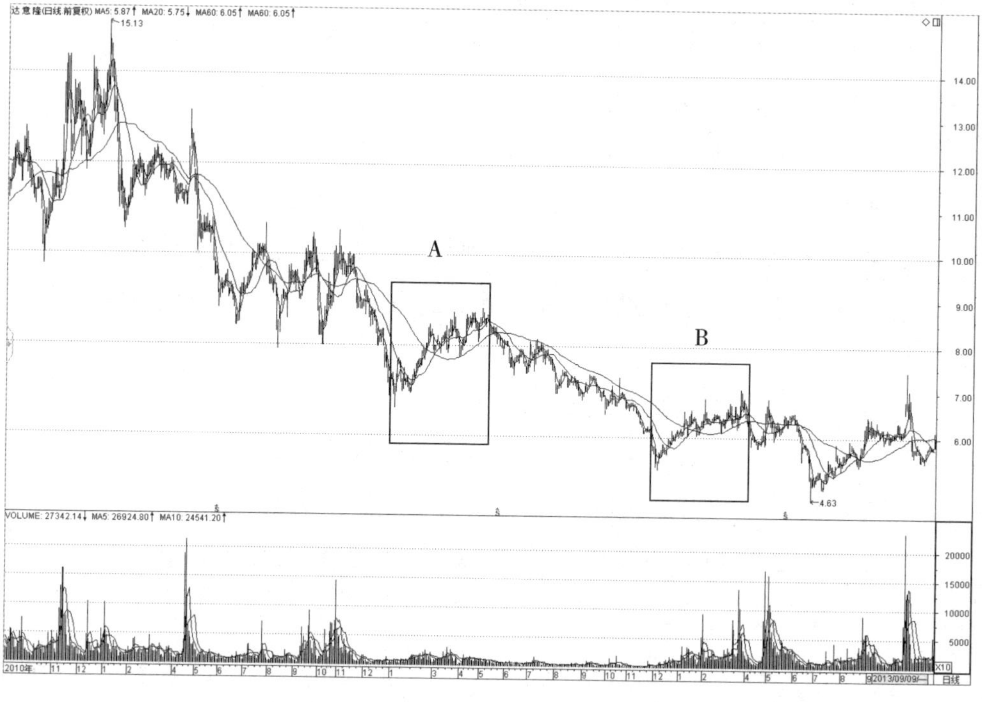

图 1–6

2. 三个假设

（1）假设一。

指数或股票每天、每星期的波动可能受到人为操纵，次级折返走势也可能受到这方面的有限影响，比如常见的调整走势，但主要趋势不会受到人为的操纵。

人为操纵可以说是投资及投机市场中难以回避的现象，尤其对于中短期价格运行趋势而言，更是如此。市场的长期运行趋势却很少受到这种影响，人为操纵只能使得长期趋势加速或迟缓，但很难使其发生改变。在一个主要趋势运行过程中，一些受到人为操纵发生的单日剧烈下跌或次级折返走势，很难改变主要趋势的运行方向。

（2）假设二。

每一位对金融事务有所了解的市场人士，他所有的希望、失望与知识，都会反映在道琼斯指数或其他指数每天的收盘价波动中。因此，市场指数永远会适当地预期未来事件的影响。如果发生火灾、地震、战争等灾难，市场指数也会迅速地加以评估。

当个人见解符合或者违背市场对于事件的反应时，必然带来盈利或者亏损的后果。

（3）假设三。

道氏理论并非是完美的不会出错的理论，利用它指导投机或投资行为，需要深入研究并客观地综合判断，绝不可以用希望去思考和判断。

笔者认为假设三最能反映道氏理论的哲学思想，即摒弃主观愿望进行交易，而应客观地看待市场以及所有的分析结论，无论投资还是投机交易，都容不得半点神秘主义成分存在。

（二）葛兰威尔法则

均线理论毫无疑问源自道氏理论，创立移动平均线分析系统的是美国人琼·葛兰威尔。

传说葛兰威尔先生创立移动平均线的灵感，来自于看到的地面上一些蜿蜒曲折的水流痕迹。从事证券工作的葛兰威尔由此联想到了股票和期货的波动轨迹，一项重大的发现或者说发明由此萌发。

之后，葛兰威尔开始钻研和探索移动平均线，为此承受了无数次失败，失败导致他破产、婚姻破裂。天道酬勤，葛兰威尔的均线理论日益完善，并逐步受到投资界推崇，他对行情的精准预测也令人惊叹。

葛兰威尔的声望一度如日中天，他公开发表看空言论时，会使道琼斯指数出现大幅下跌。但是，后来葛兰威尔在巨大成功中迷失了自己，认为自己就是上帝，可以和行情趋势抗衡，失败也就不可避免地接踵而至。

没有人可以和市场行情抗衡。如果行情不跟着你走，那么你就必须跟着行情走。抗拒市场的结果就是亏得倾家荡产。在交易中，如果你不能牢记并遵从这条规则，那么盈利只能是痴人说梦。

不可否认，正是葛兰威尔在均线应用理论上的贡献，才使得均线理论从 20 世纪 70 年代一直到今天仍旧在技术分析领域发挥着巨大的作用。

葛兰威尔均线理论中，最为世人熟知的就是他的葛兰威尔法则。在学习均线基础理论的过程中，葛兰威尔的八条法则是一个必须精读的部分。

葛兰威尔八条法则中，前四条法则是买入法则，后四条法则是卖出法则。如图 1–7 所示。

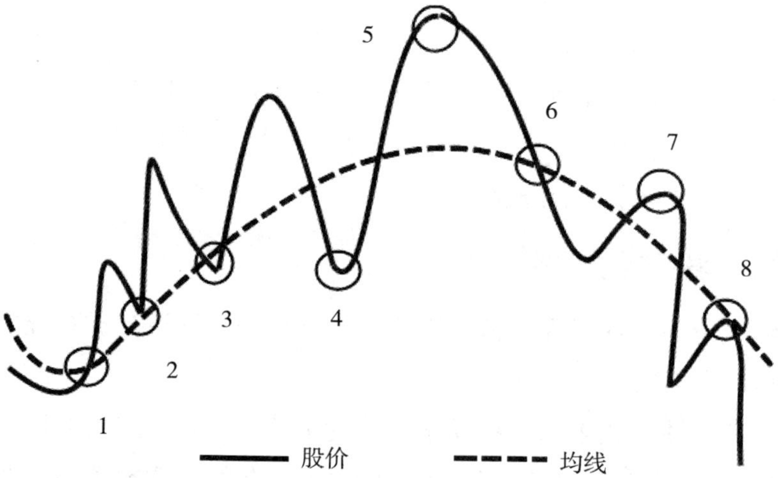

葛兰威尔法则

图 1–7

在研究葛兰威尔八条法则的时候，可能有人会问：八条法则参照的均线时间周期是多少？

其实这个问题并不算是问题，因为这条均线的周期你可以设置为任何值，只要有利于看清局势，赚取利润。能赚钱的设置就是最好的设置。

不同交易风格的人，在技术上的选择存在极大的差异。如果笔者在这里告诉你应该选择 5 日均线或者 20 日均线，那么你在实际交易中多半会应用得磕磕绊绊。

短线交易者和波段交易者或者中长线交易者的持仓时间不同，追求的利润空间不同，看待股价波动的观点也不同，使用的均线也存在不同。

短线交易者习惯追逐价格短期起伏带来的差价，一条时间周期较长的均线不可能反映出价格短期的即时变化。波段交易者喜好把握股价某一上升波段的利润，一条时间周期较短的均线，只会给他带来困扰和干扰。

综上所述，葛兰威尔法则中这条均线的时间周期，要因不同交易者、不同交易风格而定，交易者首先要明确自己追求的是什么，然后才能确定怎么用。

在技术分析领域，均线和其他技术分析方法，都需要在应用和理解上保持灵活性、变通性和适用性。所谓适用性，是指顺应事物的波动，从中找到最适合自己的分析方法。

（1）法则一。

均线从下降逐渐走平且略向上方抬头，而股价从均线下方向上突破，为买进信号。见图 1–7 中的标示 1。

解析：法则一提示的买点，其实就是顺势而为。当均线和股价从跌势中转为走平、上行，做多的技术环境已经基本具备，此时选择买入正是好时机。

葛兰威尔的八条法则所讲的是“道”，而不是“术”，二者之间的区别在于：“道”是分析技术，而“术”是操作技术。

葛兰威尔法则可以让大家学会如何分析股票的买点和卖点，但实战中的具体操作方法，却需要交易者潜心体会和总结。学会了分析方法，并不代表必然能赚到钱。

就像法则一中的这种情况发生时，当天股价涨了，你也买了，但次日又跌了下来，你不但没赚钱，反而出现了亏损。

这时候很多人最常说的一句话就是：技术分析不可信！技术分析其实挺冤！股价难道没涨吗？很多人遇到事情不去从自身找原因，而是把过错推出去。其实你推出去的不是过错，而是学习和进步的机会。

股价上涨了，说明分析技术没有错。你没赚到钱，说明在操作技术上出了问题，这才是症结所在。

以法则一为例，操作技术如何把握，或者说如何操作呢？

当短期均线从下降逐渐走平且略向上方抬头，而股价从均线下方向上方突破时，有时可能仅是一个适合超短线或量化交易者的买点信号。

如图 1–8 所示，股价突破短期均线后的上升空间非常狭小，而且最佳的做多时点一闪而过，对于波段交易者或者中长线交易者来说，这种情况并不是适合的交易时机。

短期均线可以提示股价的即时强度，却不能提示可能波动的幅度，所以这种情况下出现的机会，仅适合超短线或量化交易者。

能够提示后市波动的幅度，并且适合波段及中长线交易者操作的机会，至少应该是一条中短期均线，比如 10 日均线或 20 日均线等。不同周期的均线，出现同样的技术形态，市场意义会有较大的差别。

如图 1–9 中的 20 日均线，从下行到走平再到上升，A 点股价向上突破的技术含义，就不是短期均线可以与之相比的。后市只要 20 日均线继续保持上行，股价运行重心也基本保持同向运行时，就不必过分担心趋向有太大的变化。

（2）法则二。

股价位于均线之上运行，回调未跌破均线，再度上升时为买进时机。见图 1–7 中的标示 2。

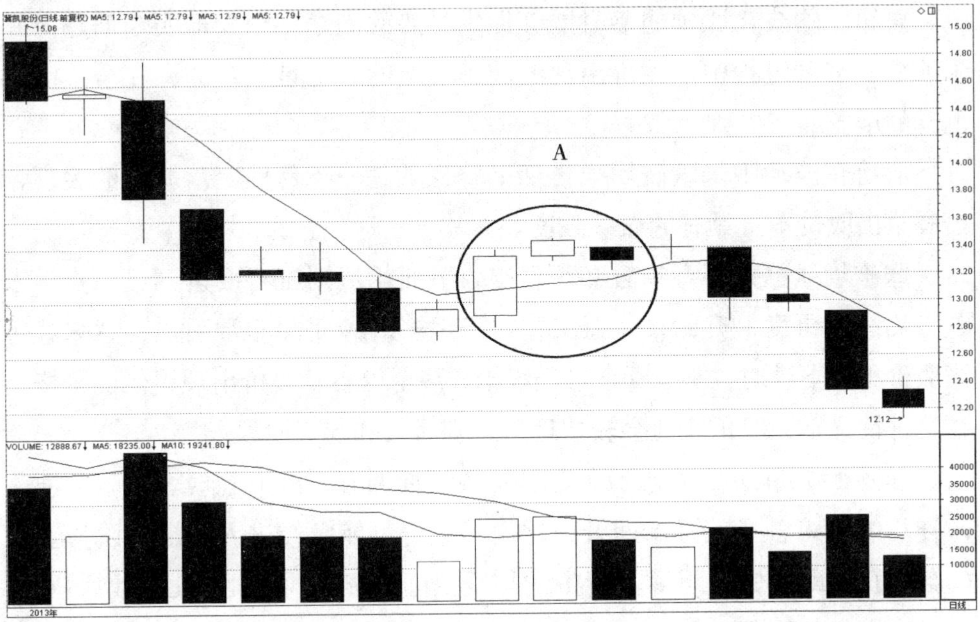
冀凯股份(日线 前复权) MA5: 12.79↓ MA5: 12.79↓ MA5: 12.79↓ MA5: 12.79↓
15.06
A
12.12
15.00
14.80
14.60
14.40
14.20
14.00
13.80
13.60
13.40
13.20
13.00
12.80
12.60
12.40
12.20
VOLUME: 12888.67↓ MA5: 18235.00↓ MA10: 19241.80↓
40000
35000
30000
25000
20000
15000
10000
2013年
日线

图 1-8

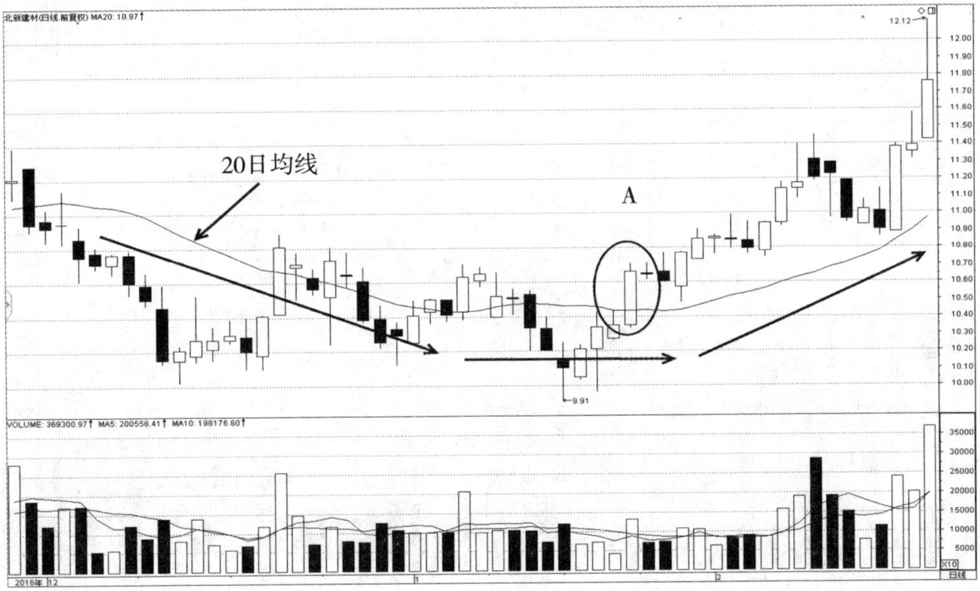
北新建材(日线 前复权) MA20: 10.97↑
12.12
20日均线
A
9.91
12.00
11.90
11.80
11.70
11.60
11.50
11.40
11.30
11.20
11.10
11.00
10.90
10.80
10.70
10.60
10.50
10.40
10.30
10.20
10.10
10.00
VOLUME: 369300.97↑ MA5: 200558.41↑ MA10: 198176.80↑
35000
30000
25000
20000
15000
10000
5000
X10
2016年 12
1
2
日线

图 1-9

解析：均线在股价回落时能够提供必要的支撑，至少证明当前趋向并未改变。涨升过程中，股价出现波动是必然的，也是正常的，完全一字线上升的毕竟属于少数。

股价在波动中未跌破均线再度上升，既是一种良性回落调整的表现，也展示出股价本身具有的做多强度。

跌破均线也并不意味着必须看空，下面的法则三将要讲到这一点。未跌破均线便再度上升的技术意义，对于做多的倾向性非常明显，意味着每当股价出现下跌时，便有资金进场吸纳，甚至等不及股价出现更低的价格。在这种情况下，股价往往会较快地进入到滑行和起飞阶段。

如图 1–10 所示，A 点股价触及均线后便回升，至 B 点时，多日的回落却连均线也未触及就开始回升，这说明股价可能已经进入到滑行阶段。至 C 点时股价回落低点距离上行中的均线空间明显，再度上升也就说明股价已经进入起飞阶段（滑行与起飞的技术点，见第四章中的“起飞跑道”）。

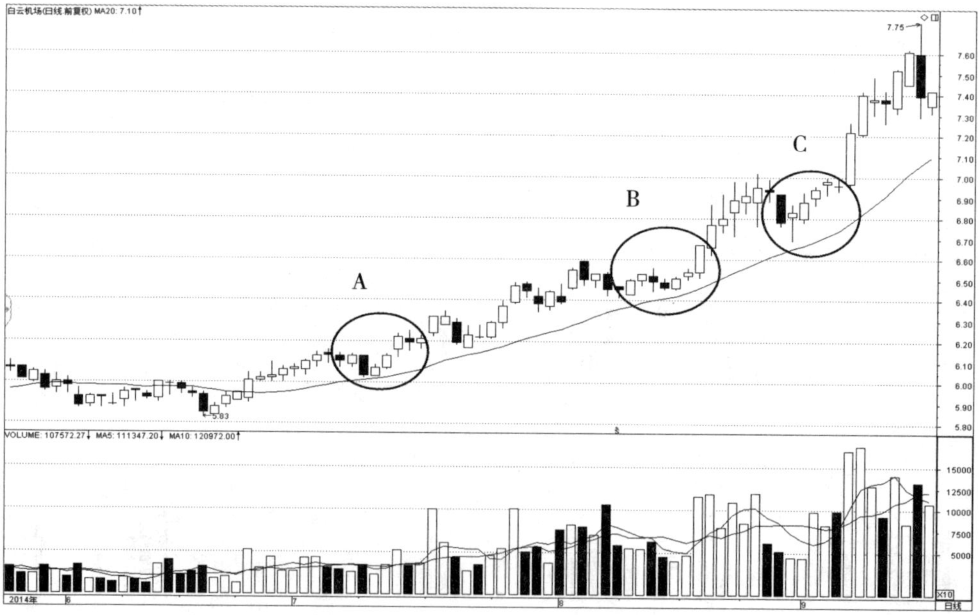

图 1–10

（3）法则三。

股价位于均线之上运行，回调时跌破均线，但均线继续呈上升趋势，此时为买进时机。见图 1–7 中的标示 3。

解析：如果说法则二是一种强势回调，那么法则三是故意制造恐慌的回调类型。这种类型的回调故意跌破均线，意在引发技术派的惊慌抛盘。

一条上行态势的均线，股价回落不破便再度上涨，体现的一方面是股价的强势，另一方面是均线稳定的支撑作用。

那么被跌破的均线还有支撑吗？

分析均线，重点并不在于形态上破与不破，而是在于均线能否存在支撑或压制转化关系。

当股价向下跌破均线时，并不必然说明支撑已经不存在。如图 1–11 中 A 点所示，股价破掉均线，但很快又重新回到均线之上，均线并没有对股价形成压制，就说明支撑依然存在。

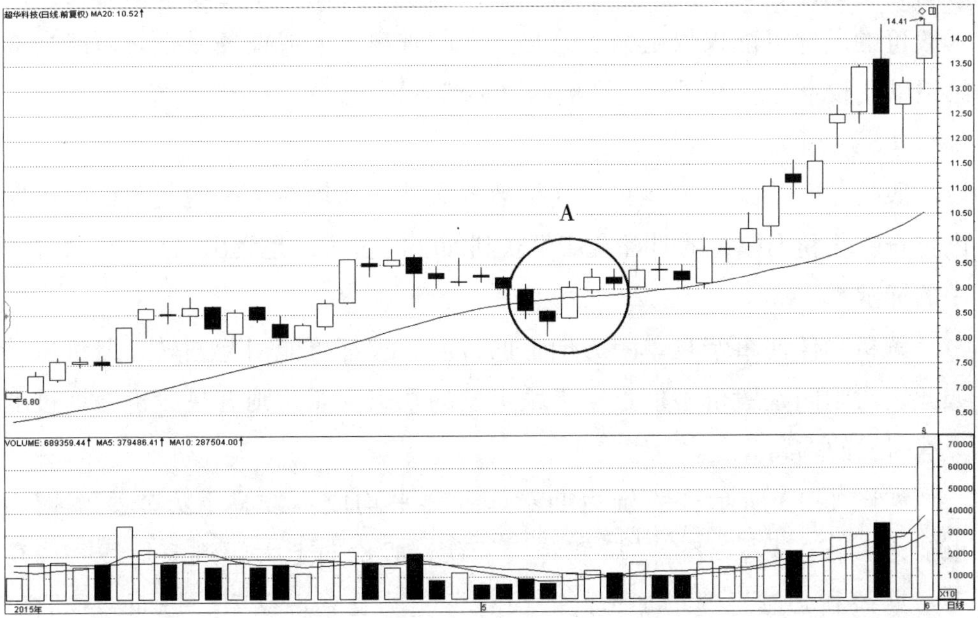

图 1–11

一条上行态势的均线具有的支撑作用，远大于横向或下行态势的均线。股价打破上行态势的均线并很快予以收复，显示出多方强势，这种形态下的买点应是较为明确的。

（4）法则四。

股价位于均线以下运行，突然暴跌，距离均线太远，极有可能向均线靠近，此时为买进时机。见图 1–7 中的标示 4。

解析：图 1–7 中标示 4 并不能完整地表达法则四的含义，或者说只是法则四的形式之一。标示 4 是上涨趋势中回档过深形成的股价与均线的乖离，还有一种情况是下跌趋势中股价与均线之间形成的乖离。

本条法则的重点在于股价和均线之间的乖离率。股价短时间暴跌致使远离平均成本线，持仓者更加不愿意卖出。股价进一步走低也会吸引抄底资金的关注，一波反弹往往就会由此萌发。

如图 1–12 中标示的，股价快速下跌，导致与均线之间的乖离率增大，随后股价反弹。图中所示下跌趋势中的买进，应是一个短线交易行为，因为股价的反弹可能仅仅是为了修复过大的乖离，完成任务后很有可能会继续下跌。技术环境不同，交易预期也必然有别，这一点必须注意。

（5）法则五。

股价位于均线之上运行，连续数日大涨，离均线愈来愈远，说明近期内持仓者获利丰厚，随时都会产生获利回吐的卖压，是卖出信号。见图 1–7 中的标示 5。

解析：任何事情在单一方向上的过度表现都可能引起逆转，股价也是如此。法则四是股价短期过度下跌引发的乖离，而法则五是股价短期过度上涨引发的乖离。

如图 1–13 所示，股价短期暴涨远离平均成本线，下方乖离率指标也随之大幅走高，股价随后便转入下跌。股价向上大幅逃离均线，持仓者短期盈利必然迅速增加，此时极有可能诱发兑现欲望，进而导致股价出现回落。

银江股份(日线 前复权) MA20: 15.60
18.55
13.51
BIAS-QL(6,6) BIAS: -2.89 BIASMA: -0.81
2016年
12
1
2
3
日线

图 1-12

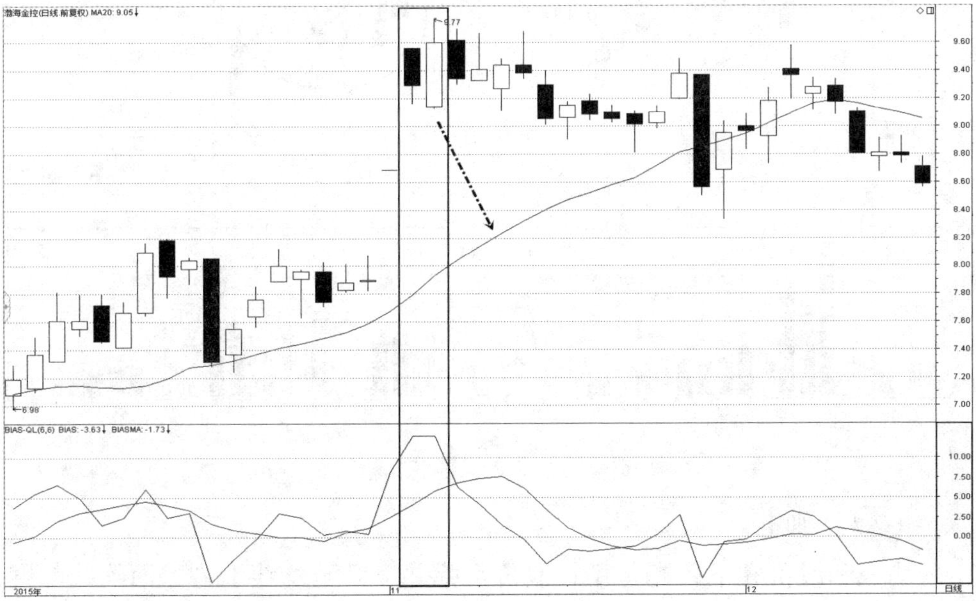
渤海金控(日线 前复权) MA20: 9.05
9.77
6.98
BIAS-QL(6,6) BIAS: -3.63 BIASMA: -1.73
2015年
11
12
日线

图 1-13

（6）法则六。

均线从上升逐渐走平，而股价从均线上方向下跌破均线，说明卖压渐重，为卖出信号。见图 1–7 中的标示 6。

解析：法则六其实阐述的是向下的顺势而为。当平均成本倾斜向下运行时，股价此时由上方跌破均线，加强了向下的趋向力度。当这条被突破的均线此后显示出较强的对股价的压制力度时，卖出或者做空是较佳选择。

如图 1–14 所示，在均线上行阶段，股价回落后得到支撑，依附均线盘升。至 A 点时，股价跌破均线，此时均线也已经从上行态势转为下行。之后股价试图收复均线，但明显遭遇到较强的压制，最终股价还是选择向下跌落。

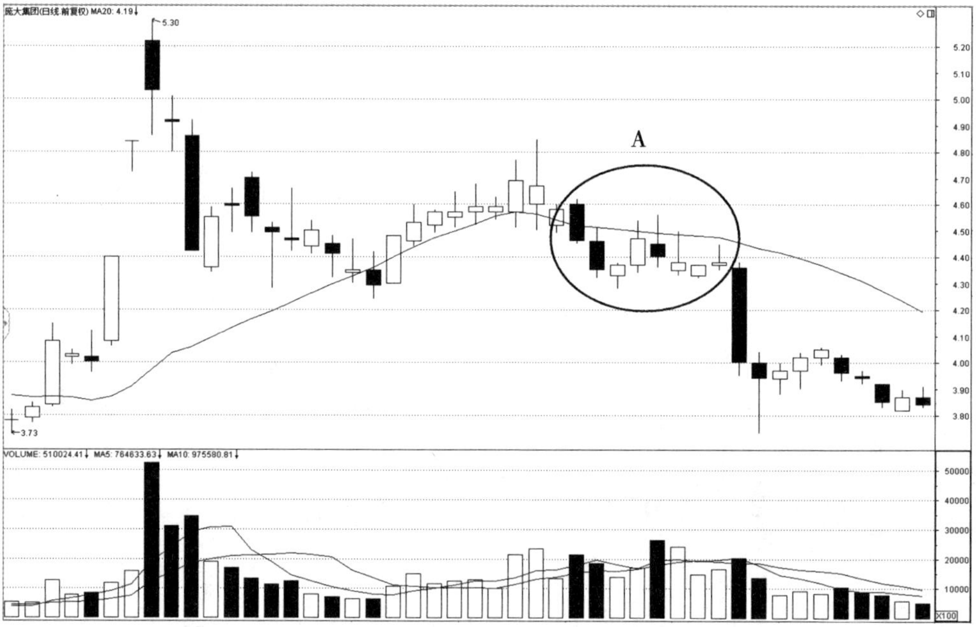

图 1–14

（7）法则七。

均线和股价在下行趋势中，股价反弹并涨升至均线上方，而均线却继续下行，是做空信号。见图 1–7 中的标示 7。

解析：在一个明确的下跌趋势运行过程中，股价产生的反弹有多个级别，既有道氏理论中提及的较强的次级反弹，也有运行时间较短的短期反弹。次级反弹属于可适度参与阶段性做多的级别，短期反弹则仅适于短线交易者操作，对于大多数交易者来说，是抛空仓位或者借机做空的时机。

如图 1–15 所示，股价与均线同向下行，至 A 点股价反弹，但均线仍旧维持下行态势，这种情况昭示出股价反弹难以持久。

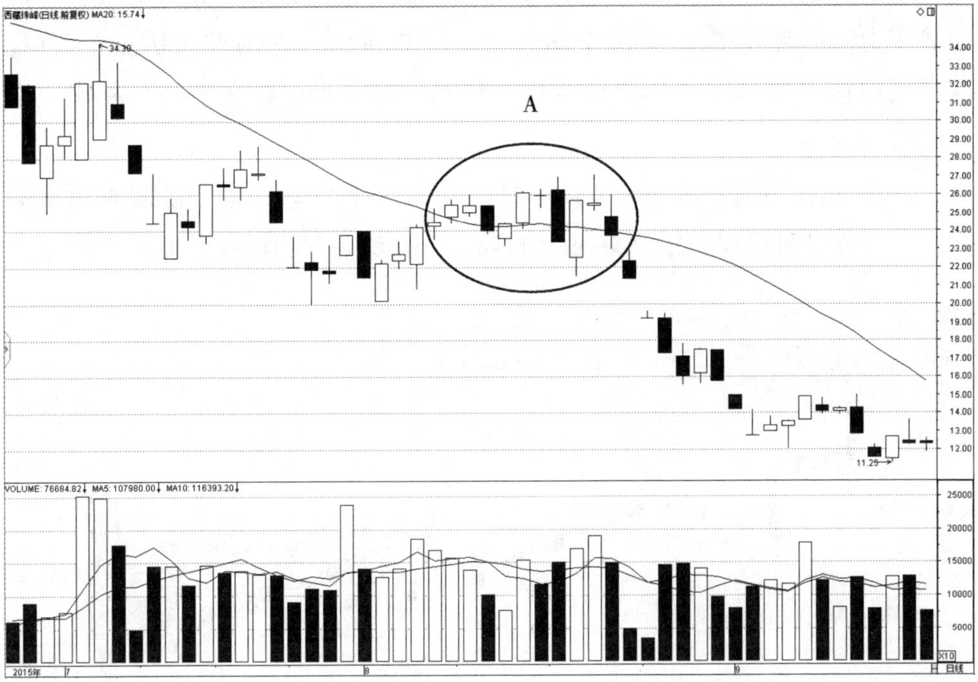

图 1–15

下跌趋势中，股价的大多数反弹都会在一些曾发生密集成交的成本线上下止步。技术上，当股价接近成本线附近时，部分受到下跌趋势困扰难以脱身的持仓者，会抓住这一难得的机会减持仓位，使得股价受压而停止上涨。

股价反弹受阻，会使原本持仓观望升势发展的人放弃观望，加入到减仓的队伍中来，股价受到的压制会越来越严重。下行中的均线不可能提供必要的支撑，于是反弹终结。

换言之，如果股价承受住这种情况下的打压，那么对股价之后的反弹级别甚至反转都可以寄予期望。

（8）法则八。

股价位于均线下方运行，反弹时未能突破均线，当股价再度出现下跌，此时为卖出时机。见图 1–7 中的标示 8。

解析：这是一个比法则七更弱势的反弹形态，也是股价短期波动遭遇趋势压力时的常规现象。实战中均线就是关口，股价不能强势突破这个关口，就说明目前多方仍旧处于游兵散勇的状态，远未到汇聚、集结、凝聚攻击力的时刻。

如图 1–16 所示，股价、均线同步下行，下行一段时间，随着乖离率的加大，股价以弱势反弹来修复过大的乖离，触及上方的均线后便再次败退。

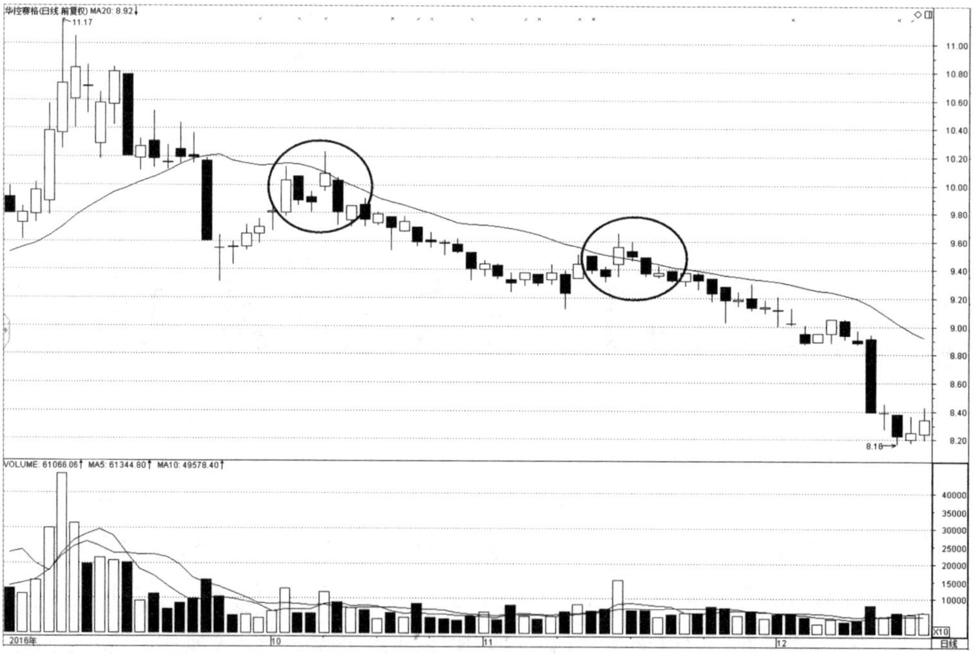

图 1–16

这种形式的反弹，对于大多数交易者来说没有参与价值，因为很难把握住转瞬即逝的最佳买点。错过最佳买点后，如果追高强买，不是缺少获利空间，就是买入即套。

对于持仓者来说，这种反弹发生时，就是减仓的良机，当股价触及均线难以真正突破，股价再次转跌，就应抓住机会出局，不可存有过多幻想。

第二节　K 线与均线契合实战辨别

切记，永远不要和股票趋势对抗。在探测到股票趋势后，需要排除个人杂念、希望和恐惧的干扰进行买卖操作，只有这样才能获得成功。

——威廉·戴尔伯特·江恩

一、契合与循环的实用战术

均线和 K 线契合形态是技术分析中的基本分析元素之一，二者之间的形态起伏、攻与守、支撑与压制处于不断变化中，并由此构筑了股价循环往复的运行过程。

二者的契合与循环，是均线分析技术最原始的根源。从细节中探知和发现股价微妙的变化规律和逻辑，至少能够让交易者有一个极为清晰的战术思路。

细节形态上的变化，虽然并不必然引起趋势上的扭转，但是趋势的扭转必然从细节处开始。

（一）均线和 K 线的七种基本契合形态

1. 压线

压线，顾名思义，是压制股价向下运行的一种均线与 K 线契合形态。如图 1-17 所示。

压线是较为常见的一种契合形态，其特征主要表现在：股价一直受到下行态势均线的压制，二者以几乎相同的角度匀速下行。

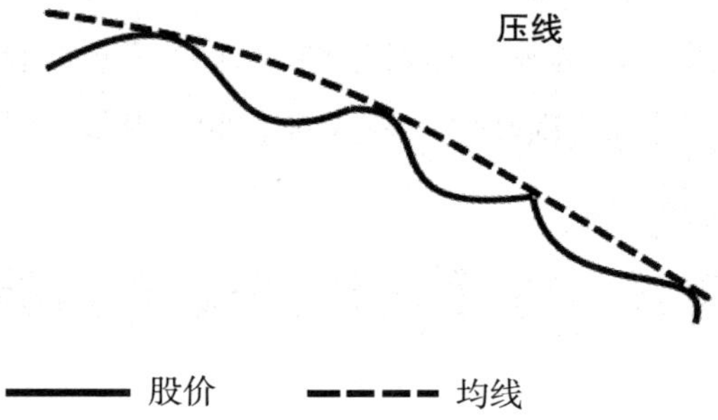

图 1–17

压线的技术含义如下。

多方资金并未完全放弃向上攻击，但难以集聚具有一定规模和较大级别的攻击能力，所以就处于“叫花子打狗，边打边走”的尴尬境地。空方在这种情况下也并未完全发力，所以股价触及均线后的下跌也并未远离均线，而是依附均线下行。

压线形态下的弱势反弹，只会消耗多方的上攻能量，大多数情况下，不但无法突破均线，还会在多方攻击能量消耗殆尽时出现快速向下跌落。

在行情整体处于下跌趋势的技术环境下出现压线时，及时做空或减仓是最佳选择，万不可心存侥幸与趋势对抗。

如图 1–18 所示，该股股价见顶回落形成压线形态，最终股价从最高点的 13 元多，一直跌至 6 元多才企稳反弹。

在行情整体处于上涨或横盘趋势的技术环境下，部分主力资金会利用压线形态洗盘，然后出人意料地突然拉升。

如图 1–19 所示，该股股价运行于上涨趋势中，于图中 A 点出现压线形态。但这种洗盘性质的压线，毕竟不能同图 1–18 中的趋势性压线相比，所以股价很快就扭转了均线的压制。B 点在测试均线由压制转化为支撑的有效性后，股价继续上涨。

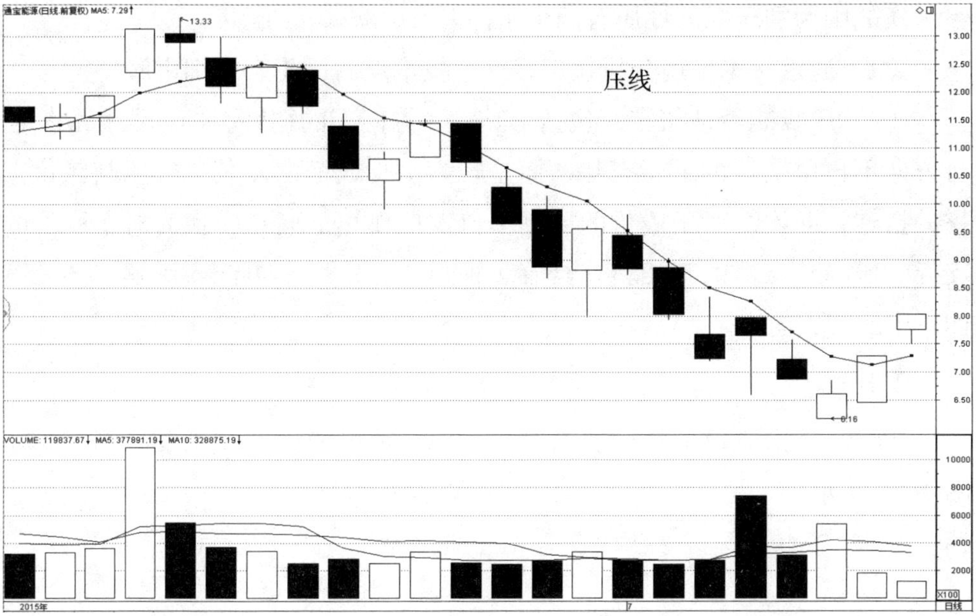
通宝能源(日线 前复权) MA5: 7.29
13.33
压线
6.16
VOLUME: 119837.67 MA5: 377891.19 MA10: 328875.19
2015年
7
日线

图 1-18

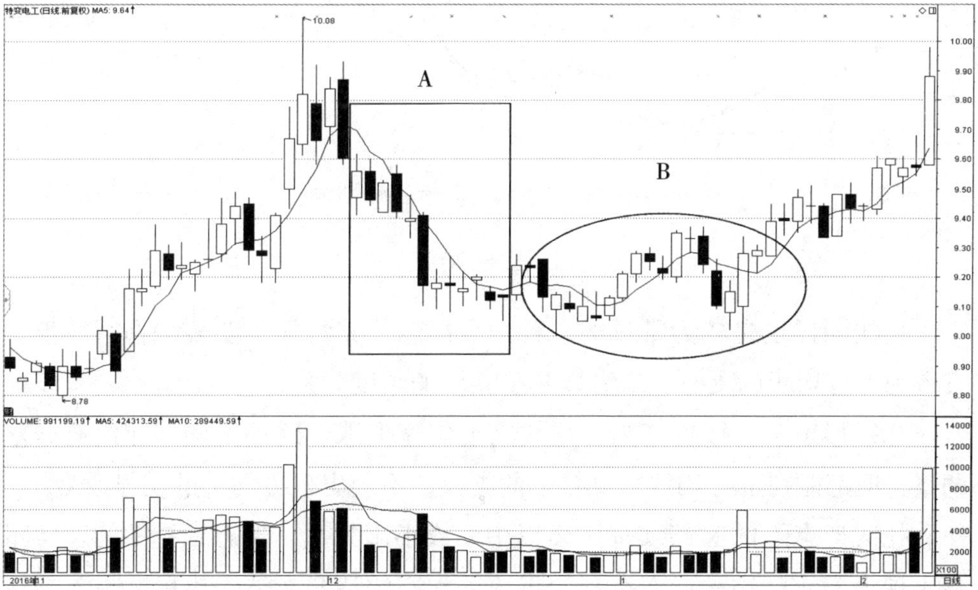
特变电工(日线 前复权) MA5: 9.64
10.08
A
B
8.78
VOLUME: 991199.19 MA5: 424313.59 MA10: 289449.59
2016年11
12
1
2
日线

图 1-19

实战中判别压线的性质有两个条件。

（1）通过技术环境分析认定，这个技术点后面将有详细讲解。

（2）压线能否被扭转，包括：其一，方向上的扭转，即均线和股价运行方向不再呈明显的下行态势，而是转为上行或横向。其二，压制转化支撑的扭转，即均线对于股价的压制不再发挥作用，而是转换为对于股价的支撑。压制与支撑的互相转化具有多种形式，这里不再深入讲解，详见第四章中的相关内容。

2. 托线

托线，是指股价依托均线向上运行的一种均线与 K 线的契合形态。如图 1–20 所示。

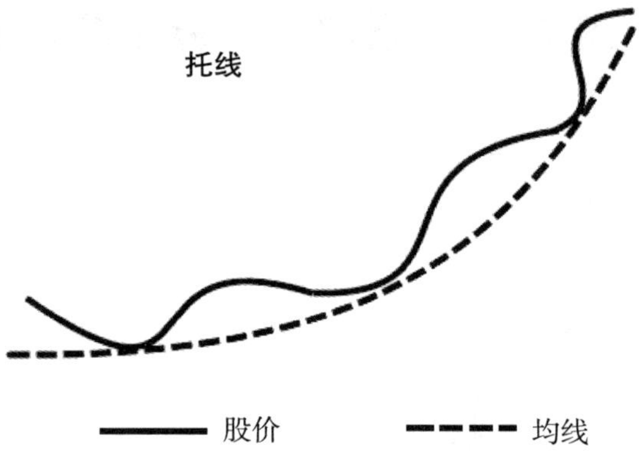

图 1–20

托线同样也是较为常见的一种契合形态，其特征主要表现在：股价一直得到上行均线的支撑，二者以几乎相同的角度匀速上行。

托线形态下，股价依附在均线之上匀速上涨。这种上涨并非没有回落调整，但都能在下方均线得到较强的支撑，不会出现方向上的明显改变。

托线形态下的 K 线实体大多以中阳或小阳为主，形态维持期间通常不会出现大阳线。这种形态有利于将缺乏耐心的持仓者清除出局，也不会过度吸引场外资金的攻击，因而能够积蓄足够的上涨动能。

如图 1–21 所示，股价依托均线稳步上涨，这种形态下，交易者耐心持仓是最好的选择。

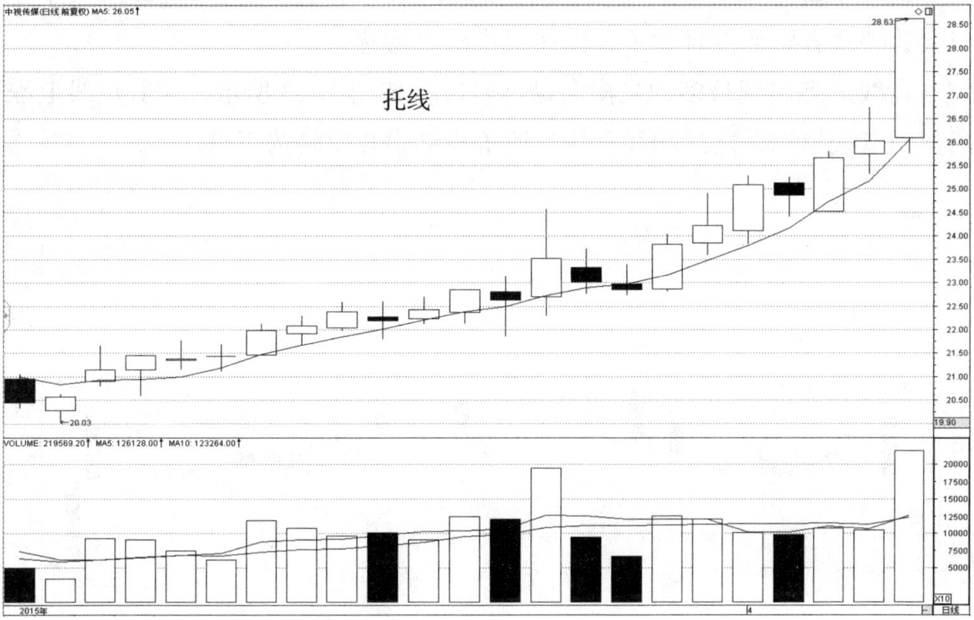

图 1–21

3. 盘线

盘线，是指股价向上或向下来回盘绕均线运行，多数时间处于跌破 – 收复循环中的一种契合形态。如图 1–22 所示。

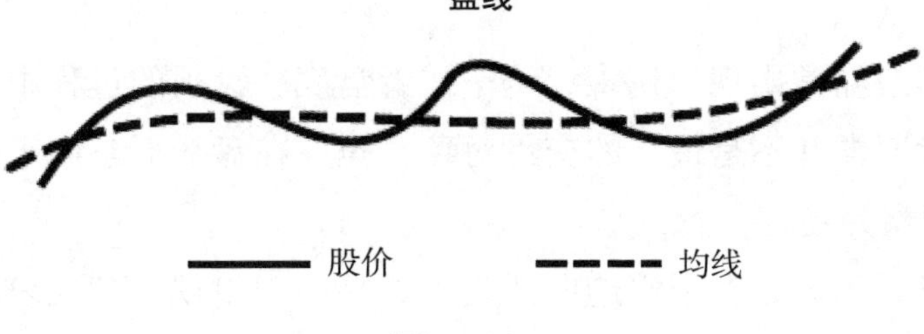

图 1–22

盘线也是一种常见的均线和K线契合形态，既可见于上涨趋势，也可见于下跌趋势和横向盘整阶段。

盘线形态在实战中出现时，因其走势较为纠结，即使在上涨趋向中，也会让持仓者感觉度日如年，往往很难稳定持仓。

盘线形态出现最多的是横向盘整阶段。如图1–23所示，该股短线上涨后出现盘线形态，之后均线下行，股价也结束盘整转为下跌。

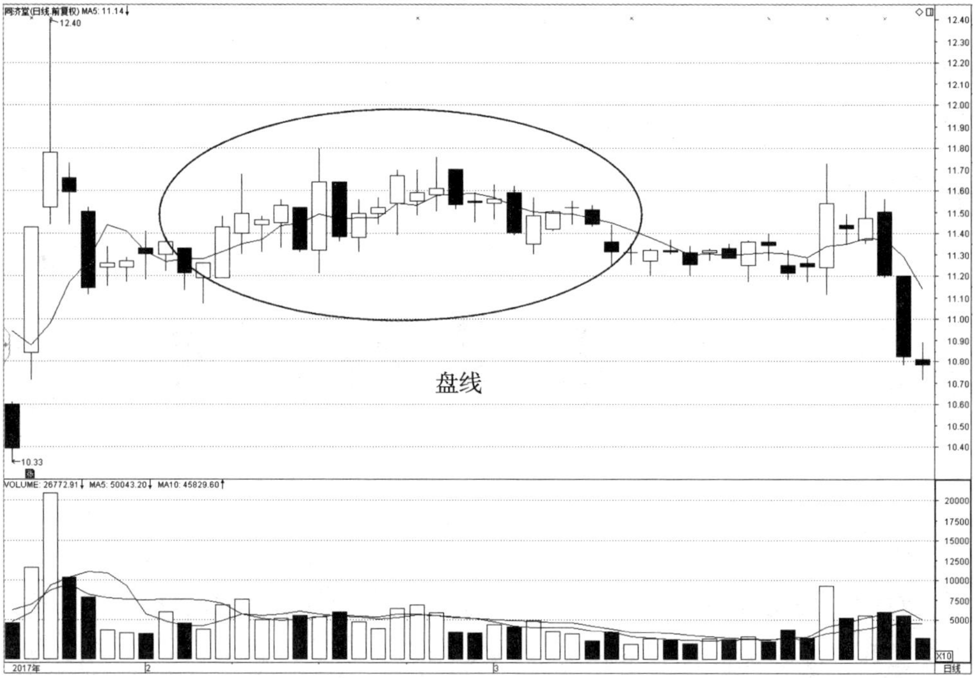

图1–23

盘线形态经常出现于诱多、诱空或者盘底、盘顶的过程中。具有盘线形态的个股通常并不是最佳的交易对象，至少在盘线形态尚未结束之前，应以跟踪观察为主。

盘线形态不论是在上涨趋向还是下跌趋向中出现，其代表的短期方向性都不如压线或托线明确，它的存在告诉交易者需要等待。

4. 跳线

跳线，是指股价突然跳离所依附的均线，但很快又回归均线的一种契合形态。如图 1–24 所示。

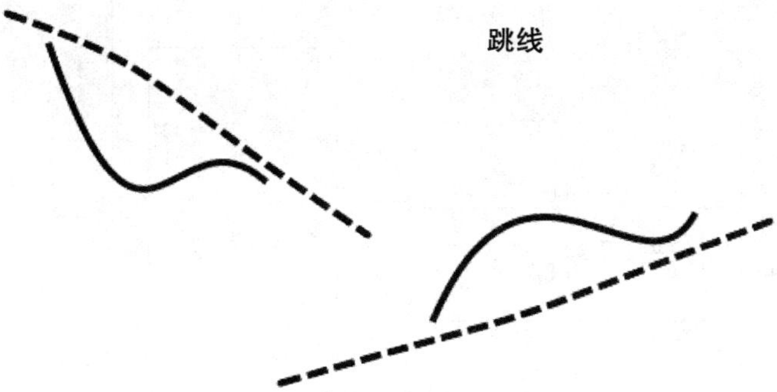

图 1–24

无论是向上还是向下跳线，都说明当前价格运行节奏正在发生变化。虽然这个变化可能不是趋势上的，但对于短期的价格运行还是会造成一定的影响。

如图 1–25 所示，A 点该股股价仍处于盘线形态中，至 B 点、C 点出现跳线后，股价改变之前的盘整节奏，开始进入快速上升阶段。

跳线是一种打破目前节奏或局面的形态，有激活趋向或趋势的技术性特点。有些时候，也要注意提防主力可能借用跳线形态来诱多或诱空。

判断跳线的技术要件如下。

（1）跳线第一根较大 K 线和均线之间无缺口或缺口空间很小。

（2）跳线的第一根较大 K 线出现后，升势中，要注意观察均线的支撑是否显现出来，支撑无力的要警惕骗线。

（3）跌势中，则注意观察均线的压制是否显现出来，压制不明显且均线向上拐头，可能会出现短线反弹。

（4）趋向或趋势末端出现跳线，注意出现拐点。

（5）连续出现跳线时，注意趋向可能临近拐点。

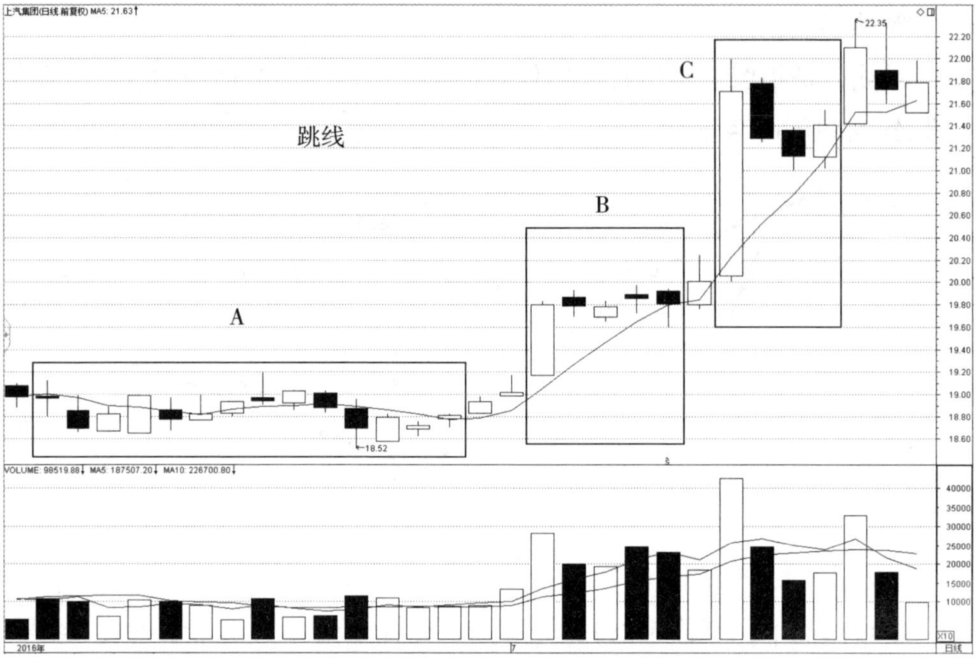

图 1-25

5. 脱线

脱线，顾名思义，是指股价脱离均线快速运行的一种契合形态。如图 1-26 所示。

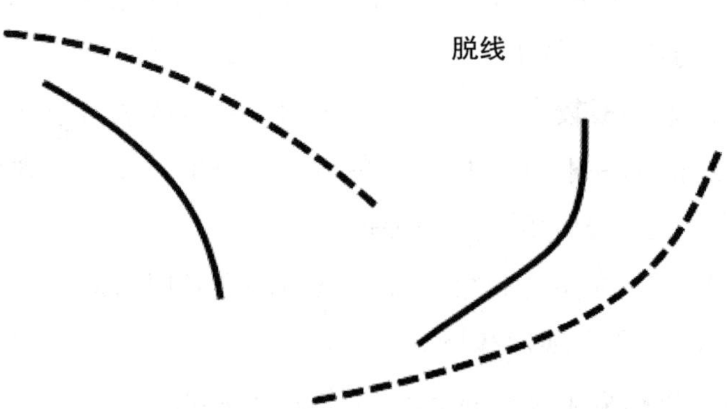

图 1-26

脱线，是股价高速运行的一种极端模式。如葛兰威尔法则中的法则三、法则四，股价过快、过急地脱离均线，必然产生较大的乖离，导致股价产生拐点。

如图 1–27 所示，该股股价连续飙升，和均线之间的空间越来越大，最终大阴线灌顶而下，结束一轮急升行情。图 1–28 展示的则是股价连续下跌，脱离均线过远后结束下跌的情况。

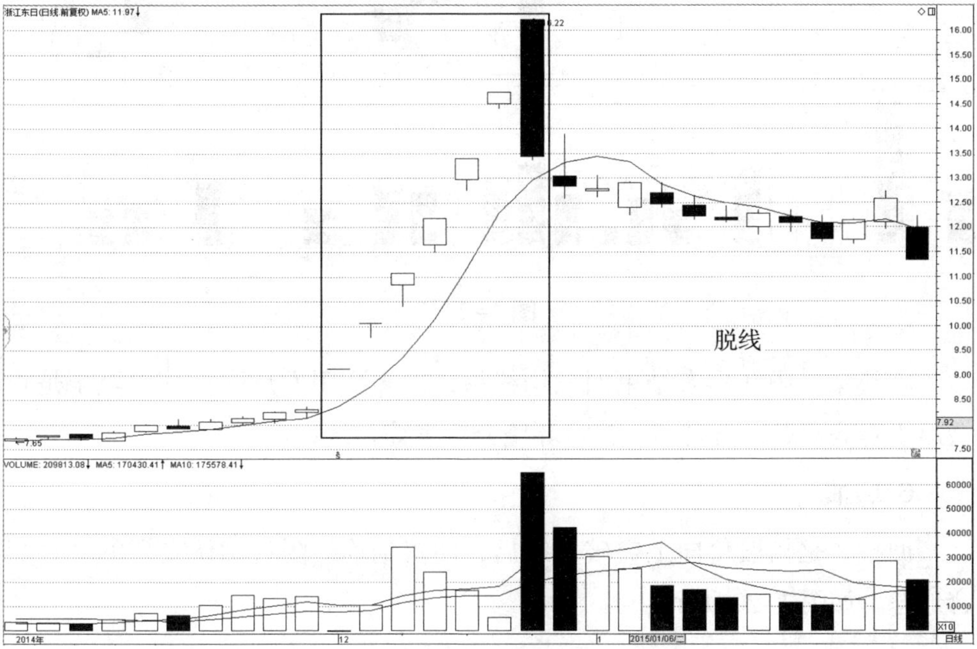

图 1–27

脱线形态，在涨升行情中容易造成超涨或超买，这会带来卖出或做空的机会。在下跌行情中则容易出现超跌或超卖，带来买入的时机。超买超卖的具体技术要件，见中国宇航出版社出版的《短线追涨与低吸技术》一书。

脱线形态的结束形式是回归均线。

涨势中，脱线形态结束回归均线后，大多是趋势的拐点。即使只是趋向的拐点，若想再启升势，也需要较长一段时间的盘整过程。

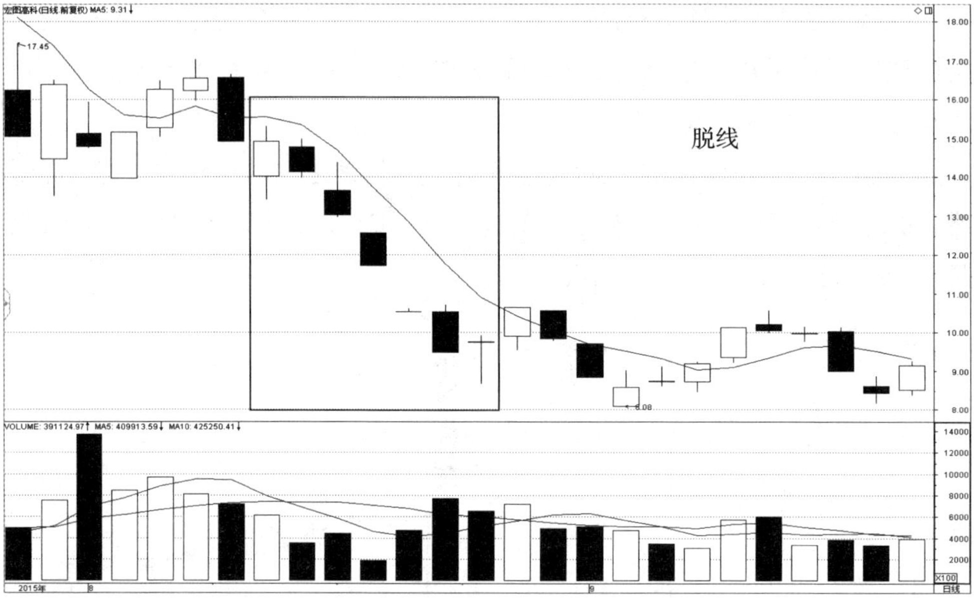

图 1–28

跌势中，脱线形态结束回归均线后，大多会引发反弹行情。至于是否会形成趋势拐点，需要结合技术环境分析来综合认定。

6. 回抽

回抽，是指股价向上突破均线后，回落到均线附近确认支撑的一种契合形态。如图 1–29 所示。

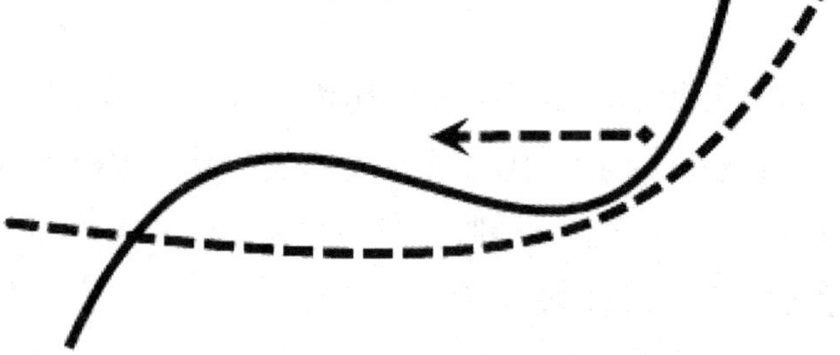

图 1–29

回抽的技术效用，主要在于确认股价对均线突破的有效性。之后股价是由此开始一波具有连续性的上涨，还是虚晃一枪掉头再次下跌，就在于回抽时能否得到均线的支撑。

当股价向上突破均线的压制时，突破并不是重点，重点在于突破后这条均线的压制是否能够转化为对股价的支撑。如果支撑存在，那么才可以说突破成功。

如图 1–30 所示，该股股价突破均线后，出现一波回抽确认。在回抽过程中，股价低点甚至未触及下方的均线，显示出极强的支撑力和多方动能。

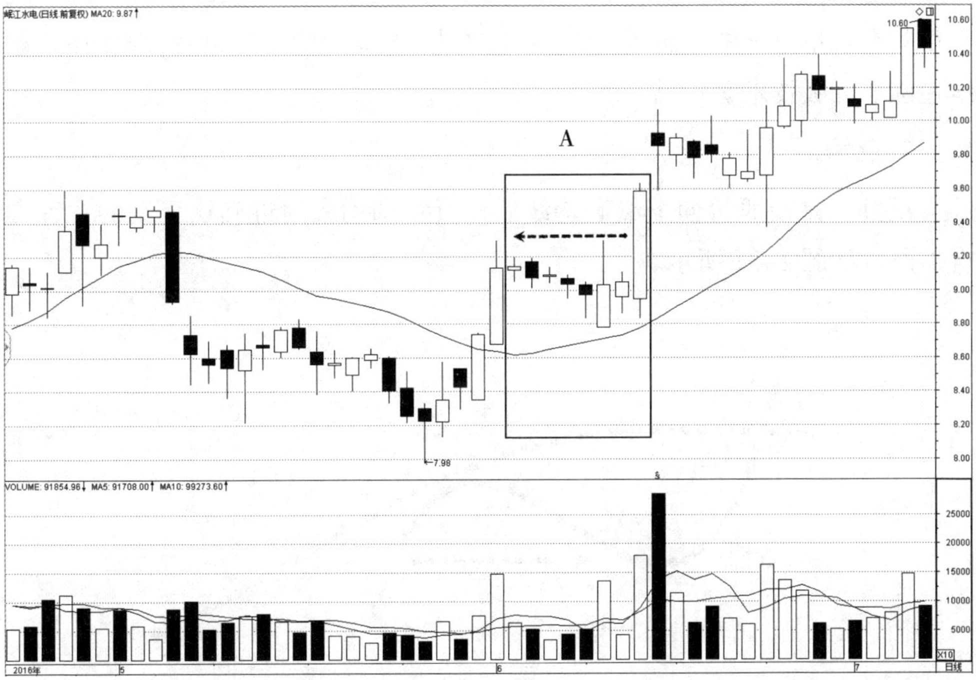

图 1–30

并不是所有的突破都必然存在回抽，有些个股突破后会直接进入拉升阶段，直至涨升结束，也没有出现回抽形态。还有些个股只是在遭遇更为重要的技术关口，才以较大级别（如次级回落的方式）进行突破确认。

回抽形态的结束形式，是股价再次起涨并越过突破均线后的股价高点。

回抽形态有两个较为适宜的买点。

其一是股价突破后的回落过程中。此时均线已明显转为上行，股价能够得到相应的支撑。回落过程中，成交量表现为跌时量小、涨时量大，盘口上能够感觉到虽然股价回落，但多方似有抑制不住的攻击力：下挂的买单较小，却能抵御住抛单打压；上挂的卖单虽大，真正打下来成交的却很少。这种情况下可以适当仓位参与低吸，提前打埋伏。

其二是股价再次起涨，并越过突破均线后的股价高点。这种情况下可以适当仓位参与追涨。追涨不是追高，追涨具有很强的技术要件，比如成交量具有聚量攻击的形态等。关于聚量攻击，详见中国宇航出版社出版的《短线追涨与低吸技术》一书。

7. 反抽

反抽，是指股价向下突破均线后，反弹到均线附近确认压制的一种契合形态。如图 1–31 所示。

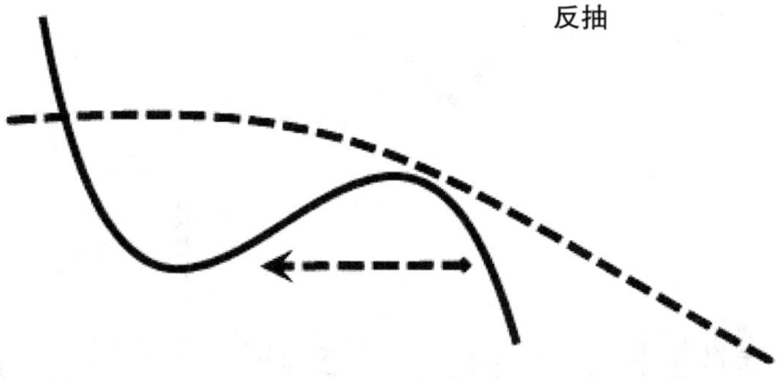

图 1–31

反抽的技术效用，主要是股价向下突破后确认均线压制，进一步明确跌势开始。如图 1–32 所示，股价跌破均线后并未直接展开下跌，而是向上弱势反弹，但在接触到上方均线后，便明显受到均线压制，随后进入跌势。

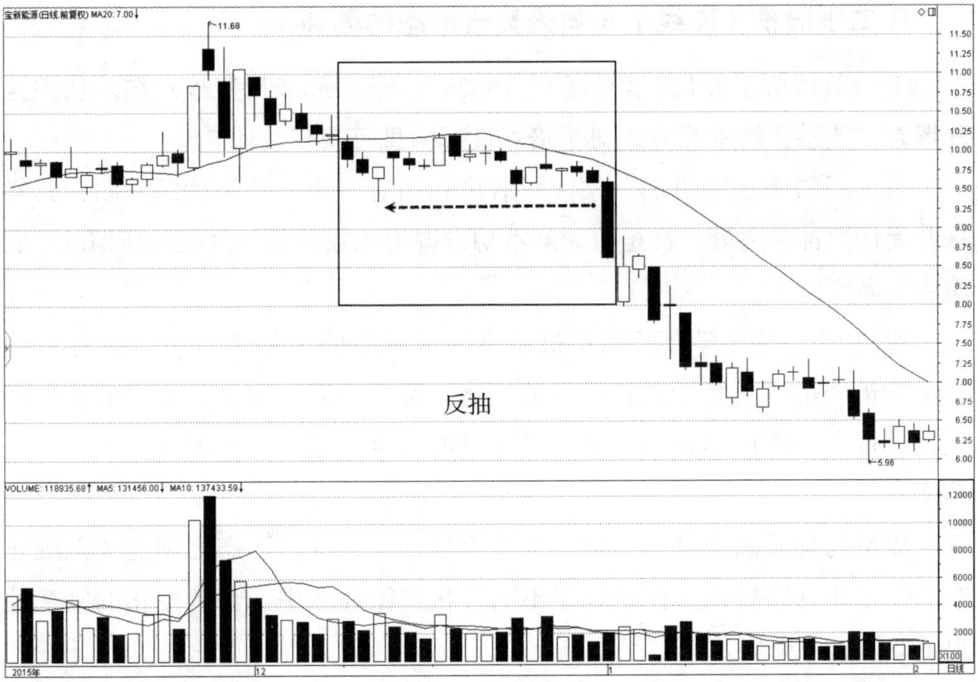

图 1–32

反抽并非仅有图 1–32 所示的这一种形态，还有的个股会穿越到均线之上，但很难持久，之后便再度跌破均线。

和回抽一样，反抽也并非所有的向下突破都出现的形态。有些个股突破后直接进入下跌阶段，直至跌势结束也没有出现反抽形态。还有些个股只是在遭遇更为重要的技术关口，才以较大级别（如次级反弹的方式）进行反抽确认。

反抽和回抽虽然都不是必然出现的突破后走势形态，但无疑都是极为常见的技术形态。排除突然性暴涨、暴跌，在多数行情中，反抽和回抽都具有重要的技术分析意义。

反抽形态出现时，无论股价是否穿越均线，只要均线开始掉头下行，同时股价在反弹中缺少必要的强度，成交量不能配合出现聚量攻击，那么减仓或做空是上佳的选择。

（二）股价（K 线）与均线契合形态的循环

上一节解析了股价与均线的七种契合形态，都来自实战总结。认识这些形态，熟悉其技术意义，对于培养良好的盘感颇有益处。

有人粗略看一眼盘面，便能对股价趋向有一个大致正确的判断，其实这并无任何神奇之处，就是因为基本功掌握得比较扎实，这就是所谓的“底蕴决定高度”。

股价与均线的契合形态是最基本、最原始的走势变化，均线与 K 线技术分析理论多脱胎于这种形态的变化。实战中股价复杂、多样的变化形式，其技术原理仍旧脱不开这些最基本的契合形态，即所谓的“万变不离其宗”。

股价与均线的七种契合形态并非单独存在，这些形态之间的关系既非对立，也非有序排列，而是处于不断转化与循环之中。行情变化的复杂性也由此可见一斑。

七种契合形态中，托线、回抽具有多方倾向；压线、反抽具有空方倾向；跳线、脱线、盘线则多空兼具。如图 1–33 所示。

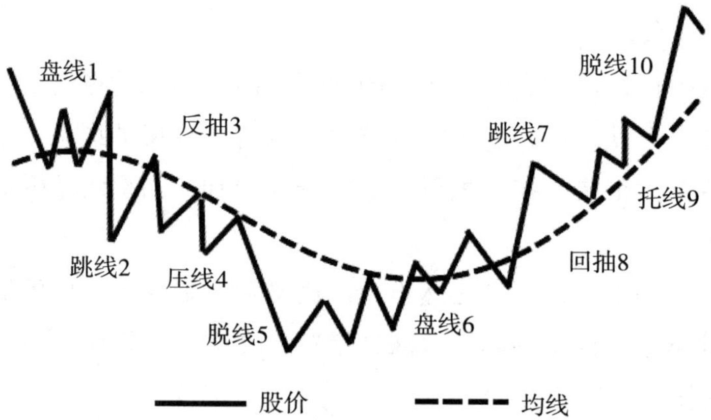

契合与循环

图 1–33

图 1–33 所展示的是一个模拟的契合与循环过程（限于空间，图示每个形态不可能标示得过长）。下面通过分析这个循环过程，进一步讲解实战中股价与均线七种形态的循环与转化。

1. 盘线的循环与转化

在股价与均线起伏循环过程中，盘线出现在趋势高点或低点的技术意义极为重大，远不是趋势中途出现时的盘整等待可比拟。

图 1–33 中出现在趋势高点的盘线 1（高点盘线），可以把它看成是脱线 10 回落后的股价后续表现。

实战中出现盘线 1 时，仍然具有盘整等待的市场含义，使交易者产生盘整后再度起涨的幻觉。此处的盘线诱多色彩很浓，股价在来回穿越均线时的每一次冲高，都会被短线追高资金误以为再次起涨的开始。

实战中，不起眼的高点盘线套住的资金，有时并不少于拉高冲顶阶段。见图 1–34 中所示。

图 1–33 中的盘线 6（低点盘线）在实战中出现时，市场会普遍认为只是短期超跌带来的弱势反弹，不久市场仍旧会再度下跌。这里的盘线具有诱空作用，股价在来回穿越均线时的每一次跌落，都会被市场误以为回归下跌趋势的开始。

实战中，被低点盘线清理出来的筹码，往往都是带血的筹码。如图 1–34 所示。

通过技术环境分析（本章第四节详解），可以判别趋势或趋向的高与低。当盘线出现在相对位置时，技术意义就很明确了。

实战中变化的复杂性，源于行情发展的未知属性；如果交易者能够预知行情如何演变，那么复杂性就不复存在。

但任何交易者都没有未卜先知的神奇本领，因此，即使在趋势或趋向相对明确的高点与低点上，仍然需要技术上的一些细节来帮助把握后期股价运行方向。

如图 1–34 所示，高点出现盘线时，均线多数时候呈横向或小角度向下倾斜，在整个盘整过程中，股价运行重心也会向下倾斜。当这个技术细节出现时，持仓的交易者至少应该知道自己面临的是风险而不是机遇；即使不降低仓位，也要控制住不能在这里加重仓位。

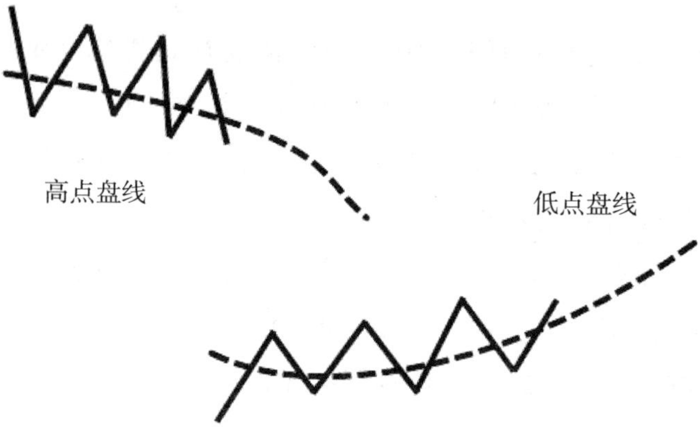

图 1–34

图 1–34 中的低点盘线，均线多会呈横向或小角度向上倾斜，在整个盘整过程中，股价运行重心也会向上倾斜。当这个技术细节出现时，大多数持仓的交易者可能都处于被套的状态，但这个时候应该告诉自己“忍不住了也要再忍一下！”即使不加大仓位，也尽量不要此时减仓。

高点盘线结束时，多数会出现跳线然后反抽（如图 1–33 中）。如果市场整体不好，也会直接压线下跌或脱线暴跌。

低点盘线结束时，会出现跳线然后回抽（如图 1–33 中）或者托线上攻，但直接出现脱线暴涨的情况不会太多。在趋势级别行情的初始阶段，更是很少会出现直接脱线暴涨的走势；反而是低级别短线反弹行情中，容易出现这种快进快出性质的暴涨。

2. 跳线的循环与转化

前面讲过，跳线具有激活趋向或趋势的技术特点。原本并不明朗的局面或较慢的节奏，出现跳线之后，可能都会出现较大的改变。

图 1–33 中的跳线 2（下跳线），就打破了之前盘线较为胶着、慢节奏的运行方式，使股价趋向相对明朗。但下跳线和反抽的连接，还是会使交易者产生很大的疑惑，不敢确定是跌势已经开启，还是主力设置的空头陷阱。

解决这个疑点，应该是等待反抽最终结束，但到那时股价的跌幅已经不小，所以最佳方案还是应该在反抽中降低仓位，这就需要交易者将这些基本功掌握得足够扎实。

下跳线有时也会直接转化为脱线暴跌。

如图 1–35 所示，A 点出现持续时间较短的盘线，之后股价大阴线下跳。但连续的两根阳 K 线实体极小，难以达到反抽目的，由此跳线转化为脱线开始急速下跌。跳线的转化，通常都是股价加速的开始，实战中对此要注意观察分析。

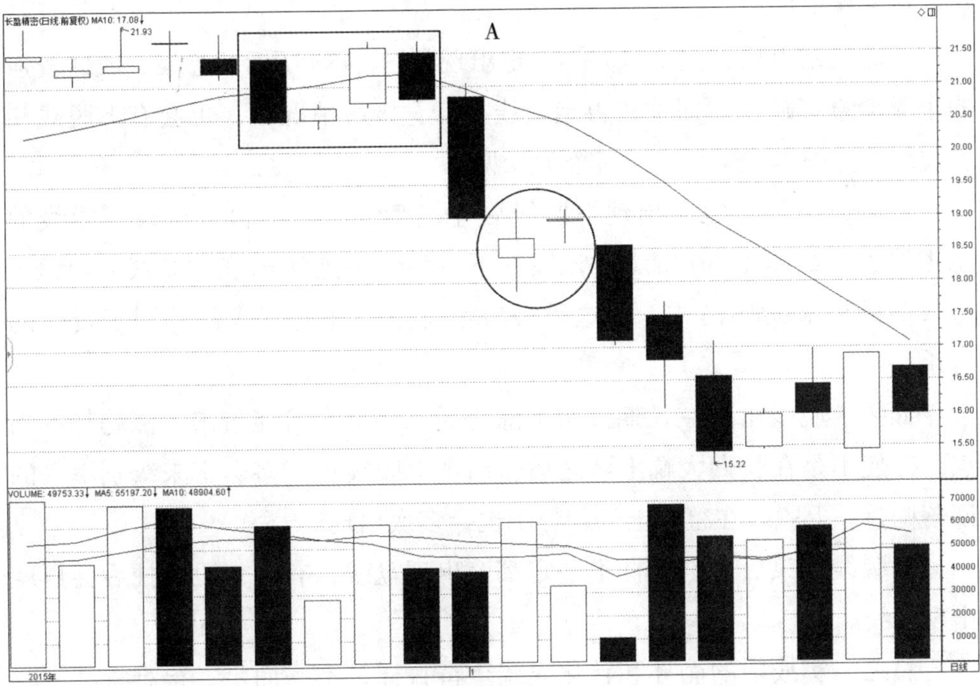

图 1–35

图 1–33 中的跳线 7(上跳线),同样是打破之前节奏的开始。出现跳线后，交易者应立即改变前期采取的交易模式，尽快适应行情的最新变化。

上跳线后的回抽通常都是较为适宜的买点，有些个股也会出现跳线直接转化为脱线的情况，这种情况下也就没有回抽的环节。

3. 脱线的循环与转化

脱线的出现，无论是图 1–33 中的脱线 5（下脱线）还是脱线 10（上脱线），都意味着股价正处于急速运行中。股价过急过快的运行很难持久，所以脱线之后往往会迎来趋势或者趋向的转折。

经过技术环境分析，如果发现下脱线出现在长期大幅下跌之后，那么极有可能会带来下跌趋势的拐点。即使不是在长期大幅下跌之后，下脱线出现之后，也多数会带来一波级别不等的反弹行情。下脱线在整个下跌趋势中会多次出现。

下脱线结束后，接下来并不一定出现如图 1–33 所示的盘线，股性较强的个股会直接跳线、回抽，再走托线上升。极端情况下，也会有下脱线和上脱线相接的爆烈走势，不过极为少见。

弱势行情下，也会出现下脱线后连接盘线，之后再度出现下脱线的恶劣情况。如图 1–36 所示，该股在下跌趋势中连续出现“脱线 – 盘线 – 脱线”的极端循环模式，在这种极端情况下，任何买入都等同于资金的自杀。

如果上脱线出现在长期大幅上涨之后，那么有可能带来上涨趋势的拐点。即使不是在长期大幅上涨之后，出现上脱线也大多会带来级别不等的回落调整。上脱线在整个上涨趋势中也会多次出现。

上脱线结束后，也同样不一定都会出现盘线，有些个股回抽后会再度出现脱线。

总之，实战中的循环和转化模式千奇百样，不一而足，很难将其一一列举出来，但只要掌握了契合形态的本质关系，循环模式总会有迹可循。

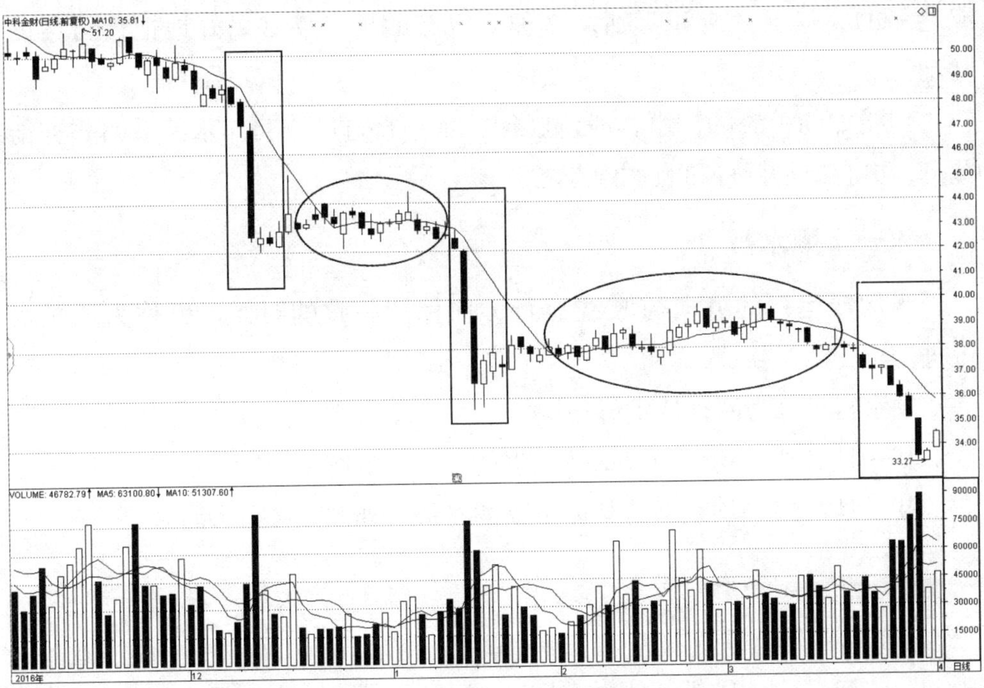

图 1–36

二、顺逆关系的交易战略

契合形态是股价与均线之间细节处表现出来的契合关系，仅具有战术性，是分析行情的技术基础。顺逆关系则是股价与均线之间全局性的契合关系，具有战略性，是更为宏大的“画面”，能让交易者站在最高处鸟瞰整个行情的发展方向。

如果把契合形态比喻成奔跑的速度，那么顺逆关系就是奔跑的方向。

在错误的方向上，奔跑的速度越快，离胜利目标越远。在正确的方向上，如果跑得磕磕绊绊，也许你还在疗伤，行情就已经到达终点。

契合形态与顺逆关系相当于走势的细节与大局的关系，在走势分析中缺一不可。

顺逆关系，讲述的依然是均线和股价之间的契合，但主要是从趋向或趋势的大局上分析和辨别，这种分析有助于交易者更好地把握行情的脉动。

均线如同奔流的江水，股价就像在水中行进的小舟。水能载舟，亦能覆舟，更有逆水行舟和顺水行舟之别。

（一）顺水行舟

当均线运行的方向与 K 线运行方向保持一致的时候，就称为“顺水行舟”。

顺水行舟分为两种技术形态。

其一是 K 线和均线同步保持上涨的态势。如图 1–37 所示。

其二是 K 线和均线保持整体下跌的态势。如图 1–38 所示。

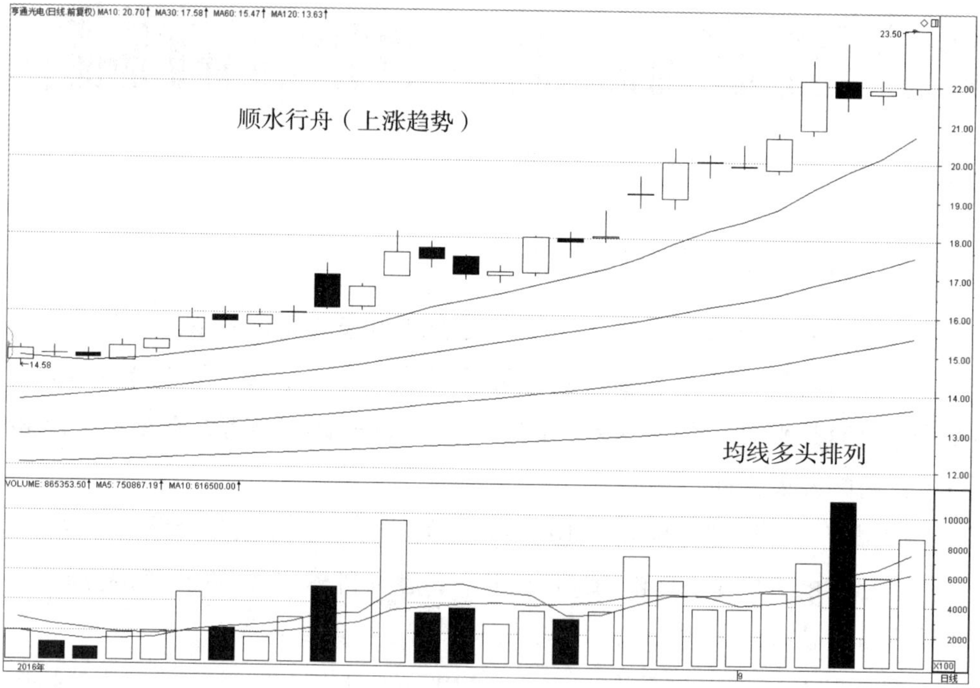

图 1–37

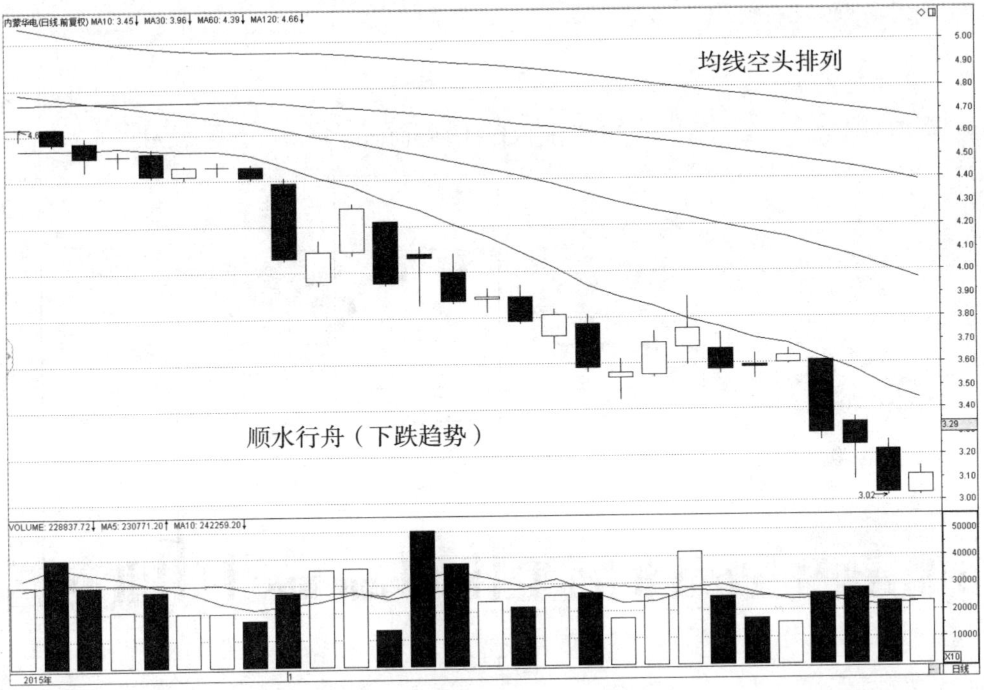

图 1–38

在顺水行舟形态中，均线多头排列时，股价上涨往往很火爆；均线空头排列时，股价下跌则很凶悍。正如船在顺风顺水的条件下行驶时，阻力最小，可以达到“轻舟已过万重山”的效果。

（二）逆水行舟

当均线运行方向与 K 线运行方向相反时，就称为“逆水行舟”。

逆水行舟也有两种技术形态。

其一是均线向上行进，而 K 线向下运行。这种形态一般出现在上涨过程中的回落调整阶段，或是出现在行情见顶回落的开始阶段。如图 1–39 所示。

其二是均线向下运行而 K 线向上运行，这种形态一般出现在下跌途中的反弹阶段，或者行情见底回升的初始阶段。如图 1–40 所示。

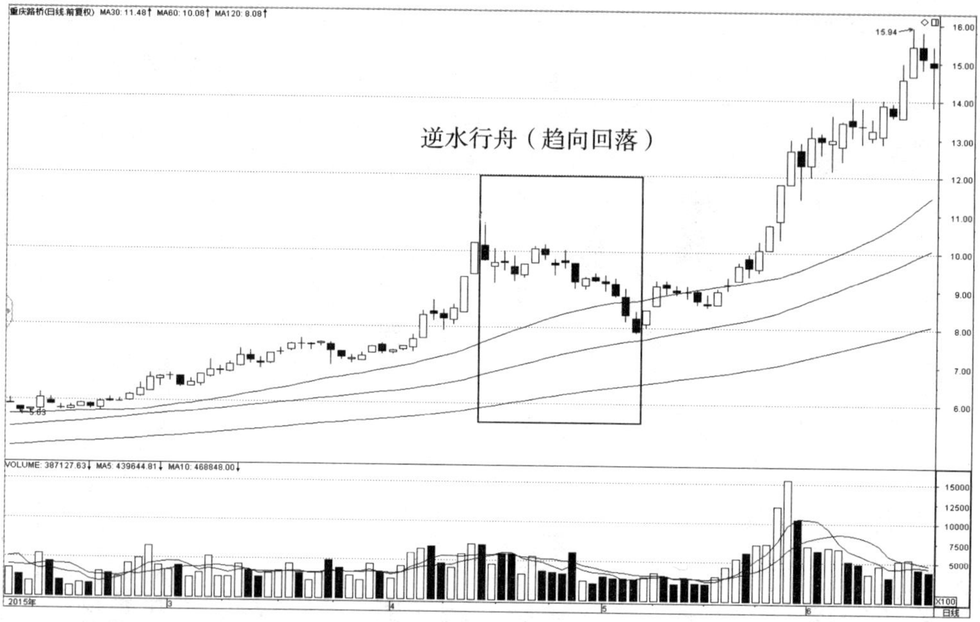

图 1-39

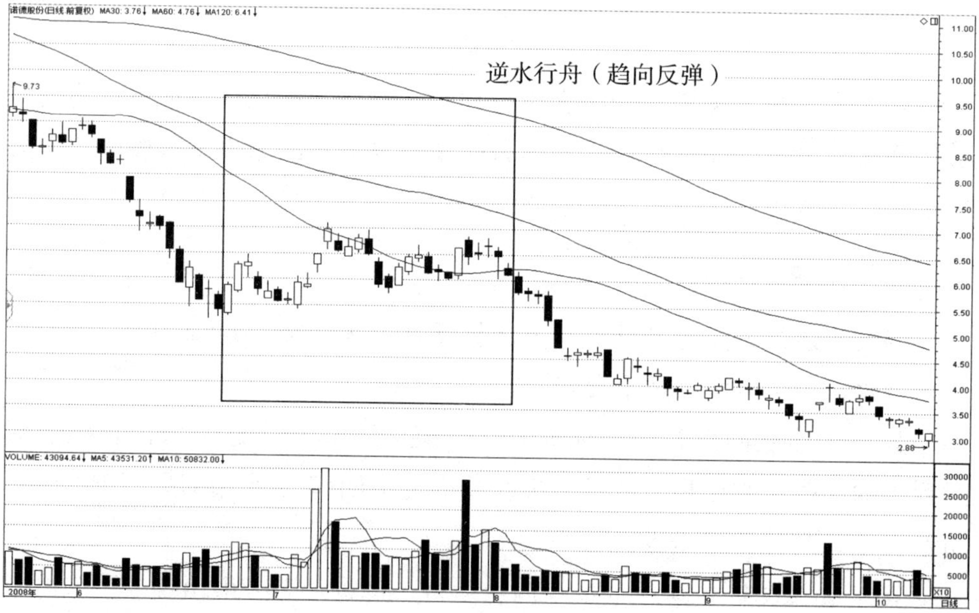

图 1-40

逆水行舟，意味着需要耗费远远大于常态的能量，当这种超常能量不能持续补给的话，就到了行情停止前行甚至逆转的时刻。通常情况下，逆水行舟这种形态持续的时间都较为短暂，这也是上涨趋势中的回落调整和下跌趋势中的反弹行情都不会持续较长时间的技术性因素之所在。

如果K线运行方向与中长期均线方向保持一致，那么顺水行舟形态就是一轮持续时间较长、幅度较大、形态较为复杂的行情，一般称为牛市或者熊市，也就是趋势。

如果K线运行方向与中长期均线方向相逆，但与短期均线运行方向一致，则为回落调整或反弹行情，也就是趋向性行情。关于趋势与趋向的技术分析要点，后面将有详述。

确认K线与长期均线系统的趋势，关乎到交易者在一个较长时间范围内采取的主要交易策略。K线与长期均线系统的趋势，也是交易者鉴别自己的交易行为是顺势而为还是逆势而为的一个标尺。

通常来说，符合趋势的顺势而为，应当成为交易者的主要交易方向，也应重仓位配置。参与逆水行舟形态下的趋向行情，则是与趋势相逆，但与趋向顺势，只能做短期交易，而且只能轻仓参与。

在上升趋势的市场中，当然应以做多为主要策略，同时在参与回落（逆水行舟之趋向回落）行情时，就应该控制好做空的尺度和界限。在下跌趋势的市场中，当然以做空或观望为主，主要参与趋向反弹行情，回避短期反弹。

（三）顺逆关系的转化

无论是顺水行舟还是逆水行舟，总是随着行情发展变化而变化，不可能永远恒定。热火朝天的牛市终会有终结之日，肃杀清冷的熊市也必将有结束的一天。

逆水行舟形态可能会在运行途中结束，继续回归到原有趋势，也可能会在运行中得到强化和延长，甚至反转原有的趋势，即由原来的趋向行情转化为趋势行情。

逆水行舟形态代表趋向性行情，大多数时候，当其运行到一些重要的均线关口，往往就是趋向性行情结束的时候，随后就会回归到原来的大趋势运行中。

当逆水行舟形态连续攻克一些重要的均线关口时，意味着其处于形态的加强或延长状态中，或者这个逆水行舟形态正在反转趋势。

如图 1–41 所示，该股经过长期大幅下跌后，在 A 点出现与中长期均线相逆的逆水行舟形态。通常来说，这个形态下的反弹行情，多数会在遭遇到 60 日均线重要关口时结束反弹，重回跌势。

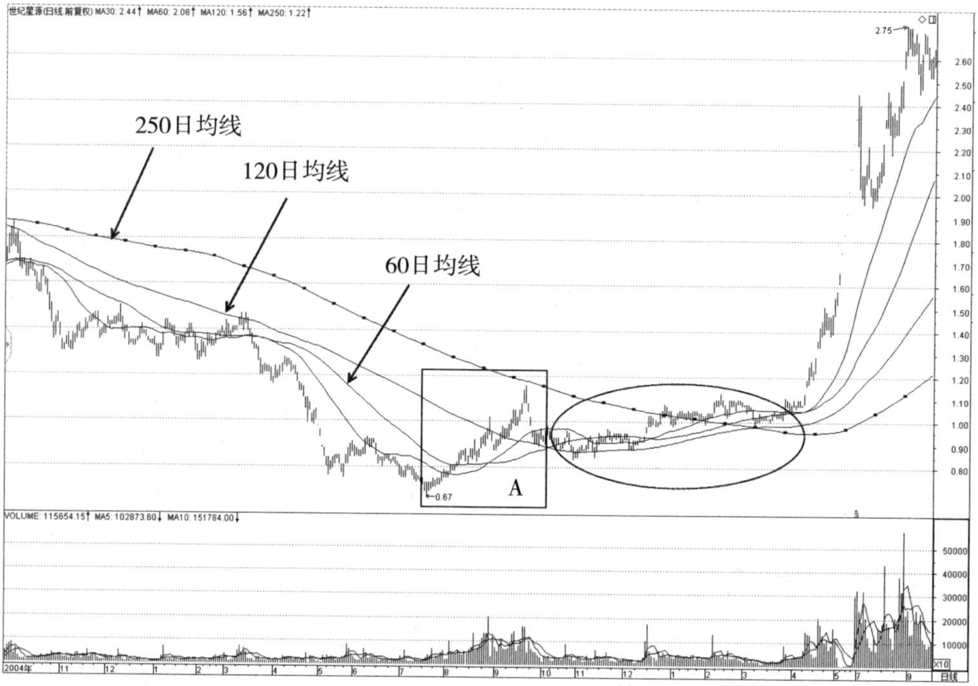

图 1–41

但是随着行情的发展，可以发现这个逆水行舟形态开始出现强化，轻松突破了重要的均线关口 60 日均线后，略加盘整便继续向上攻击 120 日均线。

此时大家就应当重新审视这个逆水行舟形态的性质，是不是正在反转下跌趋势，而不仅仅是单纯的趋向强化。是不是反转原有趋势，形态自身会告诉大家。

之后股价迅速突破 120 日均线，回抽破掉该均线但很快收复并继续升势，有挑战 250 日均线的势头。实战中，很多交易者遇到这种情况，可能担心会不会错过一轮升势，有的还会选择追高买入。

但学过脱线形态的人都知道，该股股价连续急升，已经和最小时间单位的均线形成脱线，同时上方的 250 日均线是极为重要的均线关口，且该均线呈下行态势，这两个方面的因素叠加，可以得出一个结论：即使股价向上穿越 250 日均线，也很难形成真正的突破，冲高回落是大概率的走势。

该股股价冲击 250 日均线后果然冲高回落。这个回落过程中的股价表现，对于分析逆水行舟形态是否存在反转趋势的可能极具价值，也是确定是否介入做多的关键。

A 点之后，长期均线 120 日均线在此处已经由前期的下行转为走平并逐渐转为上行，该股股价回落过程中，明显受到 120 日长期均线的支撑，这是一个初步倾向做多的积极信号。

之后股价在多条均线间出现盘线形态，运行重心也缓步上行，这里就是一个低吸的交易时机。逆水行舟形态反转趋势的走势至此得到初步确认。

当股价再度向上攻击并突破 250 日均线时，这个阶段的盘线就是低价位介入的最好时机，也是最终确认逆水行舟形态由反弹趋向成功反转为上涨趋势的信号。随后下跌趋势正式转为上涨趋势。

明辨 K 线与均线的契合关系，至少能让大家清楚地知道自己在行情的某一阶段该干什么，怎么干，尽可能避免在股价波动中迷失方向，甚至是犯下与大势对抗的错误。

逆势而为，并不等同于盲目与趋势对抗的交易行为。大多数时候，逆势而为是指与市场普遍心理趋向相逆。还有一些时候，在趋势转化过程中，有些逆势交易行为正在或已经转化为顺势而为。

顺水行舟和逆水行舟形态在实战中最显著的作用，就是能够提示交易者根据股价运行趋势做容易做的交易，赚容易赚的钱。追求高难度的交易，市场并不会给你特别加分。

第三节　均线量能分析

让市场行为讲述它自己的故事，投资者只需按各项规则得出的确定走势进行交易，这样你就会获利。

——威廉·戴尔伯特·江恩

一、量能识别与转化

成交量分析本应归纳在技术环境分析中，但因为成交量即量能分析在均线分析技术中的重要性，所以专门讲一讲成交量分析。

量能不是价格运行趋势的决定性因素，但是它能够起到加速或延缓趋势或趋向的作用。量能的适度变化，会使原趋势运行得更稳定。量能的激变，往往预示着价格面临方向性的选择。

有时候突如其来的量能，会使处于纠结中的局面变得明朗起来，有时则会让本来明朗的局面横生变故。但是据此认为量能决定价格运行的趋向，则会犯下本末倒置的错误。

成交量分析，并不仅仅局限于反映个股或大盘的人气和热烈程度。实战中，成交量的不同形态分别具有不同的含义，识别这些形态，对于把握价格的后市变化具有非常重要的作用。

（一）常量

常量，是指一段时间内成交量的平均值。地量，通常是指某一交易标的历史成交中的最小值。地量持续一段时间，则可以称为常量，但常量肯定不是地量。如图 1–42 中所示。

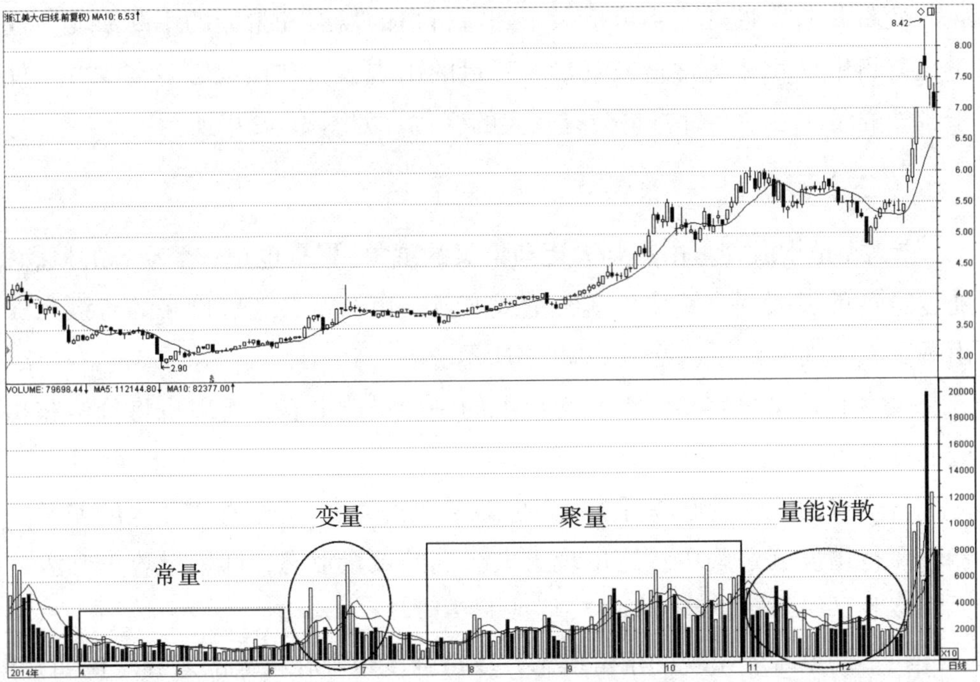

图 1–42

常量并非静态的，而是动态的。随着行情的不断变化，某一时期的聚量、变量会逐渐转化为新的常量，所以常量的值并不恒定，而是不断地增大或缩小。

常量攻击极其常见，在构筑价格顶底形态过程中具有一定的分析作用，但大多数独立的常量攻击并不具有太大的分析价值。唯一例外的就是控盘庄股，这类个股出现常量攻击，是因为主力高控盘使然。

常量在技术分析中的地位很一般，通常可以忽略，但是在某些特定的技术环境下，常量却能够对分析判断行情走势起到决定性的作用。

（二）变量

变量，是指成交量出现不规则的忽大忽小现象，同时价格也相应地出现较大起伏，走势极不稳定。

变量是阶段性的，不可持久。随着行情的发展和量能的不断演变，变量也有可能演化成为常量或聚量。变量的出现，通常预示着多空双方正处于激烈的争斗之中，价格将会有较大的变化。如图 1–42 中所示。

（三）聚量

聚量，是指成交量由小到大逐渐集聚的现象。聚量也是一个动态的概念，随着行情的发展，会转化为新常量或变量，市场也会随着价格的持续高涨出现更大级别的聚量。见图 1–42 中所示。

聚量是价格最容易向上发起攻击的一种量能形态，所以也将价格和相应的量能统称为聚量攻击。

各个级别的聚量形态所能引发的聚量攻击力度，必然存在较大的差异。能够在行情发展过程中接连出现更大级别的聚量形态，即聚量攻击升级，说明该股是深受资金青睐的热门股或龙头股。

在不同系统上出现的聚量形态，攻击强度也存在极大的差异。比如，1 分钟系统上显示的聚量攻击，有时候在其他分钟系统，尤其是日线系统上，可能只是常量攻击的级别。这种情况说明资金攻击存在，但攻击层次和级别较低，可以关注但并未达到交易的标准。

不同系统上的聚量攻击，因攻击层次不同，攻击级别也有较大的差异，相应地，价格能够达到的高度也会有极大的不同。

（四）量能消散

量能消散，是指成交量由大到小逐渐缩减的现象。见图 1–42 中所示。

量能消散经常在聚量攻击之后出现，也就是一波价量高涨之后的回落调整过程中。

量能消散是一种调整性质的量能形态，它的出现说明涨势暂告一段落，行情正处于调整回落之中。量能消散之后，如果聚量攻击形态不再出现，那么成交量将转入常量的态势。

（五）量能凹口

量能凹口，是指价格回落过程中，短期量能形成像凹口一样的形状。

量能凹口在分钟系统上的应用效果较为理想，日线系统很容易出现骗线。时间单位越小的分钟系统，出现的量能凹口准确性越高。

量能凹口形态，很形象地显示出资金从逃逸到回归的过程。交易中不管是主导资金还是市场资金，其逃逸之后必有回归，只不过因等级、层次的不同，从逃逸到回归在时间周期上有很大的差异。这里的量能凹口专指短期行为。

（六）催化量与跟随量

在讲解股价与均线的契合关系时，提到股价与均线之间有攻守，有支撑与压制，有顺逆之别，契合关系的存在并不意味着二者在运行中步调完全一致。

均线、股价和量能也存在同样的情况。均线在运行中起伏不定，构筑一个个高处的“峰”和低处的“谷”，这个过程和量能循环过程也不完全一致。

当量能对于均线、股价的升降涨跌起到明显的促进、推动作用，即它们步调一致时，这时的量能就是催化量。聚量就是一种标准的催化量，部分变量也属于催化量，但在顶部区域的一些变量具有跟随量的性质。

量能的增减对于均线、股价的升降涨跌并无影响，即为跟随量，意指不具有促进、推动价格涨跌的作用，仅是跟随行情波动而增减。常量、量能消散大多属于跟随量。

催化量还有一种情况，即量能反向催化。

较大的量能并未带来价格相应的大涨，则意味着量能可能反而会催化跌势的到来。较大的量能并未使价格大跌，则意味着量能可能会催化涨势的发生。

实战中，大幅上涨过后的个股，即使出现略小于近期最高成交量的情况，有时也会有催化作用。其他个股，当出现近几个月未有过的大成交量时，就需要格外警惕催化反应的发生。

如图 1–43 所示，A 点的放量阳线具有催化量的特征，但 B 点当天并没有能够守住升势，报收长上影小阴线，而且量能超过 A 点，说明具有反向催化的技术含义。

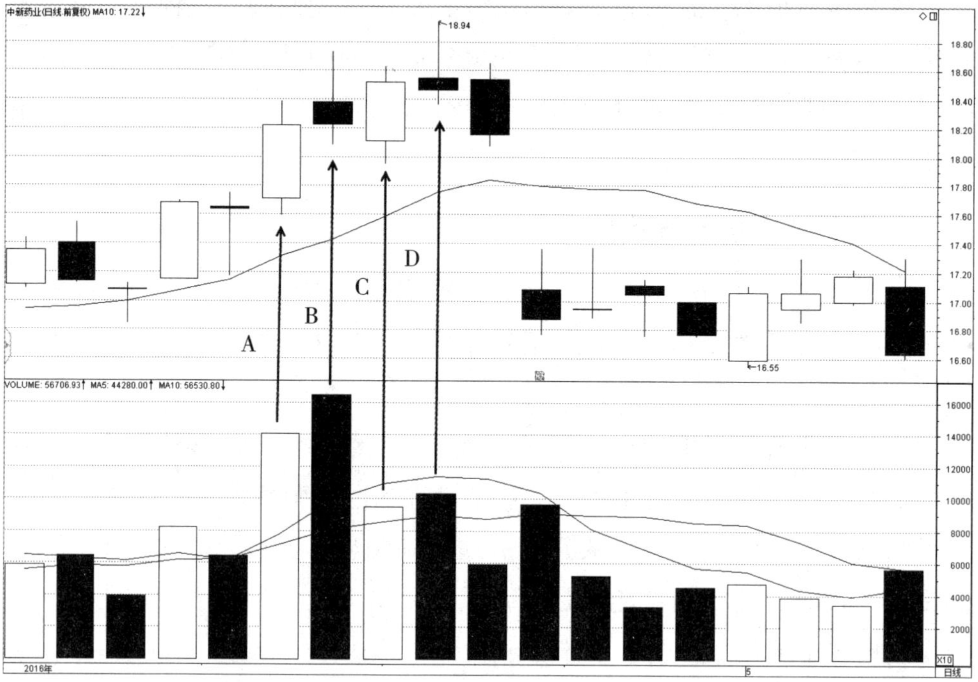

图 1–43

实战中，出现一根催化量后，接下来并没有出现应有的阳线，反而如图 B 点那样出现反向催化，那么就要注意股价可能面临调整走势。

C 点报收实体不大的阳线，量能相比 B 点已经出现萎缩，显示出攻击力不足的跟随线特征。

D 点再次出现反向催化。在股价和均线脱线形态下，量能的反向催化具有很高的转折含义。这时上涨以来整体上已经出现量能消散的情况，持仓的交易者至少应该选择降低仓位。

催化量和跟随量是对量能表现出来的不同属性进行的划分，是基于量能是否具备助涨或助跌的特性所作的分类。催化量是能够推动价格选择或强化趋势的量能，跟随量是维持趋势持续运行的量能。这两种量能不是单独存在的，而是相互转化的，它们之间的转化过程，对于分析和判断股价运行趋势有一定的帮助。

二、关口与趋势的量能解析

在行情运行过程中，量能更多地显示其跟随性，催化量往往出现在一些重要的行情关口。当催化量不能给当前趋势提供催化、推动时，必然会带来逆反作用。下面以 60 日中期均线为例进行说明。

（一）均线关口量能解析

1. 减量上攻关口

如图 1–44 所示，A 点之前量能突然爆发，股价也随之大幅上涨。至 A 点触及下行状态的 60 日均线，收阴十字线，有反向催化的迹象。在攻击均线关口时，如果股价并未因此显示出明确的空头指向，那么有可能是洗盘性质的走势。A 点次日再收小十字线，同时量能萎缩。

出现这种现象，至少说明下行状态中的 60 日均线是一个关口，对于股价存在较强的压制，能否突破关口，并没有确定性的技术因素来支持判断。

B 点以大阳线的形式穿越 60 日均线关口，量能相比前几日有所缩减。这种减量“突破”在实战中也属正常现象，但量能的减小态势不能持续下去，否则技术上会使前几日的突然放量成为变量，而不是具有攻击性质的聚量。

C 点报收带长上影线的小阴线，量能略有增加，反向催化的特征更加明显。C 点之后，股价虽未大幅下跌，也未跌破均线，但已经明显呈现出量能消散的形态。不分析 K 线，仅就量能而言，市场也不具有攻击性的技术因素。

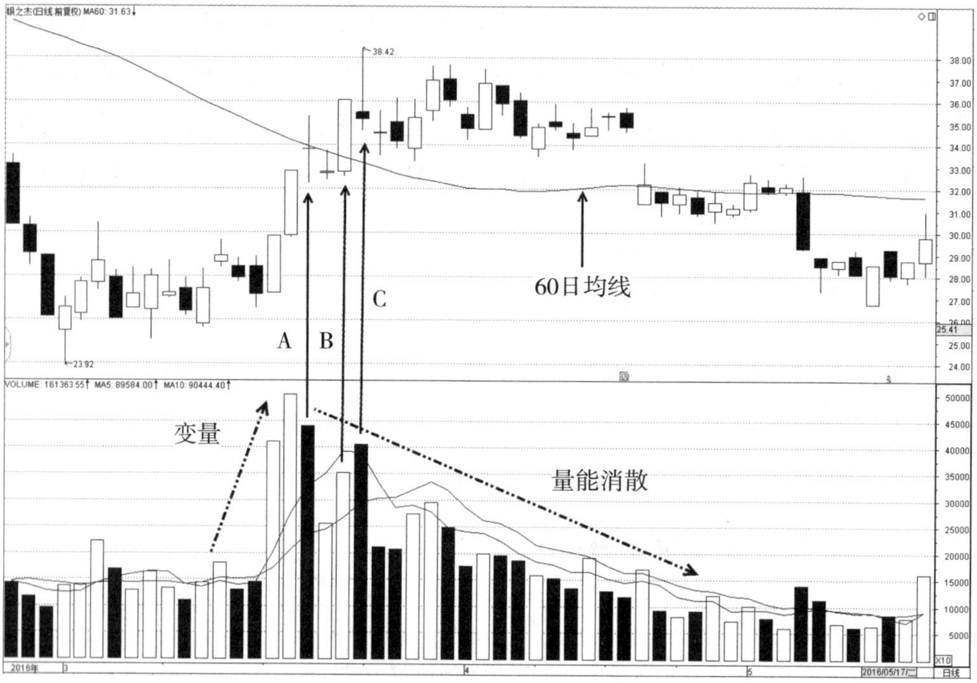

图 1–44

对于图 1–44 中 A 点之前放量，穿越均线关口反而减量，同时，“突破”关口后量能依旧持续缩减的个股，很难相信其会立即展开一波大幅度的上涨行情。原因在于，突然放量却无法维持高量能状态是变量的特点，变量不可持久，通常股价也会如此。对于一个即将突破均线关口的个股来说，这种攻击多数都是短命的，往往虚晃一枪后，股价仍旧重回下跌趋势。

在攻击均线关口过程中，短期内连续出现两次反向催化，交易者就要格外注意股价可能出现转折。在关键技术位出现催化与反催化，大多有主力参与，发生的股价转折可能是一次短调，也可能是趋向或趋势性的，这要根据个股不同的技术环境来判定。

另外，如果图 1–44 中变量转化为量能消散，也说明主力资金至少在这个阶段是无心发动攻击的。如果交易者期待股价此时突然出现暴涨，那么以主观愿望进行交易的恶习，会让你长时间处于被套之中。

2. 聚量上攻关口

减量上攻均线关口在实战中也有成功的案例，但大多为一些高控盘个股。向上突破均线关口成功率比较高的，是聚量上攻关口。

图 1–45 中的 A 点，K 线放量抵近 60 日均线，催化上涨的特征明显。B 点在量能增大的情况下，反而报收小阳线，具有反向催化的含义。

图 1–45 中的 B 点和图 1–44 中的 A 点都具有反向催化特征，但图 1–45 中的 B 点是在突破 60 日均线之后，也即位于均线上方。

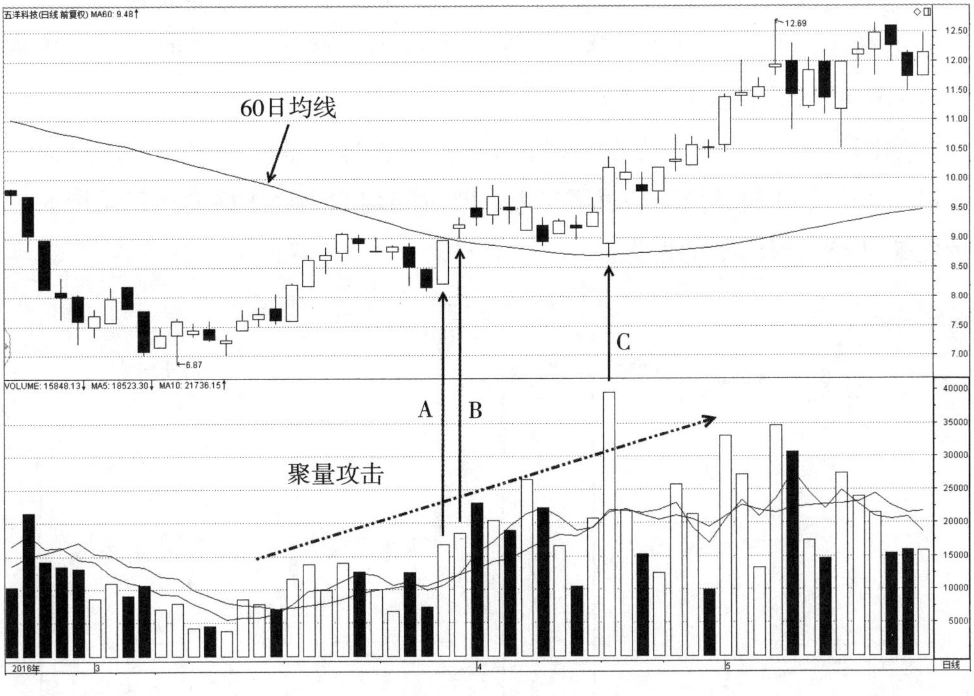

图 1–45

在重要的均线关口被突破之后，除强势个股外，多数都会出现回抽，以确认被突破的均线是否由压制转化为支撑。基于此，技术上 B 点的反向催化含义远小于回抽确认。而图 1–44 中 A 点具有极高的不确定性，既可能出现虚假突破，也可能经过蓄势之后走出真正突破的走势。

另外，图 1–45 中，股价自低点启动上涨以来，量能形态上已经呈现聚量，在后续的行情发展过程中，只要量能不萎缩，不出现量能消散，那么至少在量能上仍旧显示出具有向上攻击的能力。

B 点之后股价回落，至 C 点触及 60 日均线后，再次放量大涨，催化上涨作用极其明确，量能上也保持着极具攻击性的聚量形态。

总而言之，聚量上攻关口有更为明确的趋向或趋势判断意义。

3. 减量下破关口

减量下破关口是趋势或趋向见顶回落时最为常见的量能表现形式。大多数级别较大的价格高点发生转折后，在跌破一些均线关口时，多会出现量能消散形态下的减量下破关口。

如图 1–46 所示，A 点股价跌破 60 日均线时，量能相比前期已经大幅萎缩。从成交量和股价循环过程来看，股价和均线仍处于横向运行阶段时，量能就已经出现消散的形态。

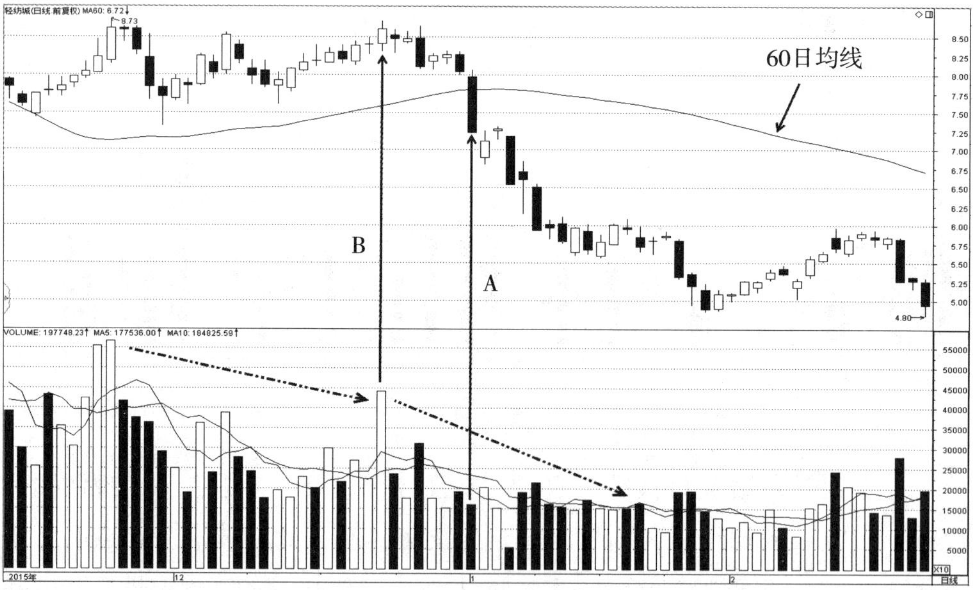

图 1–46

图中 A 点股价大幅跌破均线，下跌催化特征明确，但成交量为何反应如此平淡？

A 点之前均线小角度上行，股价横向震荡。实战中，股价反复震荡必然多次消耗均线的支撑。当股价拖得过久不涨，选择向下运行时，均线支撑大多已经没有力度，因为此时大多数资金对于价格走势难以判断，不会主动承接天上掉下的飞刀。除非是主力刻意诱空，将股价打下来，好在低位接货。

A 点的减量，是因为市场各方对该股当前的下跌并无太大的分歧。换句话说，多方并不认为当前价位的股票值得买入，于是下跌成为多空双方默契的选择。

A 点之前股价横向震荡期间，B 点量能突然放大，但股价仅报收小阳线，这一点具有明显的反向催化特征，随后股价便渐渐回落，直至 A 点大阴跌破关口。持仓者发现 B 点出现反向催化后，至少应在之后的交易日选择逐步降低仓位。

4. 放量下破关口

对于一些短期行情来说，60 日均线可能就是循环开始或结束的点。在这种技术环境下跌破 60 日均线关口，有时会出现放量的情况，但往往在放量下破关口后不久，就会见到短期底部，随后开始又一波回升。

60 日均线关口的上攻与下破，大多预示着一个中期阶段性行情的重要转折来临。实战中，价格跌破 60 日均线关口时，较少有明显放量的情况，多数都是量能消散形态下的减量下破。

实战中，很少有放量下破 60 日均线关口的情况，但并不是绝对没有，实战中的变化是无穷的。如图 1–47 所示，A 点大阴线放量跌破 60 日均线关口，但仅仅过了三个交易日，B 点一根放量大阳线又重新收复关口。

刚刚从大阴线打击的惨淡心情中恢复过来，一根对攻大阳线的出现，使人们对后市充满憧憬。此时 C 点再收出一根杀伤力巨大的放量空头侵入线，使股价再度跌破 60 日均线关口，对持仓者的蹂躏让人简直无法忍受。

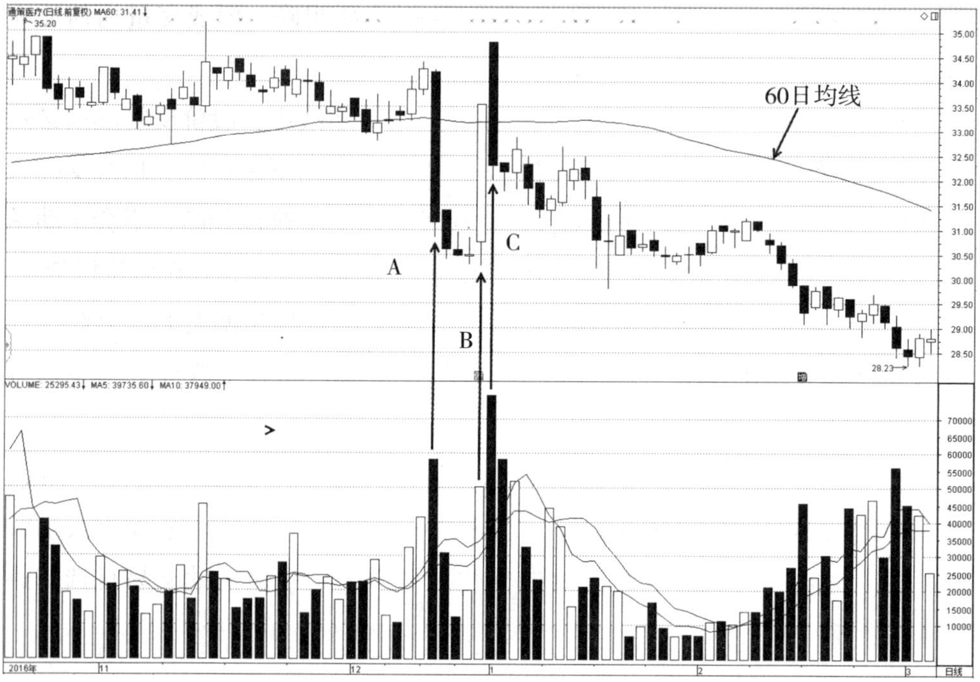

图 1–47

《唐太宗李卫公问对》中提及正兵与奇兵的变化：正兵，就是正面交锋；奇兵，就是出其不意，攻其不备。正兵与奇兵相互转化，更能显示出强大的威力。

图 1–47 中 A 点、B 点、C 点三根 K 线都是明确的量能催化（正兵），并不是具有隐秘性的反向催化（奇兵），但正是这些明确的催化，反而给交易者带来更大的迷惑性（正兵转化为奇兵），操作中出现失误几乎是不可避免的。

放量下破关口，是持仓者绝望情绪蔓延的表现，这个过程大多带有很大的恐慌成分。除非是大势遭遇极端恶劣的市况（比如股灾），否则在恐慌杀跌结束时，多会迎来一波凌厉的反弹行情。

均线关口的四种量能表现，来自于实战中典型案例的总结。在不同的市场，不同的技术环境下，其后续表现还有更多复杂变化。这里谈及的仅是均线关口上量能的分析方法和途径，并不是一劳永逸、亘古不变的制胜法宝，按图索骥，财富永远不会滚滚而来。

（二）趋势上的量能解析

量能聚与散的过程，既是市场资金进出循环的过程，也是行情涨跌起伏的过程。尽管量能在细节处并不一定与行情涨跌起伏绝对一致，但在大局上，对于行情趋势的发展具有非常鲜明的揭示作用。

1. 上涨趋势初期 / 下跌趋势末期

经过长期大幅下跌，这时候的量能大多萎缩至历史低量水准，市场交易清淡，股价与均线处于顺水行舟的下行状态中。

股价在下跌趋势中多次反弹，都会在长期均线附近宣告结束，然后重回下跌趋势。当股价某次涨升突破长期均线并继续上升时，仍会被市场认为是一次难以持久的超跌反弹，如图 1–48 中 A 点所示。

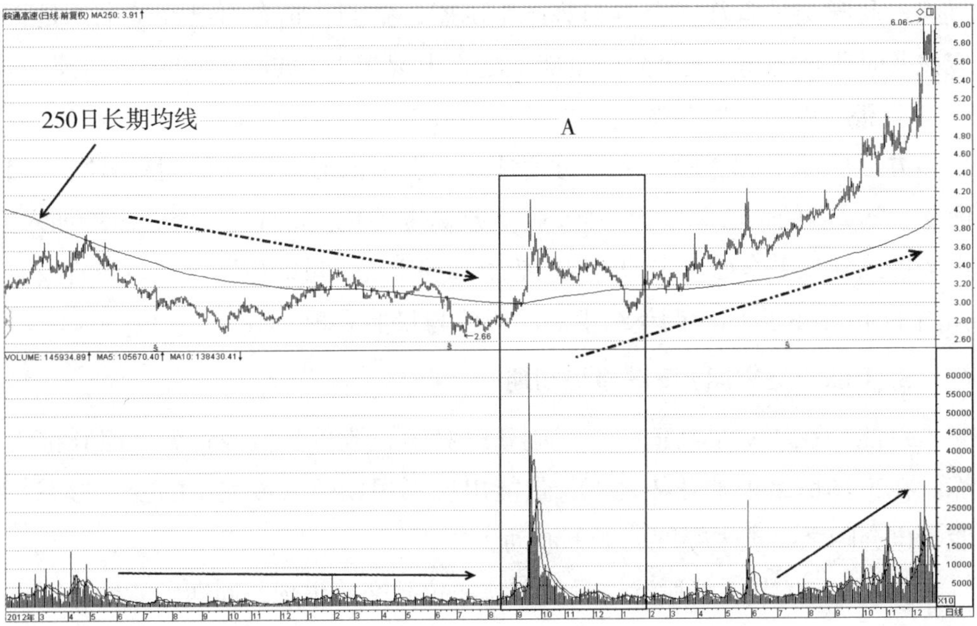

图 1–48

当这个强势涨升结束，价格出现回落并再次跌破长期均线时，交易者会因预测正确而增加看空后市的信心，却很少有人觉察到股价和均线在之后走势上的变化。如图 1–48 所示，A 点长期均线已经转为上行，并在之后与股价形成顺水行舟的形态。

趋势表现出来的变化未被大多数人觉察和认可，经过反弹放量之后，量能转而萎缩，与此前相比并无太大变化。

A 点之后，当量能逐渐形成聚量攻击形态，股价渐渐开始加速上涨时，部分交易者才并不情愿地从浓重的看空思维中慢慢走出来，开始小心翼翼地尝试参与做多。

2. 上涨趋势中期

经过一段时间的上升，趋势逐渐明确，交易者开始认可上涨趋势并付诸行动，于是上涨趋势被进一步催化，量能在这个阶段明显放大。

上涨趋势得到进一步催化后，开始出现不同级别和时间的盘整、回落过程。此时交易者往往会对趋势产生困惑，猜测行情是否已经结束，是否应该及时清仓离场，这个阶段量能也随之出现减少。如图 1–49 中 A 点所示。

上涨趋势中的回落调整，也是对趋势进行验证的阶段。当趋势经受住了多方面的冲击和考验，之后再度选择向上突破时，前期的阴霾就会一扫而尽，交易者的信心和股价一样，都会被高度催化。此时各路资金纷纷涌入，市场进入到几乎全面看多的阶段，股价加速上涨，量能也进入到高涨阶段。如图 1–49 中 B 点回落调整结束后的股价与量能表现。

3. 上涨趋势末期 / 下跌趋势初期

量能处在历史最高值附近或刷新最高值，股价趋势被资金一路狂推飞涨。在市场情绪极端狂热之下，量能出现不规则放大或缩小的变量形态，股价也会随之出现大幅度的上下波动。

如图 1–50 中 A 点所示，股价大跌和拉升交替出现，同期量能处于历史高量值。

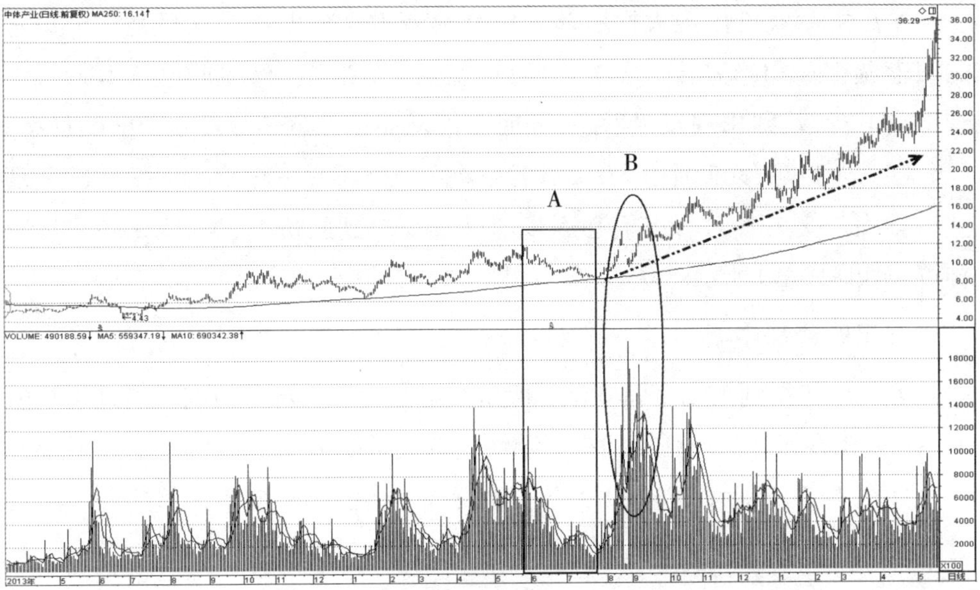
中体产业(日线 前复权) MA250: 16.14
A
B
VOLUME: 490188.59 MA5: 559347.19 MA10: 690342.38
2013年

图 1-49

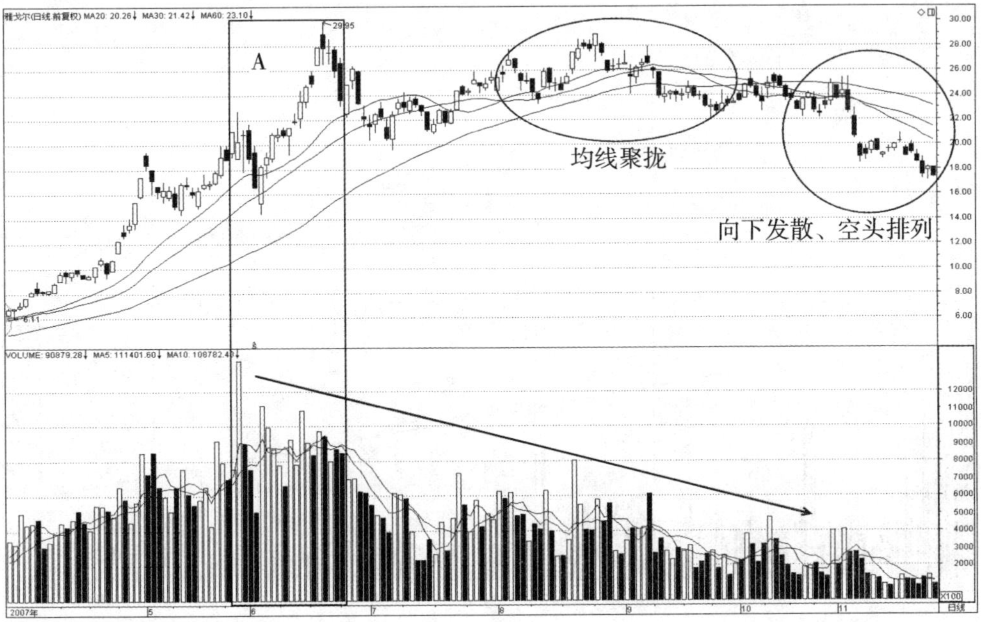
雅戈尔(日线 前复权) MA20: 20.26 MA30: 21.42 MA60: 23.10
A
均线聚拢
向下发散、空头排列
VOLUME: 90879.28 MA5: 111401.60 MA10: 108782.48
2007年

图 1-50

A 点之后股价出现大幅回落，但交易者大多仍旧认为这只是一个正常的回落调整，和趋势转折无关。股价的运行重心在不经意间已从上行转为走平或下行，均线出现聚拢形态，同时量能从高值区逐渐呈现出消散的形态。

随着下跌幅度渐渐增大，均线从聚拢、黏合形态开始向下发散，呈现空头排列，交易者对后市信心逐步消减，反映到股价上，则催化趋势加速转折。如图 1–50 所示。

4. 下跌趋势中期

下跌趋势得到市场全面确认，股价跌势正猛。大部分时间量能处于消散形态，偶尔在短暂的反弹期间有间歇性突放大量的情况，但很快又复归平静。

如图 1–51 所示，A 点和 B 点股价反弹，量能出现放大，但这种跟随放量随着反弹的强度和反弹级别的不同出现明显的差异。

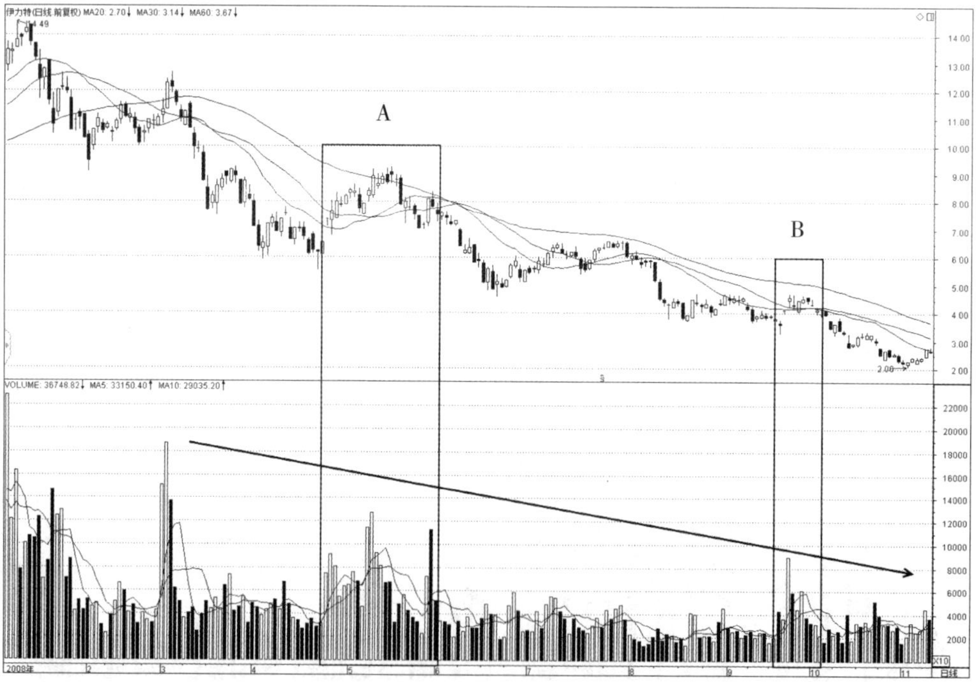

图 1–51

在这个阶段，量能更多地表现为对均线和股价的跟随属性。当下跌趋势进入到跌势末期后，量能萎缩到极限。随着股价的弹升，量能的催化作用才会再次显现。

下跌趋势中期，股价一直受到中长期均线的压制。在级别较大、强度较高的反弹行情中，也许会出现穿越均线的情况，但大多只是昙花一现，很快就会再度跌破均线。

如图 1–51 中的 A 点，股价也曾一度“突破”均线，但明显未能将下行状态中均线的压制转化为支撑。得不到支撑的股价随后再破均线，回归下跌趋势。

第四节 不可或缺的技术环境分析

要记住，只要趋势向上，股价永远不会高得不能买。只要趋势向下，股价也永远不会低得不能抛。但是，请不要忽略这个事实，即必须永远用止蚀单保护你的投资。永远顺势而为，而不是逆势而行。在强势中做多，在弱势中做空。

——威廉·戴尔伯特·江恩

一、趋势、趋向

技术环境分析至少应涵盖趋势或趋向、成交量、均线系统、技术指标、盘口与分时、市场心理趋向几个方面。其中，成交量、均线系统这两个方面的内容，成交量上文已经详解，均线系统则是本书的主题，本节主要讲述技术环境分析其他几个方面的内容。

（一）趋势与趋向

趋势是指在一个相对较长的交易时期内，价格整体运行于一个相对稳定的方向上，道氏理论将之称为主要趋势。通常将整体保持上升趋势的市场称为牛市，将整体保持下跌趋势的市场称为熊市。

趋向是指中短期内价格运行的方向，趋向可能和趋势一致，也可能不一致。趋势是由无数同向或逆向的趋向构成。趋向改变并不意味着趋势必然改变，但趋势改变必然由趋向改变开始。

趋势包含着不同运行方向的价格趋向，依照时间周期的长短，可以分为中期趋向和短期趋向。其中，中期趋向又可分为次级反弹和次级回调。在道氏理论中，中期趋向和短期趋向也称为次级趋势和短期趋势。

区分趋势和趋向，有利于交易者从全局的角度考虑和谋划整个交易策略，避免纠结价格的细微波动，错失在大方向上布局的时机。

交易者首先要认清行情的长期（主要）趋势，其运行方向明确之后，中期趋向和短期趋向就会跃然纸上。

1. 牛市行情

在长期上涨趋势即牛市行情中，交易者应以持仓和积极做多为主要的交易策略。

长期上涨趋势并不意味着价格一直上涨，其在运行过程中，往往会出现很多次级回调（即中期趋向或称次级下跌走势）以及不间断的短期回调（短期趋向）来制造恐慌，以清洗不坚定的持仓者，减轻上行的压力。

如图 1–52 所示，一轮长期上涨趋势运行期间，会出现多次中期下跌趋向和短期趋向。

2. 熊市行情

在长期下跌趋势即熊市行情中，交易者应以空仓和分阶段交易为主要的交易策略。

长期下跌趋势，同样并不意味着一直下跌，其在运行过程中会有很多次级别较大的反弹（即中期趋向或称次级上涨走势）以及不间断的短期反弹（短期趋向），诱使资金介入。

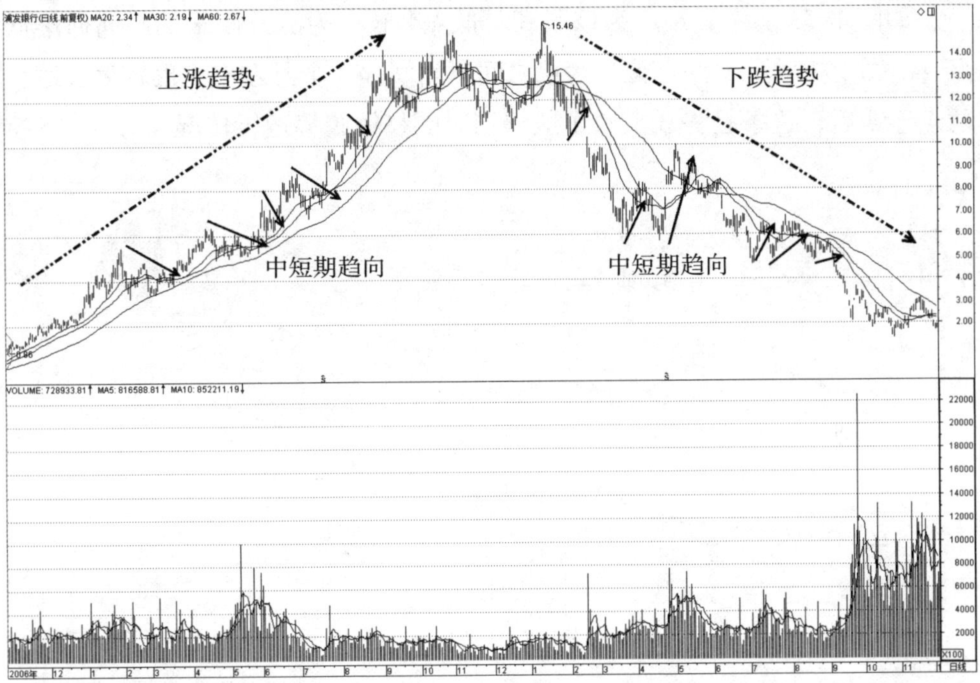

图 1–52

如图 1–52 所示，一轮长期下跌趋势运行期间，同样也会出现多次中期上涨趋向和短期趋向。

（二）绘制趋势线

趋势线，是指根据价格的波动，连接其两个重要的低点或高点，画出一条顺应价格运行方向的直线。趋势线是分析价格趋势及其变化的最有效的工具之一，正确绘出上升趋势线和下降趋势线，有助于对行情变化和趋势拐点提前作出预判。

绘制趋势线有以下三个要求。

其一，确定两个重要的低点或高点。

其二，这两个点在时间周期上具有相应的距离。

其三，能够正确反映趋势整体运行情况。

如图 1–53 所示，A 点为该股底部低点，B 点为涨升以来的趋向回落低点，都属于相对重要的点位。两点之间时间间隔 4 个月左右，也较为合适。两点连线后，这条趋势线反映了股价当时的整体趋势运行情况。

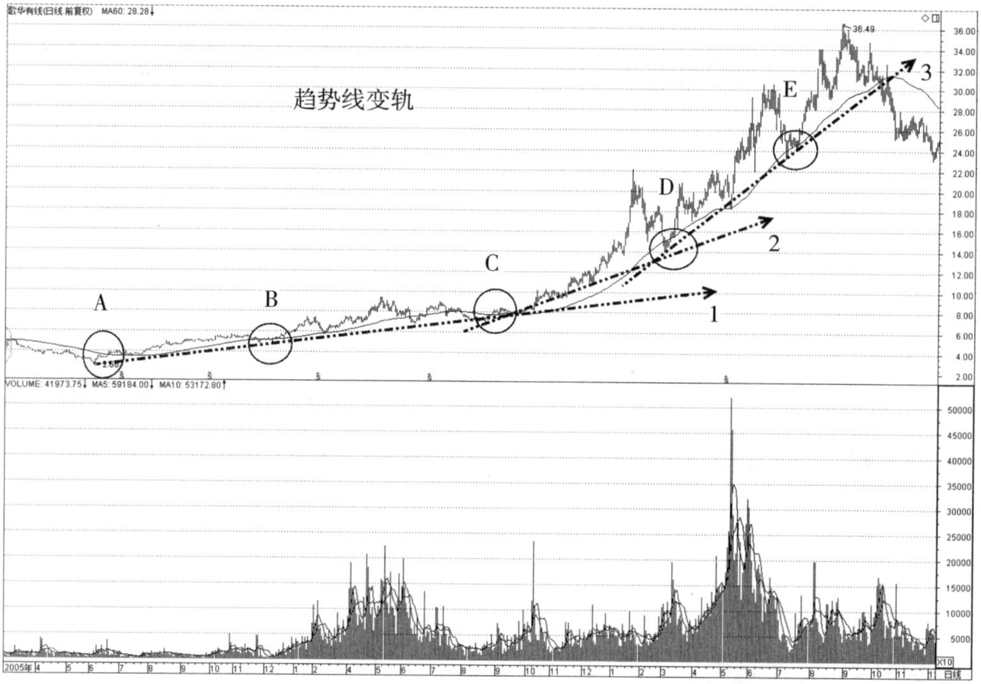

图 1–53

上涨趋势运行过程中，股价进入加速阶段时，会导致上升角度发生变化，原有的趋势线此时难以起到趋势指示作用，这时就需要根据股价变化再次绘制趋势线，这就是趋势线的变轨。

如图 1–53 中，股价加速后，以 C 点和 D 点绘制第二条趋势线。之后股价再度加速，则以 D 点和 E 点绘制第三条趋势线。

二、市场心理趋向

技术环境分析中，市场心理倾向分析是不可或缺的重要组成部分。无论是股票市场还是期货、现货市场，都是由人在制定交易策略和完成操作计划，而人的心理总是随着环境的改变而不断变化的。

市场大多数参与者对目前行情有大致相同的认识，即为市场心理倾向。市场心理倾向可以是上涨的洪流，也可以是下跌的洪流。心理倾向形成时，对于单一方向的助推力极其惊人，任何资金都无法在其情绪宣泄期与之抗衡。

市场心理倾向是逐步发展，逐步扩散的。随着越来越多的反倾向者放弃原有观点，加入到市场主流心理倾向中来，最终汇聚的洪流达到了极端一致化，市场开始进入情绪宣泄阶段，即涨必然涨过头，跌必然跌过头。

正如投资大师约翰•邓普顿所说：“牛市在悲观中诞生，在怀疑中成长，在乐观中成熟，在兴奋中死亡。”

市场心理倾向具有萌发、成熟、情绪宣泄三个阶段。

（一）萌发阶段

处于萌发阶段的市场心理倾向是混乱的，或者说并没有形成市场主流认知倾向，市场上存在对未来行情的各种预测或期待。反映到K线图形上，此时多呈现横盘震荡、小角度上升或小角度下跌形态，趋势并不明确。

人的心理总是随着环境的改变而变化的。当外部技术环境发生明显变化时，市场认知倾向就会随之作出反应，但这种反应往往具有不可持续性。外部价格暴跌暴涨、忽上忽下的技术环境，势必让市场大多数参与者日益谨慎，继而减少操作，并选择观望以等待局势进一步明朗。

虽然大盘趋势并不明朗，但在有心人的眼里却会发现，总有那么一部分股票和大盘运行方向相逆。正如乱战之中，忽然冲出一哨人马，虽然数量不多，但旗帜鲜明，与众不同。这部分特立独行的股票，在对抗大盘趋向的干扰上极其顽强，总是能够摆脱大盘的影响，大盘涨则其跌，大盘跌则其涨。几番抗衡之后，这部分股票已卓然不群，自身趋向悄然成型。

随着越来越多的资金开始关注并介入到这部分股票之中，大盘趋向也会随之发生变化，二者之间由对抗走向一致，这时的市场心理虽未显露出明确一致的倾向，但已暗流涌动。就像第一个吃螃蟹的人，尝到美味后大快朵颐，其他旁观的人虽未动手开吃，但已经垂涎欲滴，蠢蠢欲动。

逆向而为，是交易者此时较佳的策略选择。对于逆向而为，应有一个正确和清醒的认识。逆向，不是指盲目与大势或行情趋势方向相逆，而是指与某一阶段市场心理倾向相逆。比如，市场心理倾向处于萌发阶段时，在没有主流认知倾向的混乱状态下，关注部分趋向或趋势明确的股票群体，并力求在大盘趋向和这些股票之间辨析出行情未来发展的轨迹。

（二）成熟阶段

在这个阶段，K 线图形上行情整体趋向或趋势已经一目了然，上涨或下跌趋向并无太大的争议，市场心理倾向已经明确并被越来越多的人认可，但对行情未来走势的预期上，仍旧存在较大分歧。

在成熟阶段，市场对于反倾向者有一个逐渐吸纳、缓慢聚拢的过程，并非势如破竹，瞬间得到所有人的认可。当行情出现大级别的调整时，市场心理倾向仍会出现一定程度的波动和反复。此时，交易者的策略应是顺势而为。

必须明确一点，市场心理倾向并非总是处于错误之中，只有当倾向走向极端或处在混乱之中时，才是选择逆向而为的阶段。交易策略在不同的市场阶段有着不同的选择。

投资大师约翰·邓普顿有句关于逆向投资的名言："最悲观的时刻正是买进的最佳时机，最乐观的时刻正是卖出的最佳时机。"关于这句名言，必须厘清一点，即所谓最悲观的时刻或最乐观的时刻，并非仅指交易者个人情绪而言，其指向的是市场主流心理倾向。个人情绪与市场主流心理倾向，并不一定时时都同步和一致。

实战中不乏有以己度人者，以为自己恐惧别人也会恐惧，自己兴奋别人也会兴奋，于是生搬硬套逆向理论，将技术分析中的其他分析因素弃之不顾。仅以个人情绪为中心揣摩预测行情的运行趋向，孰不知已经进入逆向交易的误区，交易成绩可想而知。

逆向理论既不是与大势相抗衡，也不是以逆反个人情绪为中心。我们常说，在行情最悲观时要藐视恐惧。逆向理论的精髓就在于“藐视恐惧”，但只有在大众都处于恐惧之中时，这一理论才有作用。藐视恐惧必须按部就班才有底气！

（三）情绪宣泄阶段

情绪宣泄阶段的市场心理倾向是疯狂的，也是高度统一的。

这个阶段市场群体对于行情目前运行趋向和未来行情预期处于高度统一的状态，市场各方争议较少，行情运行受到的阻力就小，单一方向上就会呈现快速运行的态势。反映到 K 线图形上，K 线往往表现为连续的阴线或阳线，成交极其密集，价格不断创出历史新高（低）或阶段性新高（低）。

情绪宣泄阶段是市场心理倾向走向极端的表现。“物极必反”这个成语，是事物运行规律的历史总结。

极端情况下，危险和机遇是并存的，回避并不是最佳选择。在情绪宣泄阶段，股价容易出现超涨、超买或超跌、超卖的情况，这两种情况会给交易者带来短线做多或做空的机会。

此处有必要将超涨、超买和超跌、超卖的概念讲一下，有助于读者在技术分析中认定和利用情绪宣泄。

所谓超涨，是股价短期内过度上涨，这种上涨超出大多数人的预期，人们对于股票价格的上涨心存疑虑。超买是股价的上涨为大多数人认可，并且人们认为股价还会保持上涨的势头。这是二者之间最大的区别。

从这个角度来说，超涨的股票有可能继续维持上涨势头，即便遇到调整，仍旧存在“挖坑”后继续升势的可能性。但是超买的股票大多会遭遇“头部”，即便不是股价的最高点位，也大多离此不远。对于短线交易者而言，超涨的股票是中线追踪、短线回避的目标，而超买的股票应坚决予以回避。

超跌是指短时间内股票价格持续下跌，超出人们的预期。这种下跌往往是由恐慌情绪或其他意外事件引发的，短期内价格跌幅与跌速都极为惊人。超卖是指对某种股票长时间过度卖出，大多数人认为股价下跌趋势还会继续保持，并且短时间内不会有起色。

和超涨超买一样，超跌和超卖也是具有等级区别的。超跌更多地代表股价短期极限点位临近，而超卖蕴含的是交易者心理承受极限到来。

笔者认为，超跌是市场产生短中期反弹的主要动力，而超卖才是行情反转的催化剂。换句话说，只有市场失望情绪达到顶点时，才有可能产生重要行情的低点或转折点。

在情绪宣泄阶段，依据单一技术分析方式（不含市场心理倾向分析等）必然得出错误的结论，交易者会被狂暴的行情碾压得粉碎，这也是笔者强调技术环境分析重要性的原因。缺失分析因素的技术分析结论必然四处碰壁，缺失市场心理倾向分析的技术分析是天生的畸形儿。

例如，某交易者判断价格将在年线上止跌企稳并展开反弹，理由是经过技术分析，年线具有较强的支撑力度。但在实际行情运行中，价格轻松跌破年线并继续下跌，年线并未表现出技术分析中应有的支撑。

发生这种情况，往往会导致交易者惊慌失措，认为自己的技术分析是错误的，并放大对于下跌的恐惧感，认为行情将由此万劫不复，于是瞬间推翻之前所有的理性分析结论，加入到恐慌情绪宣泄的大军之中。然而不久之后，价格便止跌回升，并重新回到年线之上，年线最终体现出了之前分析的较强的支撑力度。既然年线具有较强的支撑力度，那么为什么之前还会被跌破?

技术分析有效还是无效，让位交易者疑虑重重，并在接下来的交易中不知所从。

其实这位交易者遇到的并不是技术分析有效还是无效的问题，而是技术分析因素缺失带来的问题，一句话，就是忽略了技术环境、市场心理倾向分析。尤其是在情绪宣泄阶段，价格的上涨或下跌，往往都会轻易击穿技术压制位或技术支撑位。随着情绪宣泄的过程逐渐平复、消亡，这些技术压制位或技术支撑位的作用仍会显现，价格必然随之回归正常态势。

任何技术分析方法都不可能是万能和百战百胜的，实战中，交易概率带来或造成的损失有时是无法回避的，但是正确的技术分析方法和灵活的交易理念，能够大幅度减少概率特性造成的损失。

正如SAR指标发明人威尔斯·韦登所说："我看待损失就如同商人看待费用一样，损失是做生意的成本。许多小的损失并不难对待，它们是交易商的生意费用。我控制损失所用的最好的也是惟一的技巧，就是在交易前决定在此项交易中我最多能承受多大的损失。一旦我的仓位已满，我就定好亏损限度，只有在对账户有利时才会作出调整，我从不愿意承受重大损失。"

三、盘口与分时图

在交易软件上，盘口不停闪烁的数据和蜿蜒的分时曲线，并不像表面上看到的那样平淡无奇，这些数据和曲线能够在细节分析中为交易者提供极为重要的交易依据和参考。

（一）基本术语

（1）盘口：个股买进、卖出多个档位的交易信息、成交回报等。

（2）买盘：主动买入资金的总称。

（3）卖盘：主动卖出资金的总称。

（4）全盘尽墨：指大盘指数和绝大部分股票都处于下跌的情况。

（5）洗盘：主力为吸筹或清理浮筹，主动造成股价大幅波动，以便为今后拉升做准备的行为。

（6）砸盘：一是主力主动砸盘，目的为了洗盘或者压低价格出货。另一种是主力机构或庄家之间博弈的行为。

（7）护盘：指主力资金在市场低迷时主动或者被动买入股票，以维护股价稳定为目的的行为。

（8）平盘：股价相比昨日收盘价涨跌无变化或无明显变化。

（9）高收：指当日收盘价高于前一交易日的收盘价。

（10）低收：指当日收盘价低于前一交易日的收盘价。

（11）高开：指股票当日的开盘价高于前一日的收盘价。

（12）低开：指当日开盘价低于前一日收盘价。

（13）平开：指当日的开盘价与前一日的收盘价相同。

（14）盘整：指股价遇到阻力或支撑，并围绕该阻力或支撑进行上下波动。

（15）跳空低开：指当日开盘价格低于前一日收盘价，在K线图上留有向下跳空缺口的现象。

（16）跳空高开：指当日开盘价格高于前一日收盘价，在K线图上留有向下跳空缺口的现象。

（17）跳空缺口：指当日开盘价格高于前一日收盘价或当日开盘价格低于前一日收盘价，并留有空白的交易区域。

（18）跳水：指股价在短时间内快速大幅下跌。

（19）扫盘：指主力大量通吃委卖盘上的筹码。

（20）杀跌：指在股价下跌时因恐慌或其他目的顺势抛出股票，从而使股价继续下跌。

（21）试盘：指主力通过买入或者卖出股票，以测试某股票的筹码分布情况和市场抛压情况。

（二）开盘前的集合竞价

集合竞价，是指在规定时间内接受买卖申报并一次性集中撮合的竞价方式。集合竞价期间未成交的买卖申报，自动进入连续竞价阶段。证券竞价交易按照价格优先、时间优先的原则撮合成交。

（1）每个交易日的 9:15—9:25 是集合竞价时间。

（2）每个交易日 9:15—9:20 可以挂单也可以撤单。有些个股主力在 9:15—9:20 期间虚挂大买单，拉高价位以吸引眼球，然后在 9:20 之前突然把买单撤掉，那些来不及撤单的跟风资金，就会在这个期间被迫成交。交易者对目标个股集合竞价期间的挂单数据需做谨慎、细致的分析，也许能够发现主力当日的一些操作企图。

（3）每个交易日的 9:20—9:25 只接收申报，不能撤销申报。想撤单必须在 9:20 之前完成，否则只能等开盘之后了。

（4）集合竞价是以价格优先，然后才是时间优先原则撮合交易。如果力求集合竞价阶段成交，那么最好在接近 9:25 时，申报一个比即时报价有价格优先权的价位，以确保成交。

（三）早盘与尾盘

集合竞价过后的9:25，开盘价就会确认。开盘分为高开、低开、平开三种，这三种开盘形式对于早盘股价运行的影响各有不同，而且还有较为复杂的成因。分析和判断这些细枝末节，对于交易者把握早盘股价运行趋向有极为重要的作用。

1. 早盘

（1）高开。

①事件驱动型高开。由于受到利好消息或政策的影响，市场资金在集合竞价阶段就踊跃竞买，使得股价高于前一交易日收盘价开盘。这种类型的高开，主要看开盘后的交易过程中，资金是否能够持续流入并推动股价稳定上升。一旦做多资金后续不足，或者主力趁机出货或故意打压，往往会形成高开低走的局面。

②主力驱动型高开。主力主动参与竞价买入，促使个股开盘高开。这种高开大都有较好的延续性，尤其是控盘程度较高的个股主力。高开高走且价升量增，则个股有冲击涨停板的潜力。这种走势谨防主力诱多出货，

实战中要结合股价所处价位高低以及主力拉高有无出货迹象等综合判断。

③市场随机型高开。开盘一般没有大单成交数据，或开盘时几个价位挂单较为稀疏，大多为市场上零散资金行为。通常来说，这种开盘形式如果主力不在盘中参与的话，则门庭冷落的局面当日不会改变，股价很难有较好的表现。

（2）低开。

①事件驱动型低开。突发的利空消息或事件，促使一些人在开盘竞价阶段不计成本地低价抛售，导致股价低开。这种情况要看消息和事件对个股实质性的影响程度，如果仅是受大盘下跌的波及，则低开高走的可能性较大。

②主力驱动型低开。个股主力主动参与竞价卖出，导致开盘低开。这种情况的低开除非主力当日诱空，否则低开低走几乎已成定局。

③市场随机型低开。一般在无主力参与或主力参与程度较低的个股中比较常见。无方向感的低开走势飘渺且弱势明显，不是短线关注的对象。

（3）平开。

平开，是指开盘价格和昨日收盘价格一样。平开说明市场资金对目前的大势或者个股行情持观望态度。没有方向感的平开大多数是市场随机交易的结果，主力未主动参与。开盘平开，不等于说主力盘中不准备参与，连续竞价阶段，可以细心观察盘中有无主力运作的迹象，然后再适时而动。有时候一笔大成交单突然出现，会搅动一池春水，使股价开始蠢蠢欲动。这个大成交单如果是主动性买单，并且在接下来的几分钟内连续出现较密集的买单，则股价当天可能会有较为理想的表现。

2. 尾盘

所谓尾盘，通常指每个交易日进入到 14:30 以后的这个时间段。尾盘的表现直接影响接下来的收盘价，所以尾盘也具有主力驱动型、消息驱动型、市场随机型等特征。尾盘异动主要是由主力驱动型和消息驱动型造成的。在尾盘这个时间段，大盘以及大部分个股已基本确定当天的大体走势，交易似乎已进入“垃圾时间”，而某些有所图谋的个股主力，往往会在这个时间段启动“秒杀眼球”的行动。

尾盘异动主要包括尾盘拉升和尾盘打压两种形式。

（1）尾盘拉升。

尾盘拉升可以肯定是主力驱动型或消息驱动型的结果，但是尾盘飙升的技术含义却不尽相同。尾盘飙升，并不必然意味着下一个交易日就会上涨。

①试盘及上涨的前奏。个股全天表现疲软或下跌，但尾盘却出人意料地直角拉升，冲击力很迅猛，但随后又开始回落，甚至可能回落到启动的位置。这种方式的拉升，大多是主力的一种试盘动作，并不代表次日一定会上涨，但起码说明该股有主力正在积极运作。

短线交易者分析盘口数据，一般有两种目的：其一是通过盘口数据甄选强势个股；其二是通过盘口数据印证目标个股的短期强弱度，以确认起涨结构的构筑是否完备。无论是哪一种目的，有一点必须明确，仅凭盘口数据或分时异动，没有其他技术分析作为保障，不可盲目做出买入或卖出的交易行为。

尾盘劲升和成交量汹涌澎湃，如果出现在不被人关注的某只股票上，那么在没有消息刺激的情况下，大多是主力大幅拉升的前奏。这种股票尾盘拉升幅度都相当惊人，甚至会出现从跌停到涨停的极端形式。主力选择尾盘拉升这种方式，有多方面的考虑：其一，有利于短时间内迅速脱离低位，做高次日的开盘价；其二，勾起市场资金的好奇心，吸引尾市和第二天的跟风盘参与助涨；其三，尾市拉升既节约成本，又能起到良好的造势效果。

②护盘及出货的前奏。跌势最凶悍的阶段，主力的日子也不好过，此时主力往往会利用尾市的瞬间急速拉升来护盘，这样做有利于节约护盘成本。另外，可以利用股价大幅急升的气势吸引跟风资金，寻找减仓机会。

（2）尾盘大跌。

尾盘大跌大多是由主力驱动型或消息驱动型引发的，分别具有不同的技术含义。

①上涨前奏。个股全天运行都很平稳，但临近尾盘突然急速下跌。分析个股的股价，如果处于长期下跌的低位或上涨趋势正常运行期间，则这种尾盘下跌大多是为了制造恐慌情绪，引发场内抛售。

主力制造恐慌性的尾盘大跌有三个特点：其一，股价在相对较低位置；其二，短期内未经大幅拉升，有明显的底部结构；其三，成交量未出现异常，股价并未跌破关键价位。

②出货。在上涨趋势末期，行情震荡频繁，但整体趋势尚未出现明显转折，个股主力往往借助尾盘暴跌减仓。此时大部分交易者仍然秉持牛市思维，对于个股尾盘的大跌不以为意，习惯性地认为每次大跌都是加仓买进的机会。主力就借助大多数人的这种心理倾向，运用尾盘大跌的手法将获利筹码轻松转移到尾盘追买的人手中。

（四）挂单与成交回报

1. 挂单

通过交易软件可以看到盘口几档买卖盘，大多是买单 5 档，卖单 5 档，一些软件还提供 10 档买卖盘挂单信息。实战中，无论是揭示 5 档还是 10 档买卖盘，都是市场主力想让你看到的挂单情况。不想让你看到的，即便揭示 20 档买卖盘，你还是看不到。

其实显示 5 档买卖盘口已经足够。就像阵地最前沿，最能显示两军交战情况的是激烈交锋还是胶着对峙。买卖盘口前三位挂单和撤单情况，最值得交易者分析研究。

例如，某主力当天有一个阶段性减仓计划，盘中交易时间，主力在买一上挂单 2000 手，这时市场其他买入力量在买一挂上 500 手，这样买一上挂单是 2500 手。主力随后撤掉买一上的 2000 手买单，随之再挂 2000 手买单，买一还是保持着 2500 手买单，买单数量并无变化，但其他市场力量挂出的 500 手买单排在前面，必然先于主力成交。频繁运用类似挂单再撤单的手法，主力完全可以轻松减掉需要减掉的仓位，并且通过买盘不断有大买单挂出的假象来稳定市场情绪，避免引发恐慌盘大批出逃。

这里所举的例子只是异常挂单的一个简单片段，意在使交易者举一反三，在实战中读懂盘口数据，抓住其中隐藏的主力行为和真实含义。

2. 成交回报

上文提到，实战中无论是揭示 5 档还是 10 档盘口数据，都是市场主力想让你看到的，不想让你看到，即便是揭示 20 档你还是看不到。这些不想被市场看到的交易数据，通常称为隐性买卖盘。

在实战中，交易者如果发现成交回报中出现一些大单，而买一和卖一上的挂单却没有明显变化，那么就说明可能有隐性买卖盘存在。

在行情火爆的时候，会有很多交易者主动性追买，其买入价往往高挂到卖四、卖五的价位，大多挂出后立即就会成交，所以不会显示在买盘挂单行列。同样，在行情暴跌时，也会发生相似的情景。这类主动性追高或杀跌的挂单，并不属于隐性买卖盘的范畴。隐性买卖盘的定义应该是，未出现在五档盘口买卖挂单中，而是仅仅在成交回报中可以看到的主力成交数据，即隐性买卖盘主要是指主力不想被市场觉察到的一些交易行为。

隐性买卖盘形式多变，不一而足。这里将隐性买卖盘中较为常见的突发性大单为例来进行说明。

盘口数据中，突如其来的大成交单带来股价瞬间飙升或急速下跌，并不意味着都是交易的机会。主力出于控盘的需要，往往会利用这种突发性大单造成股价飙涨或急速下跌的场面，诱惑或恐吓交易者跟风，以便达到自己减仓或震仓等目的。

主力不想让市场知道的往往是真相。

在盘口的判断中，甄别隐性买卖盘，对于交易者的操作有极其重要的参考作用。比如，某主力想通过对倒来拉高股价、制造量价配合良好的假象，有的会采用隐性买卖盘的方式。当主力拉高股价后，在出货时，为避免引起市场交易者的恐慌，会利用成交回报的时间差，将大的卖出单和小的买入单撮合成一笔大的买入单出现在成交回报里。

这样做不但不会引起交易者的恐慌，还会制造大单买入的假象，欺骗性极高。一些交易软件会将这些数据统一计入买方数据，所以对于交易软件或网站提供的主力买入与卖出统计数据，交易者不可过于迷信。

甄别隐性买卖盘最简单的方法是，当成交回报里出现连续性的成交大单时，观察股价变化的方向以及股价变化是否具有持续性。如果连续出现大买单，股价却原地踏步或开始下跌，可以判断有隐性买卖盘在作怪。

（五）龙虎榜

所谓龙虎榜，是指当日整个市场中所有股票的涨跌幅排名。在大多数软件中，交易者按下数字 61 或 63，就可以看到沪深两市的涨跌幅排名。这个涨跌幅排名能够较为直观地反映当日整体行情的强弱度，以及某些板块的异动表现。

具体来说，龙虎榜在实战中主要起到如下作用。

（1）查看龙虎榜中涨跌幅排名靠前的个股是否有热点板块特征。如存在明显的热点板块特征，应及时评估其对行情的影响，并关注其中的领涨个股。在行情运行到一些特殊时期时，热点板块的涨跌对整体行情的趋势有极大的影响力。

交易者需要注意一点，热点板块并不等于热门板块。热点板块在尚未被市场充分认可之前，其对市场行情的影响力很有限。当热点板块被市场认可，就会成为热门板块，其对行情的影响力才会发挥出来。

（2）分析龙虎榜涨跌幅排名靠前的是大盘股还是小盘股，以确定当日行情的性质。市场存在“二八”跷跷板效应，当大盘权重股启动时，小盘个股往往会偃旗息鼓。当大盘权重股下跌时，有的时候小盘股转而开始活跃，有的时候市场整体一起下跌。区别大盘股和小盘股比较简单，看其总股本或流通股本大小就可以了。

（3）分析龙虎榜中涨跌股票家数对比，预测大盘当天走势的强弱度，确定当天是否适合进行交易。尤其是在行情极端运行阶段，这种分析方法能够及时发现行情转折的迹象。比如，某日涨停板家数为 50 家，而跌停板家数为 0 家，下跌幅度超过 –7% 的股票寥寥无几，那么当时大盘行情即便处于跌势，也很难出现暴跌，反而是转跌为升的概率相当大。

（六）分时图

分时图有三条线，即收盘线、均价线、股价线，这三条线是分时图的构成要素。

收盘线是指以前一交易日收盘价所画的横线，若股价低于这条线，则表明股价相比昨日下跌；高于这条线，则表明股价相对于昨日在上涨。

均价线是以股票即时成交的平均价格为基点画出的一条曲线。

股价线是以即时成交的股价为基点连接成的一条曲线，也是最能反映股价即时变化的一条线。

1. 分时图基本研判法则

（1）当股价线持续在收盘线、均价线上方运行时，表明市场预期较好，多方力量不断增加，当天介入的大部分交易者都有盈利（见图 1–54 中 A 点）。当股价持续在收盘线、均价线下方运行时，表明市场预期较差，很多人正在陆续卖出，当天介入的大部分交易者都亏损（见图 1–54 中 B 点）。

这一研判法则是分时图的基本分析知识，仅为便于初学者了解分时图的架构，所以并不加入成交量等分析因素。

（2）当均价线从低位跟随股价持续上扬时，表明市场多方人气有所回升，市场资金开始尝试买入，市场平均买入成本不断抬高，这时均价线对股价形成支撑。

股价上扬至收盘线时，如果收盘线没有形成压力，则说明股价处于强势状态，上涨仍将延续。股价突破收盘线后，除非直线拉升的强势股票，一般都有回探收盘线确认支撑的动作，确认收盘线得到支撑，股价将进一步扬升。如图 1–55 所示。

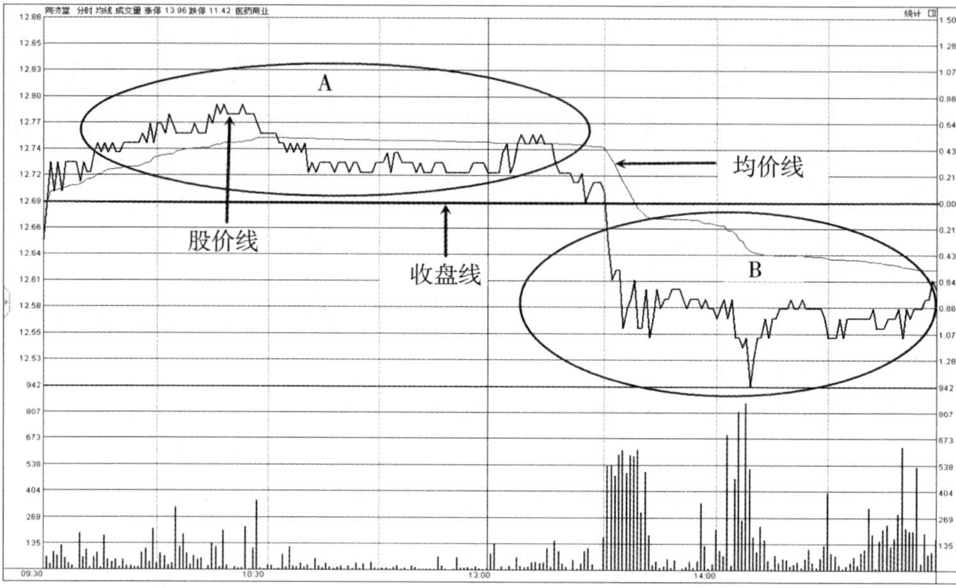
同济堂 分时 均线 成交量 涨停 13.96 跌停 11.42 医药商业
A
B
股价线
收盘线
均价线

图 1-54

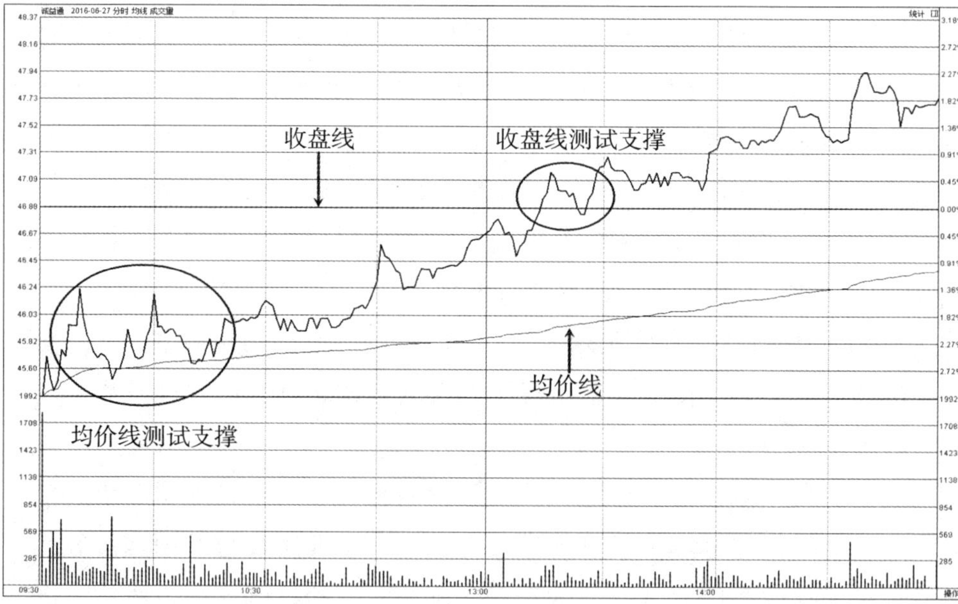
2016-06-27 分时 均线 成交量
收盘线
收盘线测试支撑
均价线测试支撑
均价线

图 1-55

（3）当股价急速上涨，与均价线瞬间出现较大乖离时，接下来市场追涨意愿会出现衰竭，股价可能面临调整（股价调整并不意味着之后不会继续上升）。如图 1–56 所示，A 点股价以接近 90 度角向上飙升至 8% 的涨幅，而这时的均价线仅在 2% 的涨幅左右，二者的瞬间乖离达 6% 左右。

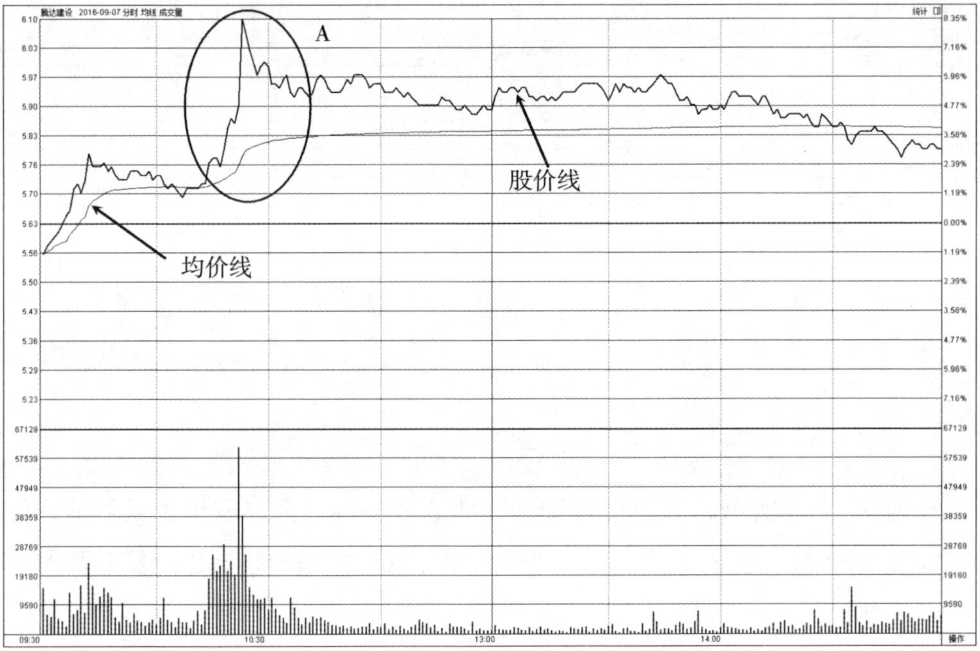

图 1–56

当市场资金不愿意在高位持续追涨时，股价的回落整理就会随之而来。实战中，也有强势个股急速上涨，虽然与均价线瞬间出现较大乖离，但却能涨停封板，关键在于资金的买入是否具有持续性。

通常情况下，股价匀速上涨，均价线紧密跟随，乖离呈缓步增大的状态，则股价后市保持强势状态的可能性较大。如图 1–57 所示。

（4）当股价持续下挫，均价线紧密跟随时，说明市场兑现离场愿望较为强烈，股价仍将继续下跌。当股价维持下跌，而均价线已经走平，二者乖离较大时，股价随时可能发生反弹。

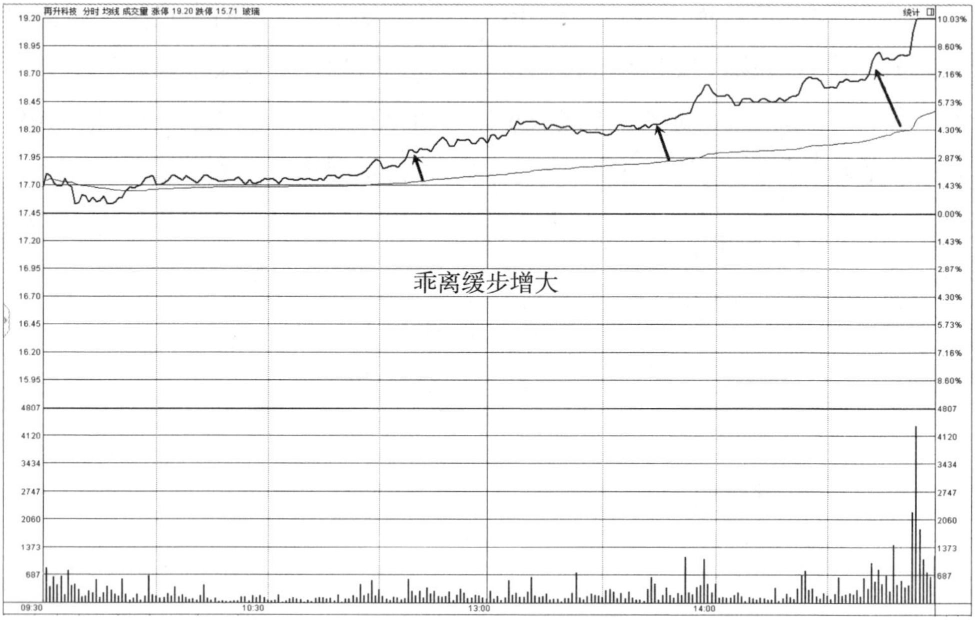

图 1–57

如图 1–58 所示，A 点股价和均价线之间乖离过大，股价虽然下跌，但均价线已经出现走平，显示盘中跟风杀跌意愿已经减弱。之后股价跃上均价线展开反弹。

应用这条法则时，关注的重点在于 A 点出现后，成交是否能出现持续放大和明显增加，如果成交量未能有积极变化，那么股价即使出现反弹，力度也会很弱，触及均价线或收盘线之后，再度转跌的可能性很大。

（5）股价线稳定在均价线、收盘线之上横盘或微幅波动，则之后发力上涨的可能性大。

如图 1–59 所示，该股开盘后迅速收复均价线和收盘线，之后在均价线和收盘线的支撑下小幅波动，午后股价迅速拉升。

实战中，股价以这种方式横盘，其波动幅度越小越好，且波动低点以不触及下方的均价线为最理想，同时拉升过后的成交量整体应大于横盘波动期间的整体量值。

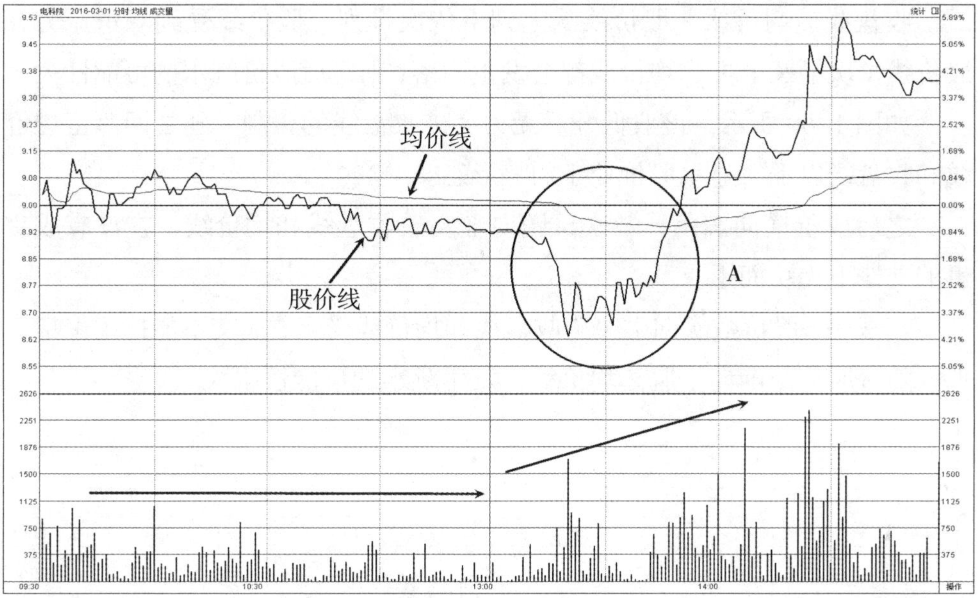
电科院 2016-03-01 分时 均线 成交量
均价线
股价线
A
09:30
10:30
13:00
14:00

图 1–58

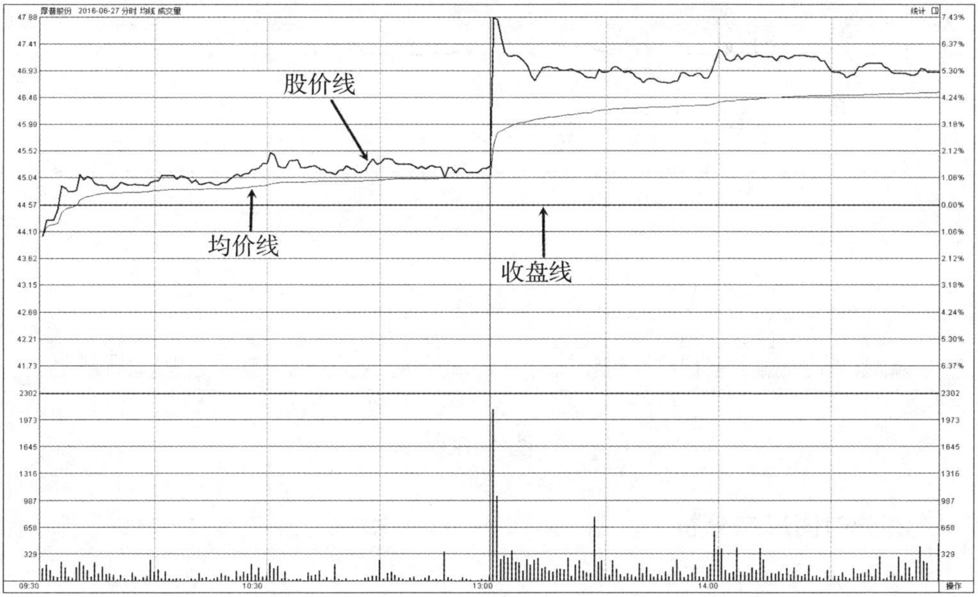
厚普股份 2016-06-27 分时 均线 成交量
股价线
均价线
收盘线
09:30
10:30
13:00
14:00

图 1–59

收盘线、均价线、股价线从上到下依次排列，股价线受到双重压力，股价线每次触及上方的均价线都会发生回落，则之后股价跳水的可能性大。

如图 1–60 所示，该股低开后无力突破收盘线的压制，随之回落至均价线和收盘线以下，显示股价处于弱势形态。

之后股价横向震荡，数次试图向上突破收盘线和均价线，在没有成交量的支撑下无功而返。

实战中，股价数次向上突破收盘线和均价线受阻，成交不能持续聚集，那么随着股价渐渐向下脱离均价线，发生跳水的可能性很大。

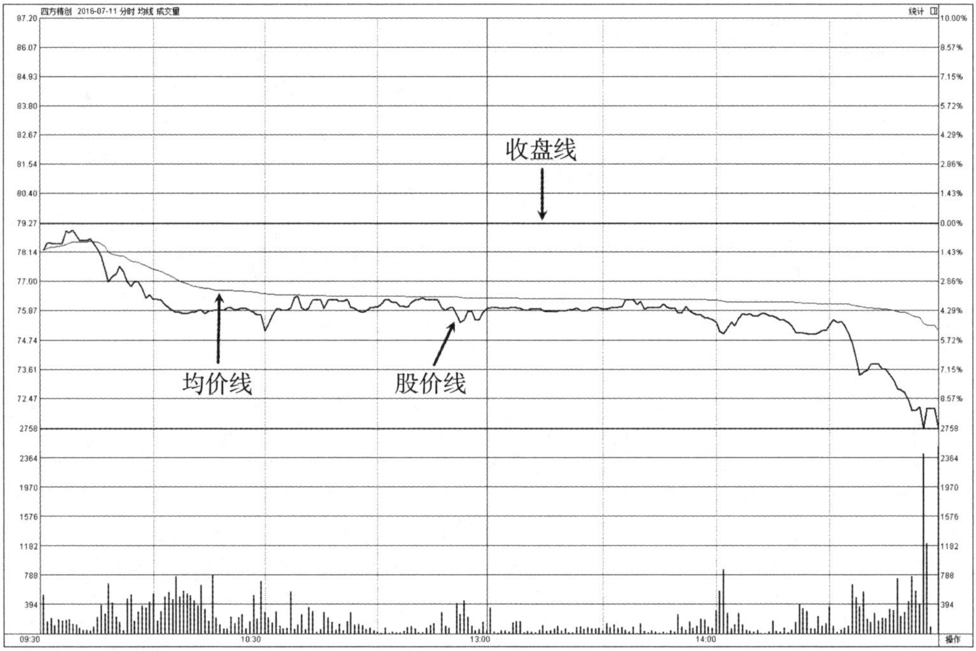

图 1–60

2. 分时图形态分析

（1）震荡盘升。

震荡盘升的形态，是指个股依附均价线的支撑一路震荡上涨。如果个股不是处于股价的高位区域，同时成交量既没有突放巨量，也没有极度萎缩，而是温和放大，那么这种震荡盘升的形态将会持续。

（2）横盘突破。

该形态是指个股开盘后依附均价线或收盘线横盘运行，即使当日大盘出现跳水等不利现象，股价仍旧在均价线或收盘线附近徘徊，且成交量稳定，不跟随大盘的波动改变方向。如果盘中出现较为密集的买单时，那么这类股票一般会迅速上涨。

（3）急升后横盘。

该形态是指个股开盘急升之后转入横盘震荡，直至横盘报收或盘中再度拉高。在个股急升阶段，如果同时成交量出现异常放大的情况，则要小心主力的减仓动作。横盘阶段的成交量一般会呈现逐渐萎缩的状态，直至再次出现拉高才再度放量。交易者需注意拉高的幅度和放大的成交量是否匹配，大成交量，小涨幅，往往是主力套现的表现。

（4）低点回升。

个股开盘下跌后回升，这时需要观察大盘的情况。如果大盘情形不妙，则主力虚晃一枪诱多的可能性大。如果大盘无虞，则主要观察股价回升时均价线和收盘线的压力和支撑情况，同时观察成交量能否同步放出。没有成交量的积极支持，股价的回升走势可能半途而废。

（5）单边下跌。

单边下跌是指个股开盘后一路下跌，股价下跌打破均价线支撑。随着股价的继续下跌，均价线对股价形成压制。单边下跌走势中，分时图上成交量整体呈萎缩状，每一次下跌时的成交量都比反弹时的成交量大。

对于单边下跌走势，不可盲目入场抢反弹。多日连续大跌之后，经过数次微量横盘，如果当日分时走势再次出现单边下跌，同时在跌势最猛的时候成交量超过近几日最大值，那么随着恐慌盘的抛售，股价将会迎来超跌反弹。

四、技术指标

技术指标只是一件工具，既不要将其神化，也不必视其毫无作用。

同样的技术指标，在一部分人手里是获得盈利的利器，在另一部分人手里却成为自戕的凶器，导致不同后果的原因出在使用者身上，不能归罪于技术指标。

布林线指标发明人约翰·布林格曾说："没有一套技术分析系统能自始至终发挥作用。为什么呢？道理很简单，任何分析体系都有它的时效性和地域性。现在有效的分析系统，过一段时间就可能失效。这个市场很有效的分析系统，放在另一个市场也许就不适用了。"

世界上没有任何一种技术分析工具只依靠简单套用而不需要思考和理解就能在交易市场上获取大利。交易市场是人与人之间智慧博弈的角斗场，赢家永远是勤于思考、善于辩证分析的人。

本节讲解 MACD 指标，意在抛砖引玉，给交易者提供一种分析的角度和思路。

（一）MACD 的原理

MACD 指标全称指数平滑异同移动平均线（Moving Average Convergence / Divergence），是由美国人杰拉尔德·阿佩尔先生于20世纪70年代末发明的。

MACD 指标是基于均线的构造原理，对收盘价格进行平滑处理（求出加权平均值）后的一种趋向类指标。MACD 指标利用短期（常用为 12 日）移动平均线与长期（常用为 26 日）移动平均线之间的聚合与分离状况，对买进卖出时机作出研判。

该指标由两部分组成，即正负差（DIF）、异同平均数（DEA），其中正负差是核心，DEA 是辅助。DIF 是快速平滑移动平均线（EMA1）和慢速平滑移动平均线（EMA2）的差。

MACD 的优点是摒弃了均线频繁发出买入卖出信号的缺陷，使发出信号的要求和限制得到了增加，在实战中使用起来比均线更稳定。MACD 的缺点同均线一样，在市场处于横盘或区间整理时，因指标钝化容易出现伪信号，发出错误指示。

（二）MACD 指标计算公式

MACD 常用参数一般设置为快速移动平均线（EMA1）为 12，慢速移动平均线参数（EMA1）为 26。此外，MACD 还有一个辅助指标——柱状线（BAR）。在大多数分析软件中，柱状线是有颜色的，在 0 轴以下是绿色，0 轴以上是红色。前者代表趋势较弱，后者代表趋势较强。

MACD 在应用时，先计算出快速平滑移动平均线即 12 日的 EMA1，和慢速平滑移动平均线即 26 日的 EMA2，以这两个数值之间的差值得出 DIF，然后再求出 DIF 的 9 日平滑移动平均线 DEA，最后得出 MACD = 2×（DIF － DEA）。

计算公式如下。

计算 12 日和 26 日移动平均线 EMA1 和 EMA2：

EMA（12）= 前一日 EMA（12）×11/13 + 当日收盘价 ×2/13

EMA（26）= 前一日 EMA（26）×25/27 + 当日收盘价 ×2/27

计算离差值（DIF）：

DIF = 当日 EMA（12）– 当日 EMA（26）

计算 9 日离差平均值 DEA：

当日 DEA = 前一日 DEA×8/10 + 当日 DIF×2/10

计算 MACD：

MACD = 2×（DIF － DEA）

计算柱状线 BAR：

BAR = 2×（DIF － DEA）

（三）MACD 的应用

1. 基本应用理念

（1）MACD 表示短期指数移动平均线与长期指数移动平均线的离差。

（2）当市场趋势走强时，短期移动平均线比长期移动平均线上升更快，MACD 会向上运行。

（3）当市场上涨趋势弱化时，短期移动平均线会逐渐变得平缓。如果市场持续下跌，则短期移动平均线会向下穿过长期移动平均践，MACD 线降到 0 线以下。

（4）MACD 的方向变化反映出市场原有趋势将逐渐走弱，但是否一定发生趋势反转，应配合其他指标综合考虑。

（5）在价格运动过程中，短期移动平均线会与长期移动平均线发生聚合或背离，因此，MACD 实际上就是反映移动平均线聚合或背离程度的指标。

2. 应用法则

（1）最近一次卖出信号发出后，如果 MACD 线由上而下穿过 0 线，之后发出的买入信号将更为可信。发出买入信号时，MACD 线未必在 0 线以下，但最近一次价格下跌过程中，MACD 线应位于 0 线以下。

（2）最近一次买入信号发出后，如果 MACD 线由下而上穿过 0 线，之后发出的卖出信号将更为可信。在发出卖出信号时，MACD 线未必在 0 线以上，但最近一次价格上涨过程中，MACD 线应位于 0 线以上。

（3）当股市处于牛市行情，尤其是在上涨初始和主升段时，MACD 发出买入信号前，可能未进入 0 线以下，但由于市场行情十分强劲，可以考虑买入。类似的情况也适用于熊市行情，但一般情况下进行投资决策时，应充分考虑 0 线法则。

3. 杰拉尔德·阿佩尔的黄金规则

（1）应使用至少含有 2 个 MACD 指标的组合：短期 MACD 用于选择买入时机，长期 MACD 用于选择卖出时机。

（2）当市场处于大涨行情时，应当积极买入，慎重卖出。此时可以选用短期如 6 ～ 19 日 MACD 确定买入时机，长期 19 ～ 39 日 MACD 确定卖出时机。

（3）当市场行情较为平稳或略有上升时，应当积极买入，慎重卖出。选用 12 ~ 26 日 MACD 确定买入时机，选择 19 ~ 39 日 MACD 确定卖出时机。

（4）当市场处于大跌行情时，应积极买入，频繁卖出。此时应采用更为敏感的 12 ~ 26 日 MACD 作为选择买入和卖出时机的标准。注意：除非价格达到或低于止损点水平，否则选择卖出的先决条件为 MACD 线在上涨过程中曾向上穿过 0 线。

（四）均线与 MACD 的契合分析

如图 1–61 所示，该股下跌过程中，在 A 点股价出现一个横向盘整，均线并无明显提示，这时的股价运行趋向并不明确。此时下方的 MACD 指标曲线却在上行，和股价形成了一个背离的形态。之后股价得到均线的支撑，脱离跌势进入到升势。

图 1–61

实战中，股价创出新低（或横向波动），MACD 并不随之创出新低，反而逐渐上行，这种底背离形态意味着行情可能会在之后转入利于做多的阶段。

MACD 和股价之间的底背离，有时候并不是一个简明易判的信号，当其展现出复杂的一面时，往往会令习惯呆板、机械应用技术指标的交易者大吃苦头。

底背离可以连续多次出现在个股的下跌过程中，如果交易者见到底背离就贸然入场做多，必然会在股价继续下跌中出现亏损。由此可见，技术指标的分析与应用不是一个孤立、简单套用的过程，需要交易者从技术环境分析的角度来反复印证。

图 1-61 中的 B 点，MACD 指标出现死叉，按照常用规则应该是卖出信号，但从图中可以发现均线之间保持着一定的空间，均线系统对于股价的支撑非常稳定，股价触及均线后就已经出现止跌迹象，随后股价转为上涨。

通过上述两个细节的分析，能够发现均线和 MACD 指标之间可以互相补充，以弥补各自的短板，这也使交易者能够避免犯下使用单一指标容易出错的弊病。

均线和 MACD 指标不但具有互补性，还会在关键点位上发出共振提示。

图 1-61 中的 C 点，股价突破均线回抽确认后出现跳线，此时 MACD 指标也在 0 轴线之上出现强势交叉的形态，之后股价依托均线展开一波升势。均线与技术指标的契合细节较为繁杂，难以一一尽述，交易者可以在实战中按照常用的分析思路慢慢摸索。

0 轴线之上强势交叉，是指 DIF 在 0 轴线之上向上突破 DEA。如果之后 MACD 上行柱状线能够持续放大，价格在均线系统之上得到支撑，则行情涨升的势头会继续加强，交易者可以选择做多的时机。

本章主要讲解跟均线密切相关的技术理论，没有这些基础理论作为铺垫，均线技术就如同空中楼阁，虚无飘渺，无从把握。踏踏实实地从基础开始，不断拓宽加厚理论底蕴，不经意间你会发现，价格的波动轨迹会变得越来越清晰易辩。

引用《大学》里的名句作为本章的结束语:“知止而后能定,定而后能静，静而后能安，安而后能虑，虑而后能得。”

第二章　均线基础分析

牛市在悲观中诞生，在怀疑中成长，在乐观中成熟，在兴奋中死亡。最悲观的时刻正是买进的最佳时机，最乐观的时刻正是卖出的最佳时机。

——约翰·邓普顿

第一节 均线周期与系统构筑

如果一份资产售价比其真正价值低80%，那么这就是交易者要找的便宜货。换句话说，如果一份资产的标价是其价值的20%，即值1美元的东西仅以20美分出售，那么这就是理想的便宜货。在A股市场上，要找到折价这样高的便宜货，可不是一件寻常的事。不过无论如何，都值得把它当作一个目标。

——约翰•邓普顿

一、周期分析的实战匹配

不同时间周期的均线，对目前价格的反映程度有很大的差异，这种差异对于判断价格运行趋势、趋向，分别具有不同的揭示作用。

例如，顺水行舟及逆水行舟形态，参照的均线周期是短期还是中长期？确定均线周期之后，才能分析K线是顺水行舟还是逆水行舟形态，才会对把握趋势、趋向的运行方向起到帮助作用。

比如，根据5日均线的表现，判断价格有可能会出现一波下跌。此时，20日均线可以提供给交易者一些线索：这次即使出现下跌，也大都会在20日均线上得到支撑。

均线的时间周期，乍看起来似乎只是数字发生了变化，但是在实战中，却代表了交易的盈与亏，成与败。

常用的均线周期如下。

短期均线：MA5 均线、MA10 均线、MA20 均线、MA30 均线（介于中短期均线之间）。

中期均线：MA60 均线、MA120 均线（介于中长期均线之间）。

长期均线：MA250 均线、MA500 单均线等。

均线的周期参数，视其设置的交易系统的不同，还可以分为日均线、周均线、月均线等，有人还采用季均线、年均线等时间周线更长的均线。

对于均线的周期参数，上述周期是大多数软件上的常规和默认设置，也有些人喜欢采用斐波那契神奇数字来设置均线周期，比如 3、5、8、13、21、34、55、89、144 等。

斐波那契神奇数字是以最简单的数字 1 、2、 3 为基本数列的，把这个简单数列的后两位数字不断相加，如 1 + 2 = 3 ，2 + 3 = 5，3 + 5 = 8，5 + 8 = 13，8 + 13 = 21，13 + 21 = 34， 21 + 34 = 55，34 + 55 = 89，55 + 89 = 144，从而得出斐波那契神奇数字 3、5、8、13、21、34、55、89、144…以至无穷。

斐波那契神奇数字的特点是：神奇数列内，一个数字同后面一个数字的比值，大致接近于 0.618 的黄金分割比例；第三个数字总是前两个数字之和。

斐波那契神奇数字一定具有“神奇”的效果么？

笔者认为，在技术分析上可以让思想飞翔，但不可以让思想如同断线的风筝、脱缰的野马无从把握。

风筝可以高飞，但线要牵在手里；野马可以狂奔，但缰绳决不可脱手。没有交易理论作基础的神秘预测，错都不知道错在哪儿。

据德国投机大师安德烈·科斯托拉尼著作中的记载，发明黄金分割理论的亨利·考夫曼最终因交易失败而自杀。

在均线技术理论中，有两个问题首先要搞明白，其一是均线和 K 线（价格）之间的关系（见第一章第二节），其二是不同周期均线之间的匹配关系即均线系统的构筑。

（一）不同周期均线和 K 线契合的差别

在第一章第二节 K 线与均线契合关系实战辨别中，讲解了契合形态和顺逆关系：契合形态是股价与均线之间细节处的契合关系，而顺逆关系是股价与均线之间全局性的契合关系，二者都与均线的时间周期密不可分。

1. 顺逆关系

从趋势和趋向分级的角度来说，不同时间周期上，顺逆关系都有可能存在，比如 5 日均线和股价方向相同，但 20 日均线却和股价相逆。

这种时间周期下的顺水行舟及逆水行舟形态，并不能给予交易者大趋势上的提示，因为 5 日均线和 20 日均线本身都属于短期均线，反映的仅是短期行情波动，并不必然会带来趋势的变化。

如图 2–1 所示，A 点 5 日均线和股价方向相同，20 日均线却和股价方向相逆，下方无论是中期的 60 日均线还是长期的 250 日均线，都仍旧维持着明确的上行态势。

A 点顺逆关系明显并未超出短期均线范围，甚至连 20 日均线都没有作出反应，更不要说 60 日、250 日均线，这时就可以确定当前股价仅是短期的波动，和趋势并无关联。

在分析顺逆关系和研判趋势时，中长期均线是必不可少的参照物，比如 60 日均线、250 日均线等。

确认趋势的目的是认清行情的大局势，为自己的交易策略提供参考，并不能仅据此进行短线买进或卖出。比如，交易者不会等待股价从相逆中转向与长期均线一致时，才确定短线买入或卖出，否则会让交易者浪费或损失较大的机会或利润。

2. 再说契合形态

七种基本契合形态，会因为均线时间周期的不同而发生改变，这种改变对技术研判有较大影响，也和交易者的操作风格甚至交易理念息息相关。

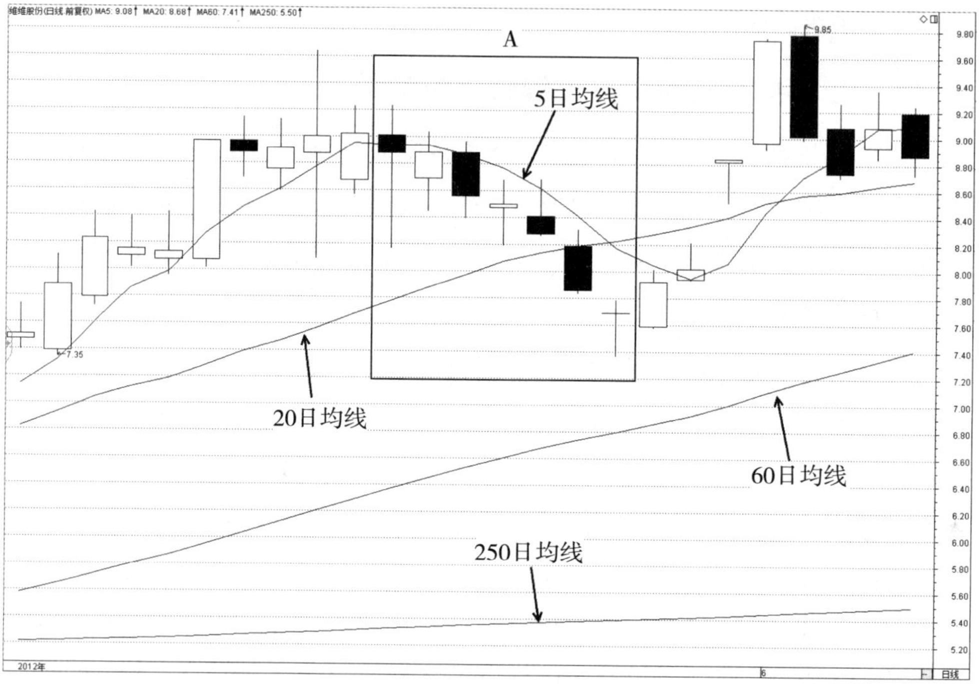

图 2-1

比如，一个短线交易者采用的短期均线为 5 日均线，那么以 5 日均线为参照形成的契合形态，和一个波段交易者以 20 日均线为参照形成的契合形态，其间存在较大的差别，对价格研判的意义也大不相同。

如图 2-2 所示，A 点股价与 5 日均线形成跳线，B 点形成压线，C 点则为盘线。如果以 20 日均线为参照，那么在这个下跌过程中，股价与均线一直呈脱线形态。

交易理念不同的人，对待行情的波动有不同的理解，所以选择的交易时机也存在不同。

以图 2-2 为例，波段交易者以 20 日均线为参照，那么在脱线的形态下，只会选择做空或观望，不会选择做多。短线交易者以 5 日均线为参照，其间或有超短线操作。

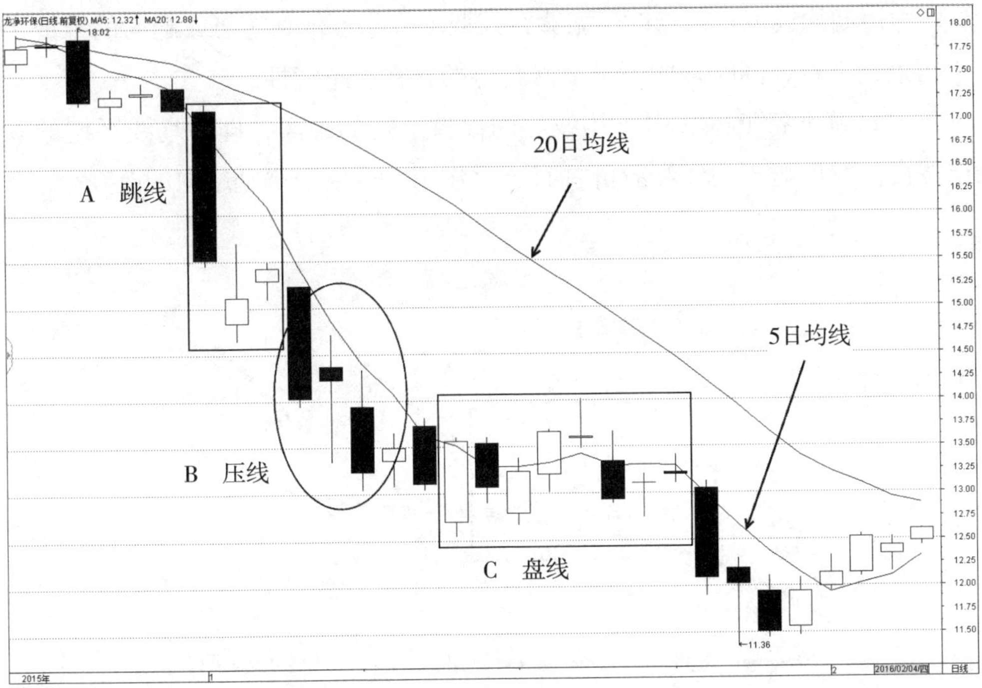

图 2-2

选择均线时间周期，要适合自己的操作风格和特点。能够从中获得盈利，就是最好的选择。

（二）均线系统的厚度和保护

在实战应用中，单一均线不是不可以用，但在技术识别上略显单薄，尤其在一些重要的技术关口上，不确定性的缺点就会显得较为明显。采用多条均线构成均线系统，则会在一定程度上减弱不确定性，增强判断上的准确度。

以不同周期均线构筑均线系统，要具有以下两个方面的特点。

其一，均线之间具有一定的空间，即系统的厚度空间。

其二，均线之间应具有相互印证和维护的作用。

如图 2-3 所示，以上涨趋势为例。分别设置短期、中期、长期三条均线。中短期均线下行折返时，能够在长期均线附近得到趋势或趋向的维护，不再继续下行，同时也印证了上涨趋势的存在和持续性。

在持续上行期间，多条均线之间保持一定的距离，即为均线系统的多层厚度。厚度对于均线和股价具有支撑作用，也便于辨别趋向的改变。

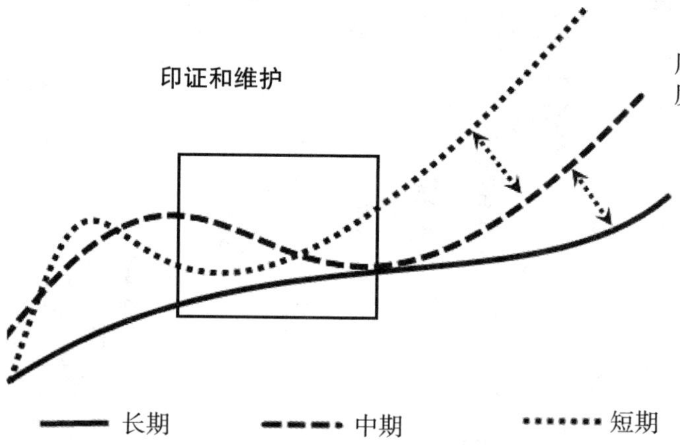

图 2–3

建立什么样的均线系统，只能依靠自己在实战中的摸索。即使是相同的均线设置，不同的人在实战中也会研读出不同的技术含义。别人一目了然的，你未必能读懂。只有从实战中验证、提炼并由此形成的均线系统，才会对实战带来真正的帮助。

在构筑均线系统时，可以采用 2 ~ 4 条均线，均线过多会使盘面显得过于杂乱。视觉受到干扰，容易出现误判，盘面应以清晰干净为好，但要能起到应有的分析判断作用。

1. 短期均线系统

短期均线系统以灵活和快速反应见长，适用于短期行情的分析判断。在构筑短期均线系统时，应以短期均线为主，同时辅以中期均线。这样既能快速反映价格的变化，也能让均线系统具有一定的厚度，在均线之间体现出印证或维护作用。

图 2–4 中是由 5 日、10 日、30 日均线构筑的均线系统，其中 5 日、10 日为短期均线，辅以中期均线 30 日均线。

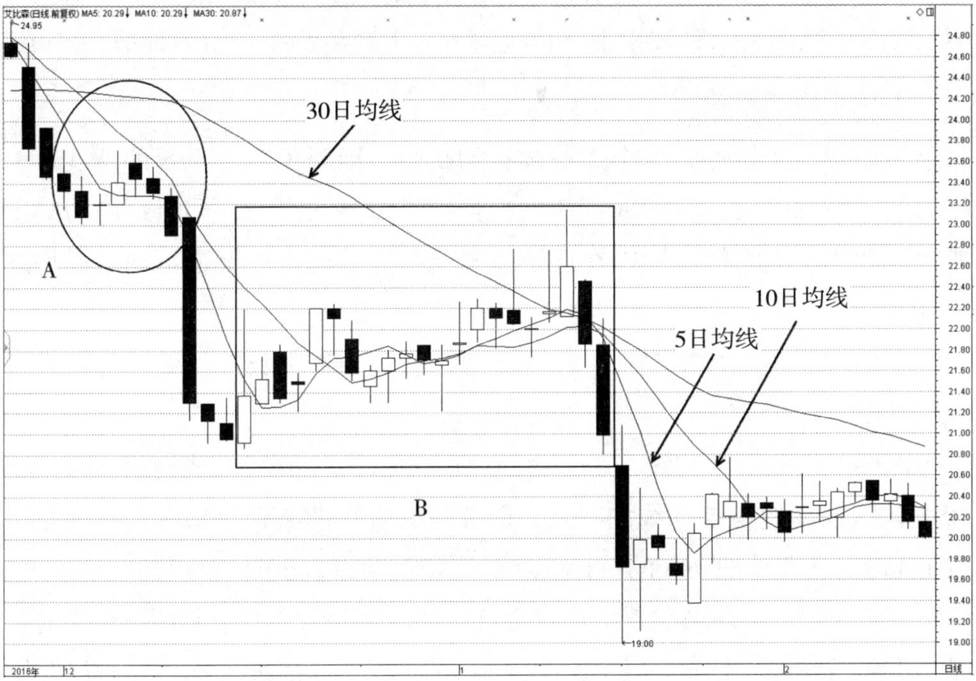

图 2–4

这个均线系统能否发挥作用，可以通过实战来验证。图中 A 点，股价下跌后和 5 日均线形成压线、盘线，与 10 日均线形成脱线和压线，两条短期均线都显示出股价短期并无任何好转的迹象。上方 30 日均线逐渐向下倾斜，和股价之间形成脱线。

在之后的运行中，两条短期均线和 30 日均线拉开较大的距离，这个距离就是均线间的厚度，这种厚度反映的是一段时间内空方具有的优势。

回到图 2–4 中来。短期均线和 30 日均线之间的厚度，说明目前的下跌不会是短期调整性质的，至少也是中期以上级别的调整。而验证这个判断的，就是股价的一次反弹。

如图中 B 点的反弹：短期均线之间相互盘绕，难以拉开距离并形成必要的厚度支撑，也就说明反弹仓促，力度有限。

两条短期均线触及下行中的 30 日均线后就向下折返，印证了之前对于下跌性质的判断，这种技术形态也是空方对下跌趋势或趋向的维护。

2. 中期均线系统

短期均线系统存在一个无法弥补的缺憾，即限于自身系统的特性，不能对波动幅度较大的行情或行情大趋势给予必要的提示，同时也因为对于股价波动的反应太快，所以在反映趋向或趋势的稳定性上远不如中期均线系统。

中期均线系统在稳定性上具有优势，有利于对中长期的波动行情进行波段操作。

图 2–5 中的中期均线系统，由 30 日、60 日、120 日均线构成。其中，30 日均线兼具短中期均线的特点，能够对股价短期波动作出一定的反应。120 日均线具有长期均线的特性，在趋势印证与维护上具有优势。

通常来说，中期均线系统比较适宜于波段交易者采用。所谓波段交易，是指专做行情某一明确的上涨波段或下跌波段，行情进入不确定阶段时则退出所有交易。

图 2–5 中的 A 点是上涨趋势中的次级回落调整，这种大级别的调整，在中期均线系统上就是一个印证和趋势维护的过程。

对于采用短期均线系统的人来说，A 点股价将短期均线系统全面跌穿，交易者必然茫然无措，不知底在何方，也不知如何应对。

在这种大级别调整上，中期均线系统的优势就能够体现出来：A 点 30 日、60 日均线一度交叉而失去厚度支撑，但下方保持上行态势的 120 日均线，仍旧和它们具有相对较大的厚度，对于股价的转折上涨起到较强的支撑。

采用中期均线系统的波段交易者，不必过度关注价格的短期波动，只要股价大致保持在 30 日、60 日均线之上，便可以大胆持仓。当价格出现大级别的回落调整时，只要未有效跌破 120 日均线，仍旧坚定持有。

图 2-5

中期均线系统只要保持着相应的多层厚度，即使股价短期暴跌全面跌穿均线系统，也很少会就此一跌不回头，至少会有强劲的超跌反弹出现，以修复和维护趋势的存在和延续。

凡事都有可能出现例外。

2015 年的股灾中，就出现过大量股价暴跌、全面跌穿中期均线系统，且一跌不回头的案例。对于这种极端暴虐的行情，任何支撑都不会起作用；任何的理性分析，都会在狂躁的下跌洪流中被碾压成齑粉。别说散户，连各路主力机构都被股灾闷杀，进场护盘的国家队资金也一度被深套。

如图 2-6 中的 A 点，股价连续暴跌并击穿中期均线系统两层厚度的支撑，直至股价超跌后才出现反弹。但在穿越 120 日均线后，难以继续维护原上涨趋势，于是在股灾暴跌的大环境下再度急速下跌。

图 2-6

反思股灾，并不是为技术分析的短板找块遮羞布，包括技术分析在内的任何分析形式，都不可能完美地适用于任何市场和市场的任何阶段。即使是一名波段交易者，身处股灾全面暴跌中，不可能感觉不到技术环境的巨变，所以改变交易策略并不是难事。

排除股灾这种极端环境，大多数情况下，中期均线系统还是能够发挥应有的作用。

如图 2-7 中的 A 点，也同样出现了中期均线系统厚度维持较好，但股价暴跌并击穿中期均线系统的情况，之后股价不但反弹，还创出了新高。

虽然股价创出新高，但是 B 点时整个均线系统已经完全紊乱，毫无厚度可言，股价重心已经出现下移的状态。

对于波段交易者而言，上涨波段不再清晰时，就意味着波段行情的结束。有时波段操作时，并不一定非要等待图穷匕首见的那一刻。

图 2-7

3. 长期均线系统

短期均线系统的优势在于迅速反映股价变化，对关键转折点能够及时发出提示。中期均线系统的优势表现在趋势维系期间保证持仓的稳定性和波段操作的准确性。长期均线系统的优越性主要表现在完整展示趋势和其发展阶段，有利于交易者辨识当前行情的性质。

实战中，长期均线系统的分析作用是全面性的、战略性的，能够帮助交易者看清主力运作股价的大部分流程，从中发现尚在启动初期的牛股。

图 2-8 中的长期均线系统，分别由 120 日、250 日、500 日三条均线构成。

图中 A 点是一个极为重要的点位。长期均线在某一点聚拢，并不是一个常见的现象，其技术含义几乎等同于宣告牛股诞生。当然，牛股还需要其他一些技术条件来进一步确认。例如，图中 A 点，股价先是突破长期均线系统，然后回抽并在均线系统上下形成盘线。

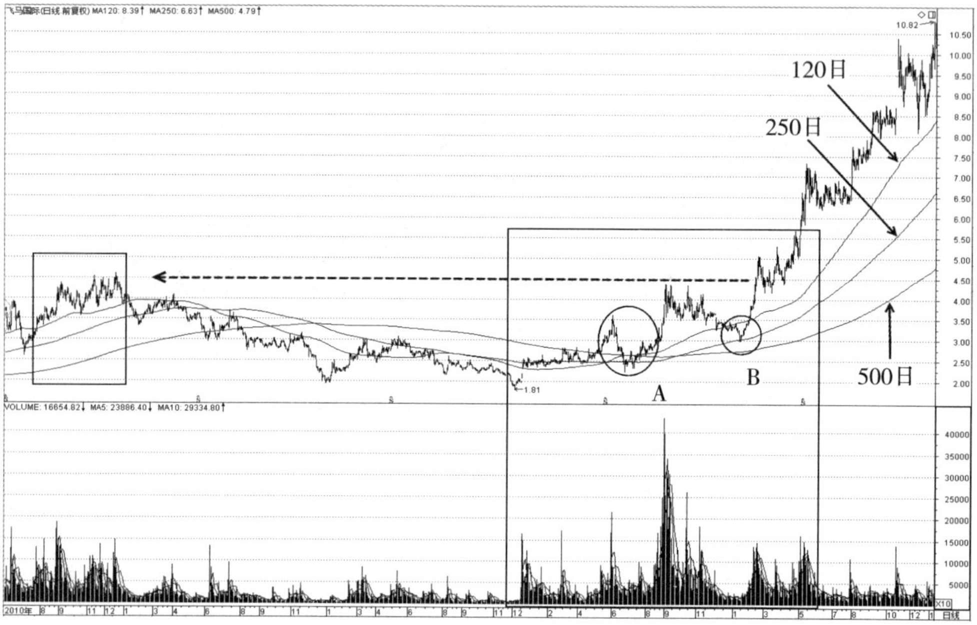

图 2-8

股价能够在长期均线系统上下盘整并得到支撑，说明什么问题？如果不明白，那么复习一下均线的含义：均线是流动的市场平均成本！

A 点之后，股价再次上升，三条长期均线逐渐拉开空间，系统厚度出现，这个时候可以说牛股已经崭露头角。

B 点股价回抽 250 日均线，既有诱使前期高点密集成交区套牢筹码减仓的意图，也有对本次涨升中跟风资金进行清理的意图。

B 点之后，股价上涨并突破前期高点密集成交区。到了这个阶段，主力基本已经完成建仓。图 2-8 中 A 点、B 点区域的成交量最为密集，也为这一观点提供了佐证。

主力在运作过程中，建仓是否完成有一个标志，即启动初期放出巨量，而在拉升一段空间之后，成交量反而逐渐减少，这就意味着主力建仓已经达标。如果在拉升过程中多次出现放量 – 缩量循环，则说明主力建仓并不达标，或仅是一个短中期运作的主力。

利用长期均线系统的稳定性和趋势性，可以帮助交易者寻找一些潜力股，也就是那些已经脱离苦海、刚刚上岸的个股。所谓脱离苦海，是一种比喻性的说法，指走出下跌趋势且上涨趋势构筑接近完成的个股。这类个股介于强势与准强势个股之间，同时相对涨幅不大，比较有利于交易者早期低价埋伏。必须说明，这种选股法只是海选，还需要从技术细节上再进行精挑细选。

对于此类个股，笔者建议采用120日、250日和500日均线作为界定的基准。如图2-9所示，该股股价一直在长期均线系统的压制下运行，至图中A点，股价成功突破长期均线的压制并在此处获得支撑。A点的技术形态标志着该股已经脱离苦海，符合普选的基本要求。

用这种方法选股时，要注意两点：一是长期均线最好在聚拢后转向上行并逐渐拉开厚度，二是股价要能在均线系统之上得到支撑。不能满足这两点的，最好继续跟踪观察，因为有些个股会长时间反复盘整、波动在长期均线上下，很多人熬不到股价正式启动拉升的那一天就已经离场了。

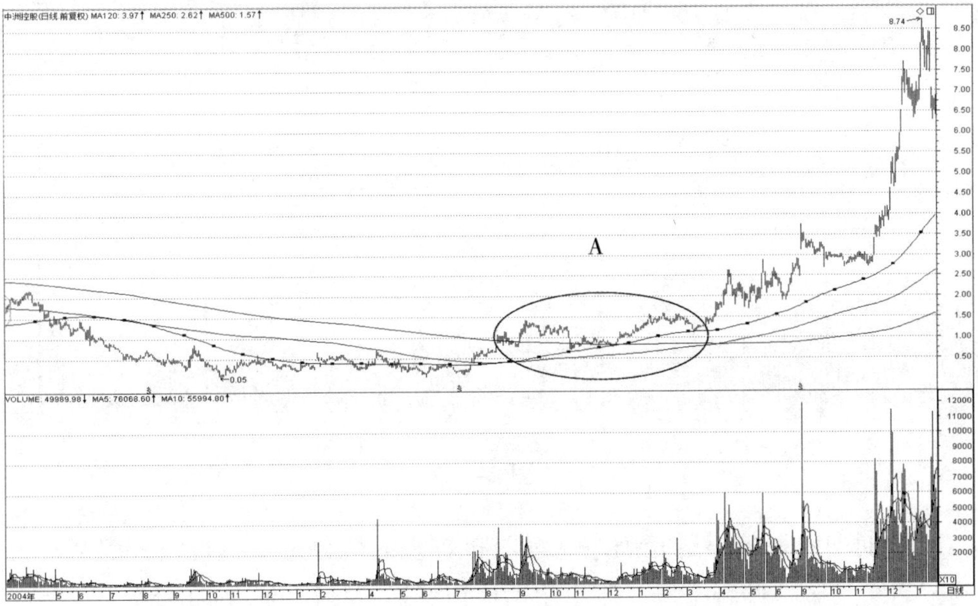

图 2-9

长期均线系统虽然有助于交易者提前发现牛股，但是必须明确一点，长期均线系统并不是一个能够确定具体交易时机的系统，不可本末倒置。在选择交易时机上，短期均线系统和中期均线系统有更优越的表现。

之所以不宜用长期均线系统来确定交易时机，是因为这个系统虽然具有稳定性的优势，但也存在滞后性严重的弊病。如果把跌破长期均线系统支撑作为交易依据，那么如图 2-10 所示，该股最高点是 25 元，而跌破 120 日均线后的反抽高点只有不到 18 元，跌破 250 日均线时股价仅为 14 元，跌破长期均线才清仓，明显会带来极大的损失。

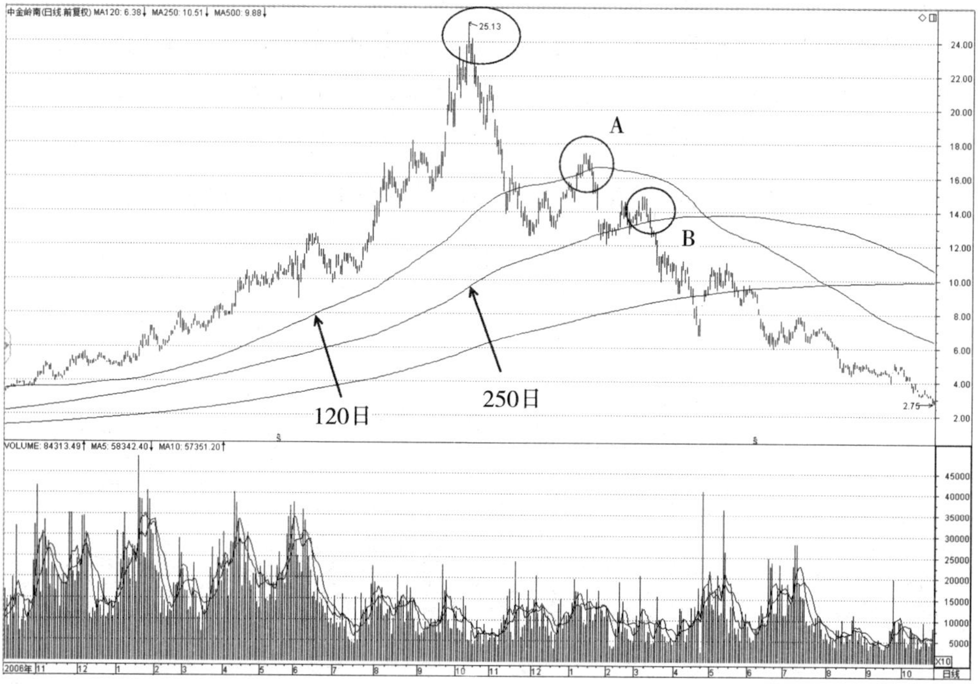

图 2-10

长期均线系统不适宜确定交易时机，它的优势是展示行情大趋势，让交易者更清晰地俯瞰全局，制定更适应市场运行规律的交易策略。

在下跌趋势中，大多数时候的交易策略是空仓等待或者参与做空。对于其间发生的短期、中期反弹，应以短线、波段性的交易策略对待，不能采取与下跌大趋势相反的策略。

在上涨趋势中，大多数时候的交易策略是坚守仓位。对于其间发生的短期、中期回落调整，或持股待涨，或参与其中较大级别的次级回落，短线下跌绝不参与。

二、不同交易系统中的均线应用方法

下面讲解不同交易系统中的均线应用方法，交易系统这个概念和均线系统并不等同。交易系统主要是指以日 K 线、日均线为主导的日线系统；以周 K 线、周均线为主导的周线系统；以月 K 线、月均线为主导的月线系统以及多个小时系统等。在每一个交易系统里，都可以任意设置周期不等的均线系统。

（一）日线系统

日线系统在实战中最为常用，前文引用的案例多以日线系统为主。

1. 日线系统下的短期均线

5 日、10 日、20 日均线，这三条均线为短期均线。对于波段交易或长线交易者来说，没有必要过度关注短期均线。短期均线最适于短线交易者，实战中，还有人喜欢设置更小时间周期的均线，如 3 日均线等。

短期均线对股价变化反应迅速，正因为对股价变化过度敏感，所以短期均线有时会频繁发出相反的交易提示，对于不太擅长使用短期均线的人来说，面对短期均线的频繁提示，往往感到无所适从。

短期均线在股价处于盘整阶段时，也会暂时失去效用。

如图 2–11 所示，在股价的盘整和波动中，短期均线如一团乱麻（盘线），不具有明显的技术提示作用。在这种情况下，就需要加入中期或长期均线协助分析和判别。

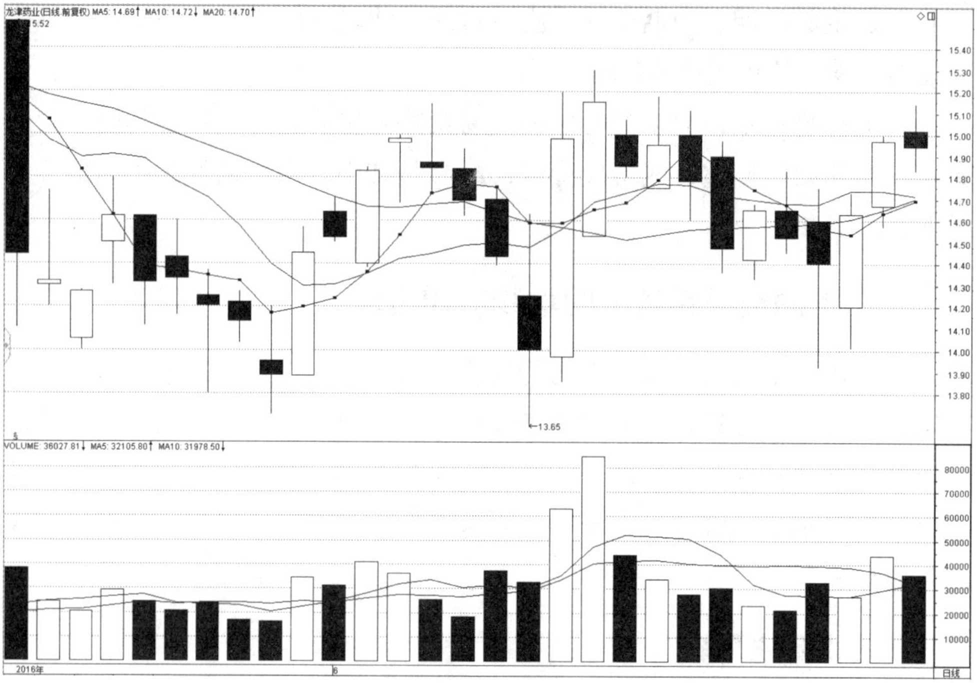

图 2–11

2. 日线系统下的中期均线

30 日均线是一个介于短期均线和中期均线之间的类型，既具有短期均线的部分特点，也具有中期均线的优点。

30 日均线不急不缓，具有适度反映股价变化的特点，在构筑中期、短期均线系统时都用得上，也能凸显其应有的特点。

60 日均线是典型的中期均线，在波段行情中具有极其重要的指示作用。

如图 2–12 所示，在行情处于下跌趋势时，某些级别较大的反弹会触及 60 日均线，但多数都会在 60 日均线附近结束反弹。60 日均线是下跌波段并未结束的初步认定标准。实战中也会出现穿越 60 日均线的反弹，这时就需要中期均线系统来最终印证反弹的性质。

上涨趋势中的 60 日均线，同样也是一个上涨波段结束与否的初步认定标准。如图中 A 点，股价跌破 60 日均线，就可以初步认定当前的上涨波段结束。

一个上涨波段结束，并不必然意味着整个上涨趋势结束，只是说明行情的一个明显上涨波段告一段落。当然，对于波段交易者来说，并不是依靠单独的 60 日均线来进行判断，还需要整个中期均线系统来进行印证。

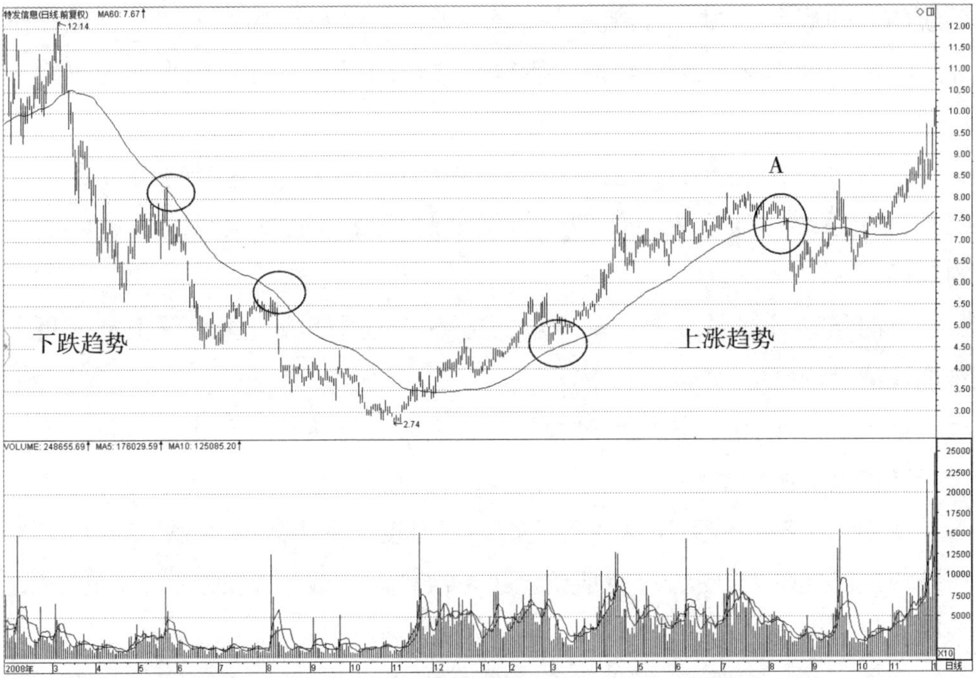

图 2–12

120 日均线又称为半年线，是一个介于中期均线和长期均线之间的类型，既具有中期均线的部分特点，也具有长期均线的优点。120 日均线在构筑中期、长期均线系统时都可以加入。

3. 日线系统下的长期均线

250 日均线、500 日均线是长期均线，主要用于对中长期行情趋势作出分析判断。

250 日均线又称为年线，也被视为牛熊分水岭。当价格向上突破 250 日均线时，意味着一年来买入的持仓者已经获利。在构筑长期均线系统时，500 日均线能够起到验证和辅助判断的作用。

（二）周线系统

对于长线交易者来说，选择股票或分析行情趋势时，有时会认为日线系统的时间周期太短，行情波动过于频繁，容易被市场主力资金操纵，难以展示出行情真实的运行轨迹，所以会选择周线和月线系统来作为研判行情的窗口。

某些个股走势在日线上难以得出趋势性的判断，这时也可以利用周线和月线系统，通过更广阔的平台发现趋势或印证日线系统上难以确定的判断。

有时候，日线系统上杂乱无章的走势，在周期或月线系统上能一目了然地看清全局。

如图 2-13 所示，该股经过大幅暴跌之后股价转升，至 A 点股价进入一个幅度较大的波动盘整阶段，走势上较为凌乱多变。

图中的中期均线系统从 A 点之前两层厚度，到进入 A 点系统厚度消失，三条均线已经呈聚拢状，并且股价已经再次跌破均线系统的支撑，由此来看，该股股价后期走势不容乐观。

图 2-14 是该股的周线系统，图中 A 点即为图 2-13 中 A 点的同期走势。

图 2-14 中的 A 点，是一个相对较为标准的盘线形态，均线系统横向运行，股价已经连续跌破 5 周、30 周均线。无论是均线系统、K 线还是契合形态，都和日线系统上得出的判断结论并无区别。

当个股的技术判断在日线、周线或月线系统上得到相同或相近的结论时，这个现象就叫共振。出现共振现象时，判断结论的正确性极高。

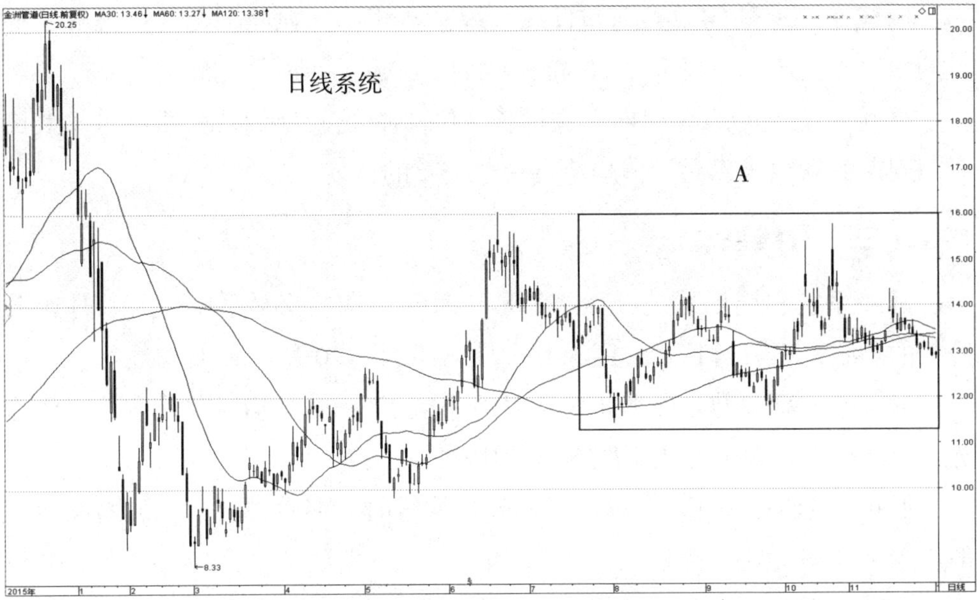
金洲管道(日线 前复权) MA30: 13.46↓ MA60: 13.27↓ MA120: 13.38↑
日线系统
A
20.25
8.33
日线

图 2-13

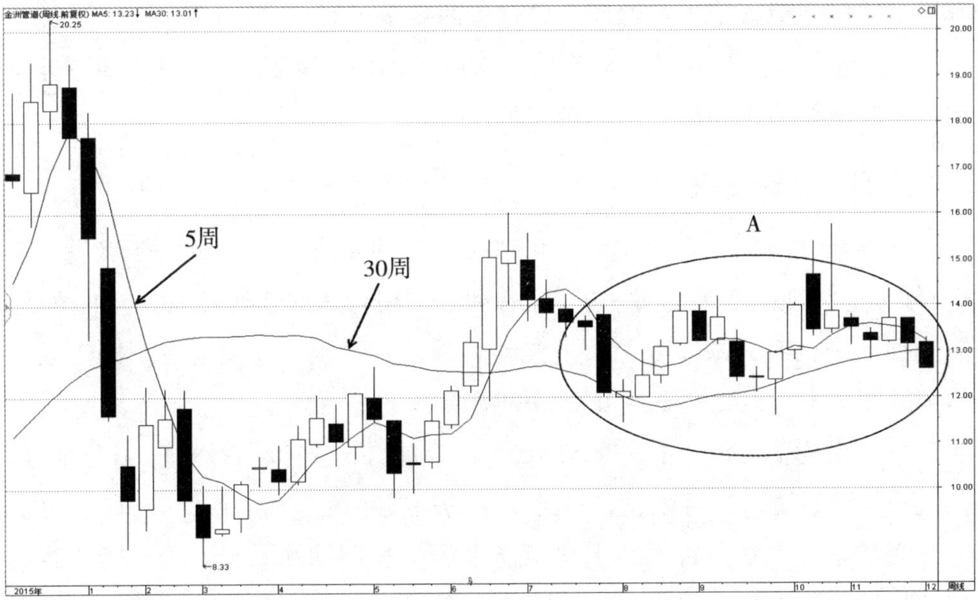
金洲管道(周线 前复权) MA5: 13.23↓ MA30: 13.01↑
5周
30周
A
20.25
8.33
周线

图 2-14

周线系统上的均线类别和日线系统基本相同，在此不再逐一讲解，常见的均线包括 5 周、10 周、20 周、40 周、60 周、120 周均线等。

周线系统上的均线周期不宜过长，限于周线、月线系统的特质，太长时间周期的均线难以对行情趋势有一个完整的体现。

（三）月线系统

月线系统和周期系统一样，都是长时间周期的交易系统，所以月线系统上的均线也不宜过长，常用的有 5 月、10 月、20 月、60 月均线等。

通常在下跌趋势中，股价跌至月线系统上的 60 月均线时，多数下跌趋势已经运行至尾声或至少下跌 50% 的幅度。

股价在趋势转折后第一次跌破 60 月均线时，多数都会出现强劲反弹，但很少会立即出现反转。

如图 2–15 所示，A 点股价在跌势中第一次跌破 60 月均线后，不久展开反弹，但并未形成趋势上的反转，直至 B 点才开始趋势反转，开始一轮升势。这里相距 A 点，在时间上已过去两年多了。

C 点股价在又一轮的跌势中第一次跌破 60 月均线后，股价仍旧展开反弹，之后至 D 点才重新展开一轮涨势。

（四）分钟系统

分钟系统适用于短线交易，可以弥补日线系统某些不足，能够更为全面、细致地表现出交易的每一过程，有利于交易者从细节处辨别股价的波动。但分钟系统也有其缺憾处，就是波动频繁，有时也会使交易者沉湎于股价的细微波动中，以致犯下过度交易的错误。

分钟系统主要包括 1 分钟、3 分钟、5 分钟、15 分钟、30 分钟、60 分钟等。在这些分钟系统上，可以设置自己惯用的均线系统。

通常来说，在分钟系统上尽可能采用中长期均线系统，这样既能观察到股价的细节波动，也能在一定程度上看清趋向，避免被股价频繁波动干扰和误导。

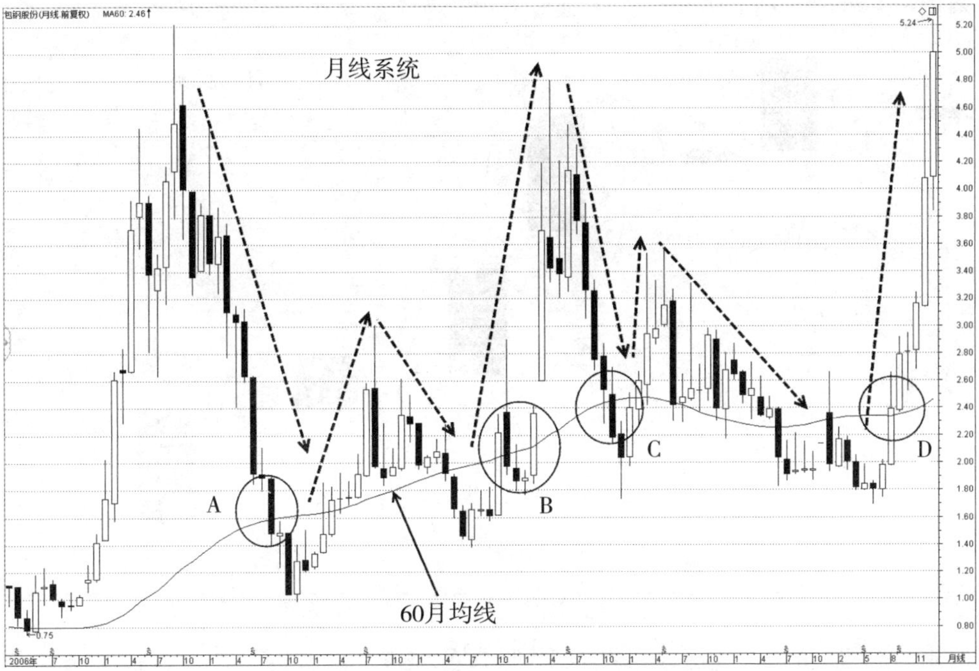

图 2-15

分钟系统可以将日线系统进行逐级分解，日线系统上的一根 K 线，在分钟系统可以分解成 60 分钟系统中的四根 K 线、30 分钟系统中的八根 K 线……

如图 2-16 所示，A 点报收一根高开低走的大阴线，并打破了 30 日均线的支撑，盘面显示形势岌岌可危。A 点的这根大阴线，还可以通过分钟系统来观察细微走势情况，图 2-17 是当日的 1 分钟系统。

图 2-17 是 1 分钟交易系统，由图中可见，当日早盘股价高开后便出现一波急速跳水，但很快就被拉回，之后大部分时间股价窄幅波动，高点逐波下移。

图 2-17 中的均线系统，由 MA60、MA120、MA250 均线构成，是一个介于中期和长期之间的均线系统。按说这个均线系统，均线之间应该具有较为明显的厚度，但图中可见均线之间相互盘绕，毫无厚度可言。

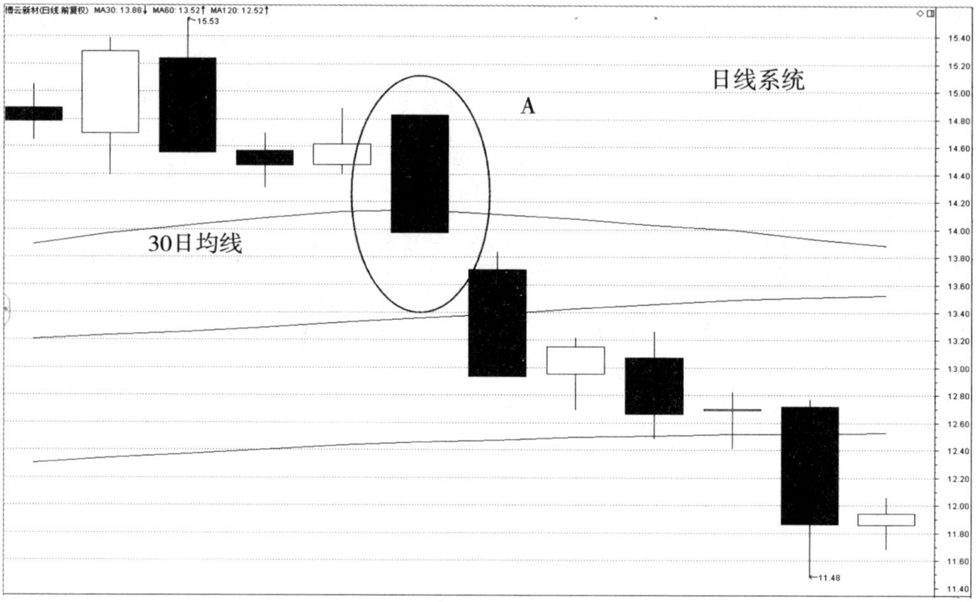
博云新材(日线 前复权) MA30: 13.88 MA60: 13.52 MA120: 12.52
日线系统
A
30日均线

图 2-16

博云新材(1分钟 前复权) MA60: 14.34 MA120: 14.47 MA250: 14.55
1分钟系统
5分钟系统
15分钟系统

图 2-17

股价和长期均线系统之间形成高点盘线的形态，这个技术形态的危险性提示交易者要高度戒备。尾盘股价再度跳水并轻松击破早盘低点，这时均线系统出现了跌势中的厚度，意味着下跌仍将持续。

图 2-17 中显示了 5 分钟和 15 分钟系统，在这两种不同时间周期的系统中，均线系统或者契合形态都发出明显的做空提示。对于一个持仓者来说，早盘价格跳水又拉回，在之后的股价波动中，应该可以分析出大量技术理由来支持减仓，而且时间上非常充足，完全可以从容地在波动高点出手。

分钟系统的优势是可以让交易者看到行情走势的宏观到细微处，有一个连贯的、全面的分析视角。股价整个运行框架和细节都清晰地展示在眼前，这样作出的判断准确性更高。

有人可能认为，分时图也可以起到同样的效果，图 2-18 就是该股当日的分时走势。分时图有其即时显示的优势，但对比分钟系统，还是缺少较多的技术分析因素。实战交易中，通常不单独使用分时图来作出最终判断。和分钟系统或其他技术分析工具综合使用，在判断结论上更有保障。

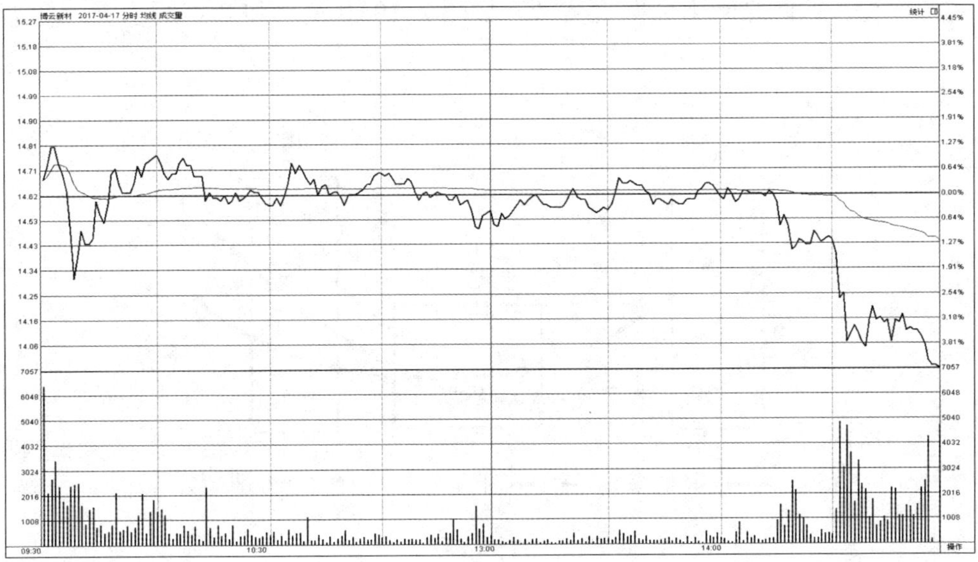

图 2–18

第二节　均线交叉

如果你想比大众拥有更好的表现，行事就必须有异于大众。

——约翰·邓普顿

一、基本交叉及技术内涵

均线是流动的平均成本曲线。

两条或多条不同周期的均线，会随着价格的波动形成各自不同的运行轨迹。近期成本（短期均线）总是比远期成本（中长期均线）更迅速地对即时价格变化作出反应，这就是均线发生交叉的理论依据。

在价格稳定保持上涨或下跌趋向时，均线之间会以不同的速率、角度同向而行，彼此之间不会发生交叉，如图 2-19 中 A 点和 B 点所示。

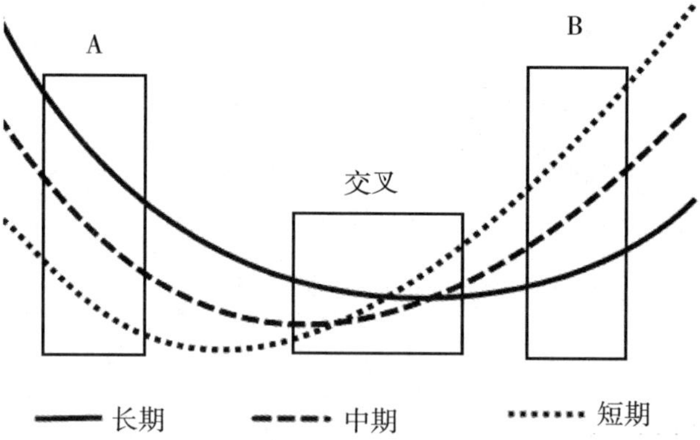

图 2-19

当价格发生震荡盘整，趋向不能稳定地保持向上或向下时，均线之间则会频繁发生交叉。

如图 2–20 所示，股价上下大幅波动，均线在这期间多次发生交叉。就像图中所示，股价没有明显趋向的震荡阶段的这种交叉，即为均线的基本交叉或称普通交叉，其技术意义是价格正处于缺失方向的震荡和波动中。

图 2–20

均线交叉的最基本技术含义就是价格运行不稳定，或者说价格趋向不明确或在原有趋向上多空发生较大的分歧。

部分主力有时也会故意制造均线交叉，意在诱多或诱空。按图索骥的技术分析者，往往就会上当。越是短期的均线交叉越容易被控制，所以在应对均线交叉上，决不能按照交叉可能带来的后果进行正常判断，因为主力就希望你这样想、这样做。把交叉放到大的技术环境里来分析，才是一个正确的思路。

当然，聪明的交易者都知道一句话："均线乱如茅草时，休息是短线交易者的最佳选择。"

二、攻击性交叉的技战术

均线攻击性交叉包括两种形式，即向上攻击性交叉和向下攻击性交叉。

（一）向上攻击性交叉

均线向上攻击性交叉，也称为均线金叉，通常是指具有资金攻击迹象的、可能引发趋向向上转折的均线交叉。

攻击性交叉中，被交叉的远期均线应保持走平或上行态势。如果这一条件未能满足，那么成交量上必须具有聚量攻击的量能特征。资金攻击迹象主要根据成交量来辨别。

1. 盘整后攻击性交叉

图 2–21 中，A 点之前股价放量攻击 30 日均线未果，10 日均线与下行态势的 30 日均线交叉，同期的成交量处于消散态势，所以 A 点的交叉只能是一个基本性交叉。

之后股价突破均线再次向上，技术上可能走出一个基本交叉的演变形态。但在 B 点，股价回抽失败，将均线拉开的厚度空间封闭，基本交叉演变的基础消失。

C 点，均线再度交叉，被交叉的远期均线（30 日均线）处于上行态势，成交量呈聚量攻击的态势，这是一个在技术上较为完美的攻击性交叉典型形态。

实战中，也将图 2–21 中 A 点和 C 点之间这种低点抬高的交叉称为二次交叉。符合上述技术要求的二次交叉，后市引发价格趋向转折的概率非常高。

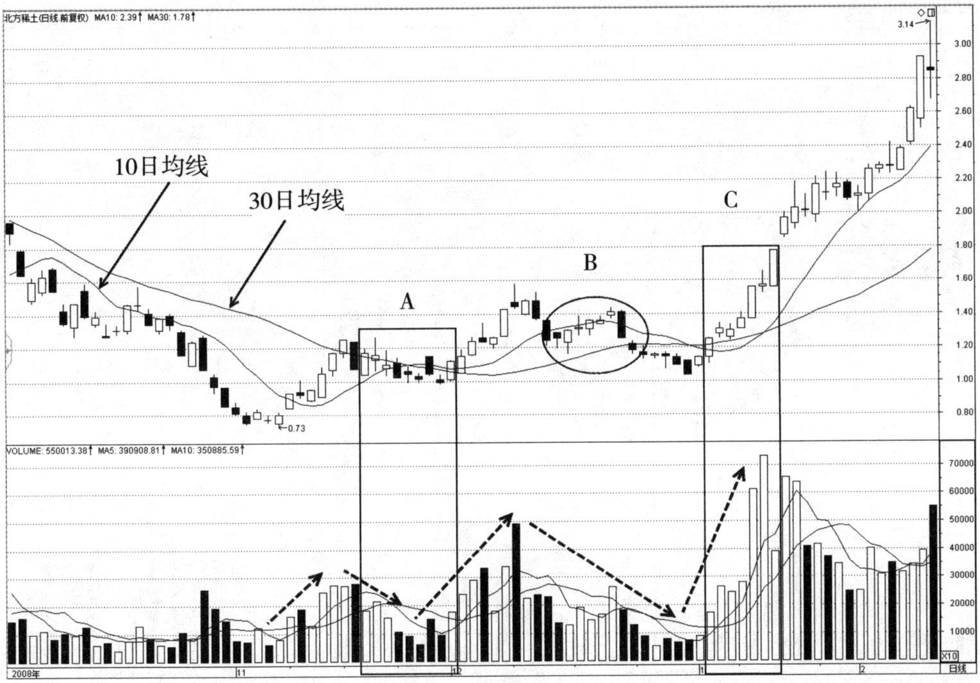

图 2-21

短周期均线之间的交叉，稳定性不如长周期均线，但却具有反应迅速、及时的优势。使用不同设置的短周期均线系统，意味着介入时点及持仓时间也有较大的不同。

图 2-21 中采用的 10 日、30 日均线，是短期均线系统中相对偏重于稳定性的均线系统，所以做多时点在 C 点时才会相对明确。

在同样的图中加入另一条短期均线，来看看技术上会有什么不同，对于实战又有什么启发。

图 2-22 和图 2-21 是同一张图，只不过多加了一条 5 日均线。

图 2-22 中，A 点 5 日均线和 10 日均线发生交叉，成交量也略具聚量攻击的雏形，可以说基本符合攻击性交叉的特征。但这两条均线都是标准的短期均线，技术上对于股价后市上涨的持续性并不能给出有力的支持。也就是说，A 点在技术上是一个短线介入点，仅适合短线交易者。

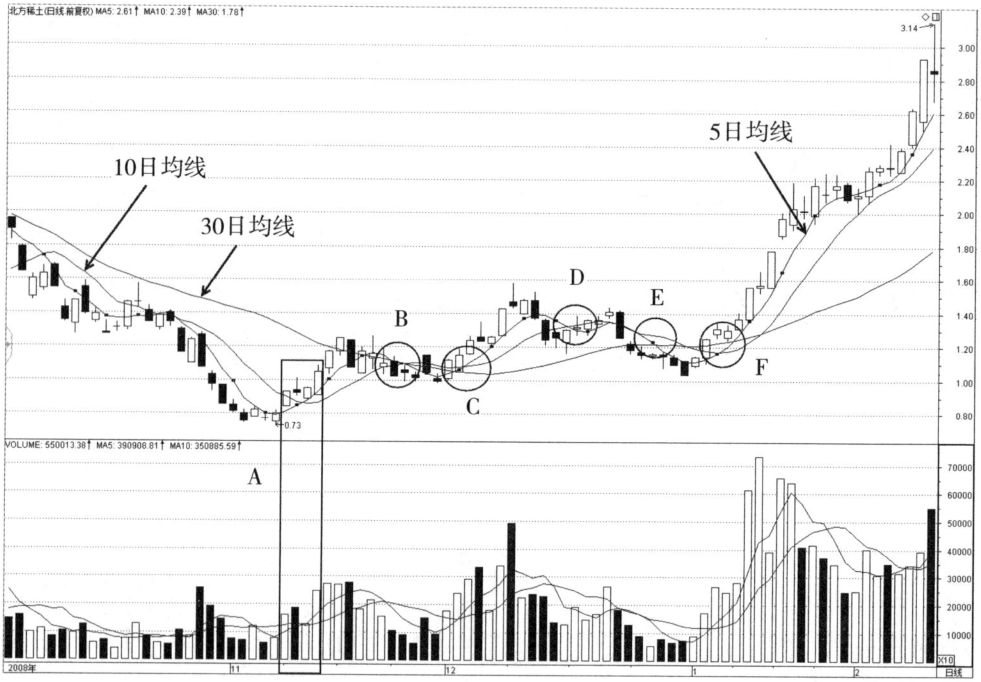

图 2-22

B 点，5 日、10 日均线触及下行态势的 30 日均线后向下交叉，对于短线交易者来说，这里是一个卖出点。但是，大家可以发现，股价并没有过多地下跌便于 C 点再次上涨，5 日均线和 10 日均线也再次发生向上交叉。

在 B 点卖出的交易者，未必都能在 C 点买回来。在短线交易中错过第一买入时点，往往就意味着错过了最佳交易机会，要不就踏空了一段上涨，或者追高追在股价一波高点上。但这种情况是不可避免的，也是交易者必须承受的短线交易之痛。

没有人能够神奇地把握住股价每一个细微的波动，每一步都精准地踏在节奏上，完美地吃掉每一波行情的利润。如果有人声称具有这种盈利模式，那么至少他得比巴菲特富有得多！

图 2-22 中 D 点、E 点在技术上也都是短线卖出点。E 点之后股价虽然

下跌，但这时候可以发现30日均线呈走平态势。当来到F点时，股价突破已呈上升状的30日均线，5日、10日均线向上交叉，成交聚量攻击，又一个短线买点出现。

对比图2-22和图2-21中的均线构成及分析结论，可以发现，尽管依据短期均线能够较早地以较低成本介入，但却很难做到稳定持仓，持有到最后的拉升阶段，除非你不是一个短线交易者。

从稳定性和安全性的角度出发，二次交叉后的买点最佳。

2. 厚度封闭后的攻击性交叉

攻击性交叉还有一种情况，即厚度封闭后的攻击性交叉，这种攻击性交叉一般出现在短期急跌过后。厚度空间封闭，意味着对之前占优势地位的空方（或多方）进行了扼杀，至少短期空方难以发动大规模反击。

如图2-23所示，A点10日、30日均线向下交叉，均线之间的厚度空

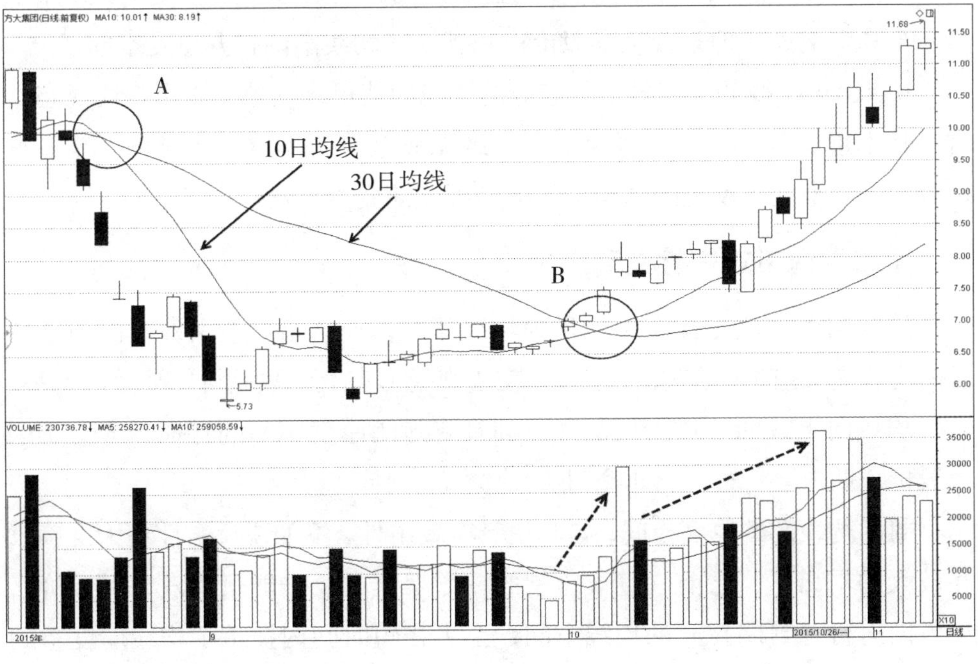

图2-23

间逐渐拉大。之后股价和 10 日均线形成低点盘线形态，至 B 点 10 日、30 日均线向上交叉，将 A 点下跌以来形成的厚度空间封闭。

B 点，虽然此时 30 日均线仍呈下行态势，但成交量出现聚量攻击形态，预示此处的交叉是一个略有瑕疵的攻击性交叉。

厚度封闭后的攻击性交叉，要特别注意量能的形态。不符合聚量攻击的交叉，应防备可能只是一个基本性交叉，或为主力制造的诱多陷阱。

3. 基本交叉的演变

价格处于震荡盘整的格局中，趋向并不明确时，均线交叉属于基本交叉。

大多数的基本交叉并不具备重要的分析作用，只是提示交易者行情处于震荡之中。但是，如果一个基本交叉发生后，价格与均线形成跳线－回抽－托线契合循环形态，那么就有必要高度关注均线接下来的发展，因为这个基本交叉极有可能演变为攻击性交叉。

如图 2–24 所示，该股股价横向盘整期间，均线多次发生交叉，A 点也是一个基本交叉，但是接下来股价得到支撑，均线渐渐拉开厚度空间。

B点出现跳线并在回抽上行态势的均线确认得到支撑后走出托线形态，这个技术形态告诉大家，股价不会无缘无故地得到支撑，均线也不能随意地拉开厚度空间，A 点的基本交叉极有可能演变为攻击性交叉。

（二）向下攻击性交叉

均线向下的攻击性交叉也称为均线死叉，通常指可能引发趋向向下转折的均线交叉。向下的攻击性交叉，在成交量形态上多数呈量能消散的态势。

均线向上或向下攻击性交叉，都具有封闭厚度空间的特征，多数是因为股价短期内运行过快，乖离过大所致。

封闭均线间的厚度空间，与其说具有攻击性，不如说反击性更为准确。在较大的乖离下，之前一直被压制的一方聚集的反击能量爆发，引导价格反方向运行并封闭拉开的均线空间，至少在短时间内扼杀了均线厚度空间的延续性。

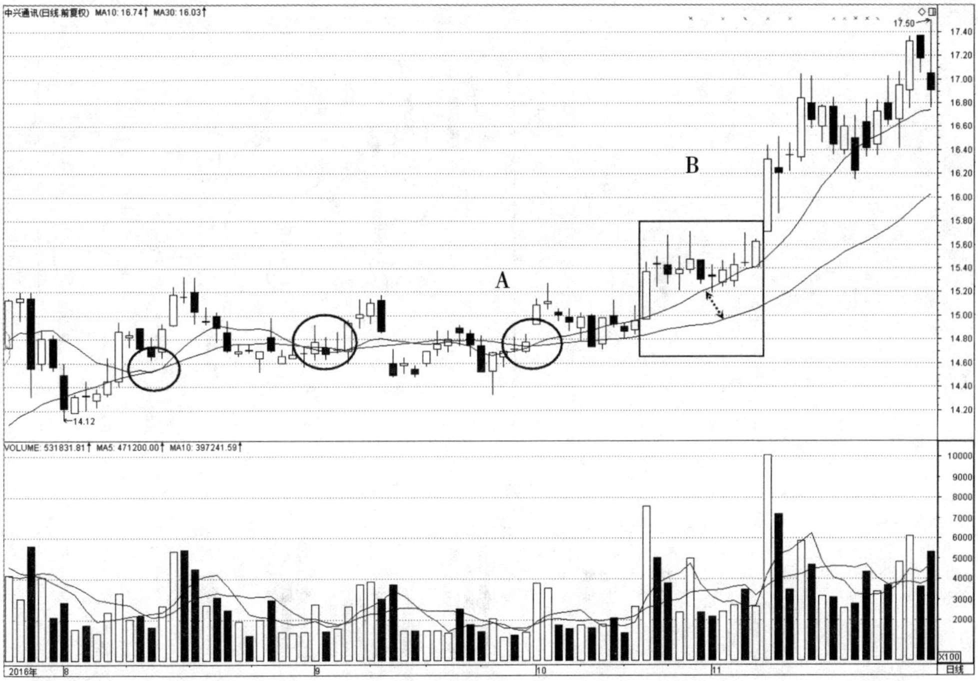

图 2-24

如图 2-25 所示，A 点 10 日、30 日均线向上交叉并在此后拉开厚度空间。随着股价逐渐加速上涨，乖离也渐渐变大。B 点量价都创出新高，但之后却不能延续升势。当股价和 10 日均线形成短暂的高位盘线形态时，如果不能在这条短期均线上得到必要的支撑，那么就应该成为短线交易的卖出点。

D 点，10 日、30 日均线向下交叉并封闭厚度空间，说明至少在短时间内将多方攻势扼杀，这里也是短线交易的另一个卖出点。从 B 点到 D 点，成交量一直呈量能消散的态势，有利于空方的反击和趋向扭转。

关于均线间的厚度空间，还存在一个整体运行角度的问题。如图 2-26 所示，A 点均线向上交叉并拉开一定的厚度空间，但之后股价并没有形成趋向性上涨，而是多数时间和均线形成盘线，均线间的厚度空间也基本呈横向运行。在这期间，量能并没有形成聚量攻击形态，A 点交叉的攻击性存在很大的疑问。

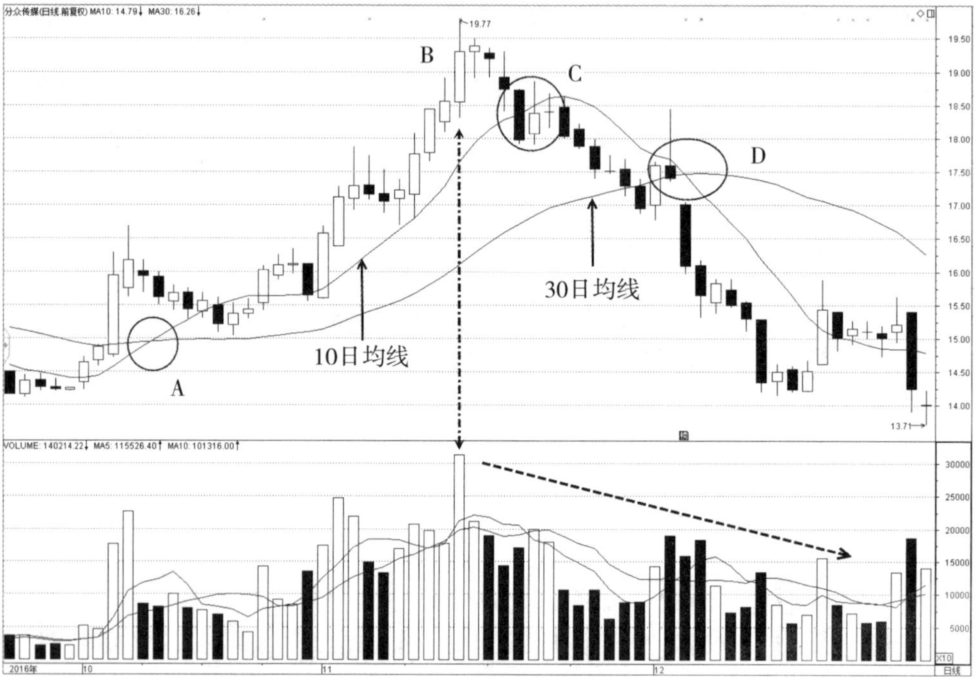

图 2-25

B 点量价皆刷新高点，但随后股价下跌，出现量能消散形态，这说明多方的攻击力严重不足。C 点均线向下交叉，封闭厚度空间，股价也随之下跌。

从整体上来看，图 2-26 中的厚度空间，并不是股价从 A 点之后的涨势逐渐拉开的，而是在 A 点之前股价的突然涨升造成的，也就说明这个厚度空间并不稳定，也很难具有较稳定的延续性，A 点之后的盘线形态也证明了这一点。

当股价反复震荡盘整在厚度空间之中时，这个厚度空间如果基本呈横向运行，那么后市股价向下跌穿均线的概率非常大。

均线向上或向下攻击性交叉的技术原理基本相通，关于向下攻击性交叉的类型，这里就不再一一讲解了。理解了技术原理，就可以触类旁通。

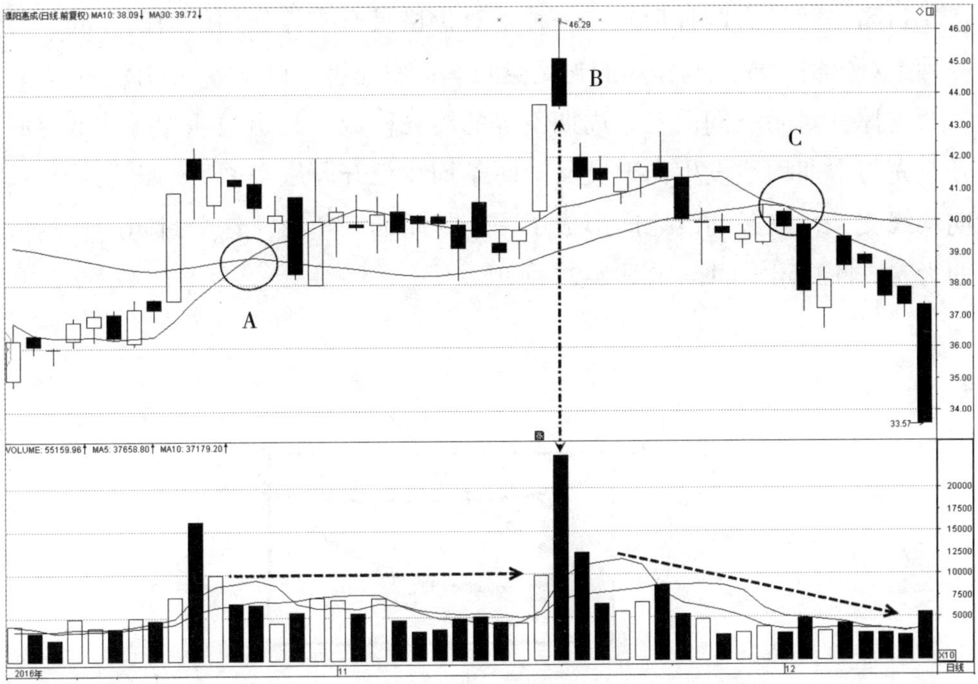

图 2-26

第三节　封闭空间

卖掉股票的惟一理由是你发现了更有吸引力的股票。如果你没发现，那就继续保留你手中的股票吧！

——约翰・邓普顿

一、支撑性封闭空间

说到封闭空间，首先想到的可能会是前文刚讲过的均线间的厚度空间，诚然，本节要讲的封闭空间确实和均线厚度空间密不可分。

封闭空间具有两种形式，一种是对价格具有支撑作用的封闭空间，另一种是对价格形成压制作用的封闭空间。下面先讲一讲支撑性封闭空间。

支撑性封闭空间由三条周期不等的均线构成，是指短期均线从低位回升，先与中期均线发生向上交叉。两条均线拉开厚度空间后，再先后与长期均线交叉，三条均线之间形成了一个封闭的三角形。这个封闭的三角形即为支撑性封闭空间，如图 2-27 所示。

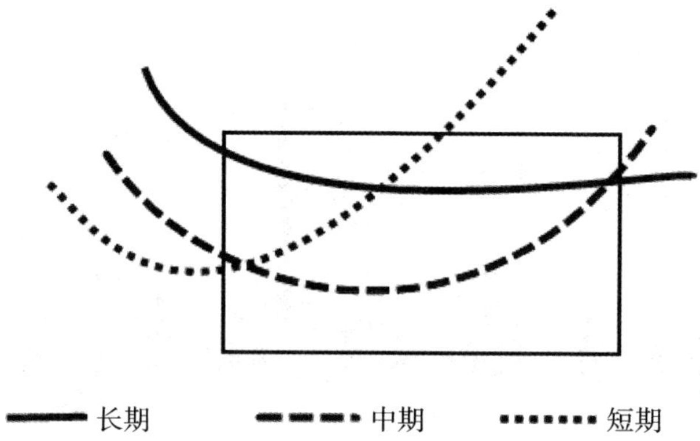

支撑性封闭空间

图 2-27

均线间的厚度空间，本身已经具有对价格的支撑和维护作用，支撑性封闭空间则好像在厚度空间上又添加了一道验证和加固的防线，对于价格支撑作用无疑更加明显。

支撑性封闭空间通常出现在价格转折的关口，既能测试短期均线上行的强度，也能对价格上涨的持续性进行验证。价格发生转折后，是否能够形成支撑性封闭空间，也是验证股价上涨真实性的方式之一。

支撑性封闭空间比简单的交叉形态发出的提示作用要强烈，它的出现说明经过一段时间的能量积蓄，多方已经具备向上攻击的动能，同时均线系统对价格的支撑体系也已初步形成。

支撑性封闭空间的出现，并不一定都预示着股价必然一路大幅上涨。在底部构筑阶段，即使存在封闭空间，股价仍旧会反复震荡。支撑性封闭空间，只能证明对于股价存在支撑，并不能催化股价大涨，而股价是否能够由此出现持续性上涨，仍旧需要观察均线间的厚度空间和上行角度。

如图 2–28 所示，A 点出现支撑性封闭空间，但之后短期均线间的厚度空间封闭，整体呈横向运行，说明股价仍旧需要时间来震荡盘整。直至 B 点，再一次出现支撑性封闭空间，股价才展开一轮升势。

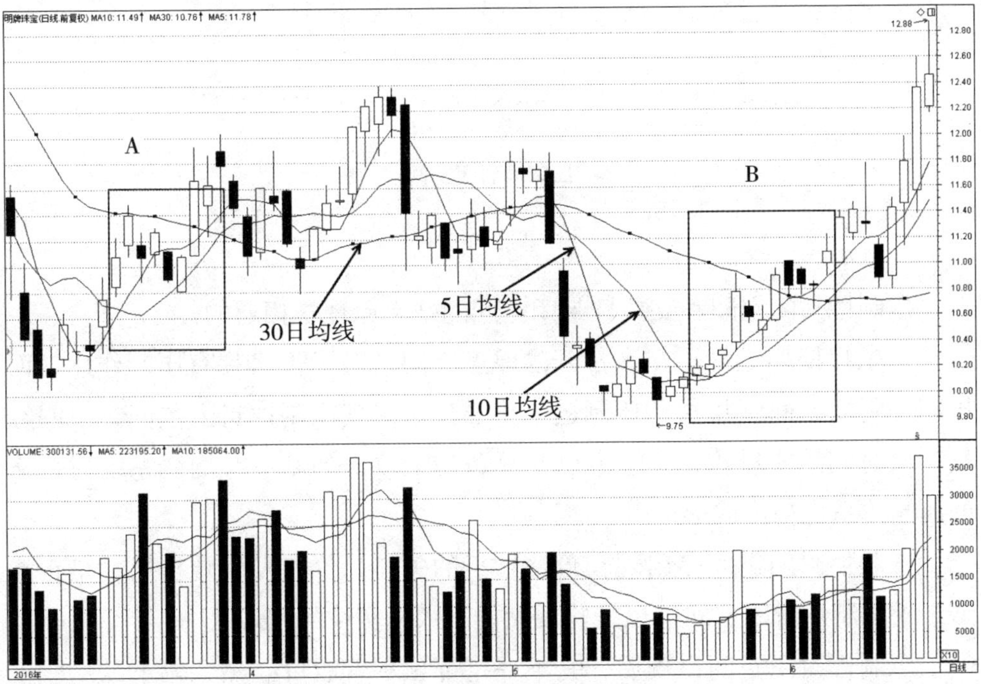

图 2–28

二、压制性封闭空间

压制性封闭空间，同样由三条周期不等的均线构成。短期均线从高位回落，先与中期均线发生向下交叉。两条均线拉开厚度空间后，又先后与长期均线交叉，三条均线之间形成了一个封闭的三角形。这个封闭的三角形即为压制性封闭空间。如图 2–29 所示。

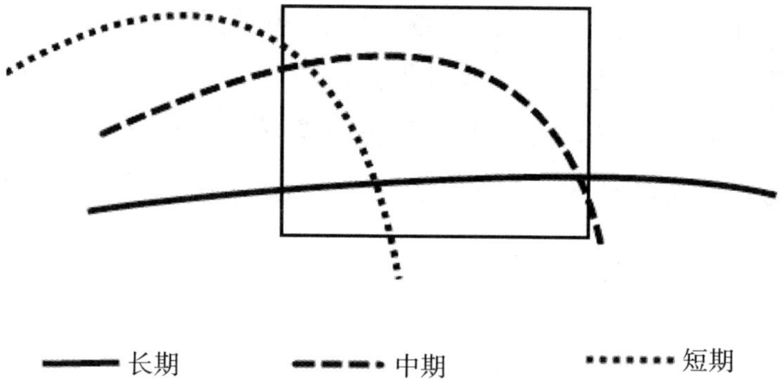

压制性封闭空间

图 2–29

压制性封闭空间和支撑性封闭空间的技术原理是相通的。

两条短期均线向下交叉拉开的厚度空间，对于价格具有压制作用，而压制性封闭空间则将这种压制进一步强化。出现压制性封闭空间，说明经过一段时间的能量积蓄，空方已经具备向下攻击的动能，均线系统对价格的压制体系也初步成形。

压制性封闭空间多出现在价格转折的关口。价格发生转折后，是否能够形成压制性封闭空间，也是验证股价下跌真实性的方式之一。

压制性封闭空间出现后，并不一定都预示着股价必然大幅下跌。股价有时会出现反复震荡，以测试压制的存在。股价是否能够由此出现持续性下跌，仍需要观察均线间的厚度空间和下行角度。

如图 2–30 所示，A 点三条均线形成压制性封闭空间，之后股价并未急速下跌，而是出现一个短暂的横向波动。这个波动的高点是一根高开低走的阴线，显示封闭性空间的压制已经存在并具有一定的强度。

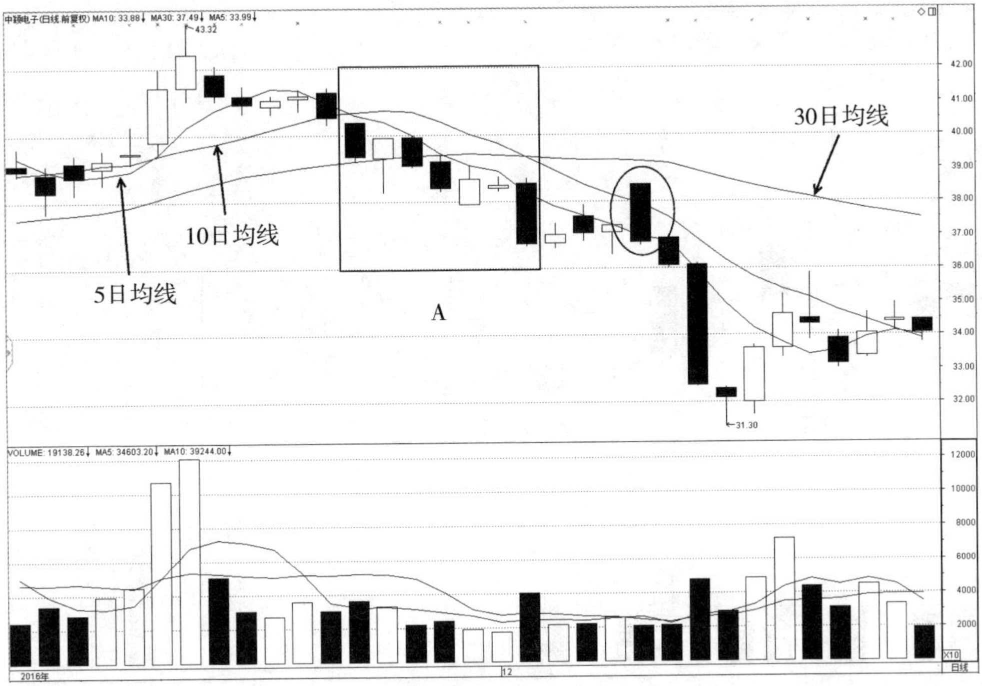

图 2–30

出现压制性封闭空间后，如果长期均线仍处于稳定的上行状态，同时短期均线拉开的厚度以及运行角度偏向于横向波动，当价格突破长周期均线，侵入压制性封闭空间内部时，那么这个封闭空间可能仅仅是主力刻意营造的诱空骗局。

如图 2–31 所示，A 点出现压制性封闭空间，之后短期均线间虽拉开相对的厚度，但却不能保持。随着股价的回升，B 点出现支撑性封闭空间，股价也在之后出现快速上涨。

在股价震荡盘整阶段，图 2–31 所示的案例比较常见。尤其是构筑底部或顶部阶段，图形上的多空转换非常频繁，原因就在于主力资金需要通过类似的骗局，以尽快达到自己的目的。

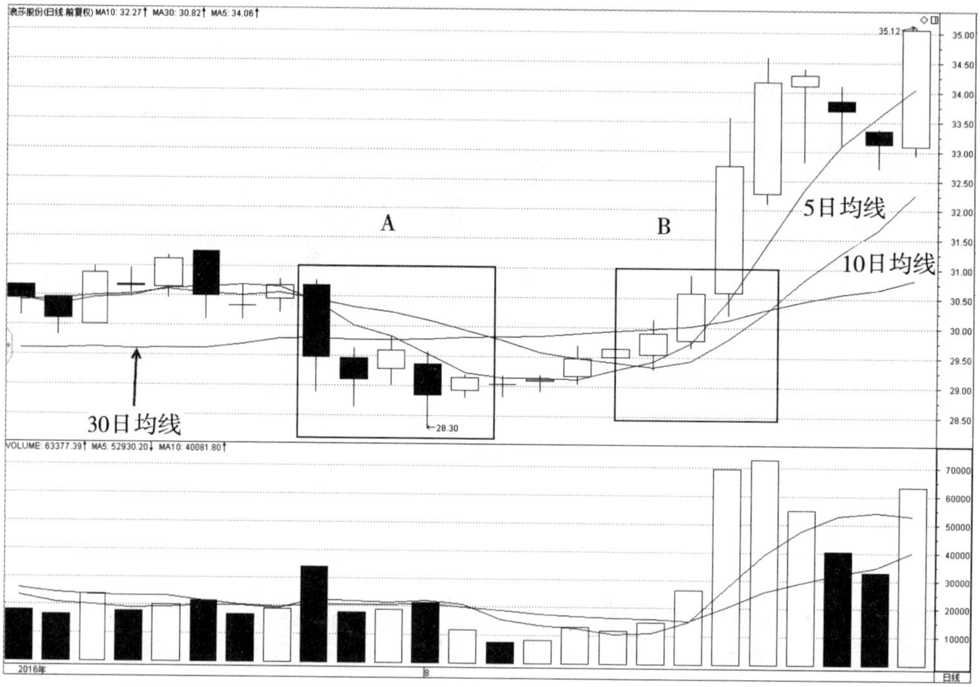

图 2–31

三、封闭空间的技术测量

封闭空间和厚度空间一样，也会因均线时间周期的不同，带来不尽相同的技术判断结论。

如图 2–32 所示，A 点 5 日、10 日均线与 30 日均线形成支撑性封闭空间。股价短期上涨后，于 B 点又形成压制性封闭空间，随后股价进入跌势。

从 A 点到 B 点，股价由得到支撑到受到压制，只有短短十几个交易日，就完成了这个变化过程。可能有人会产生疑问：一个支撑性封闭空间，难道能够提供的支撑只有短短几个交易日？

答案其实就在均线的时间周期上，不同周期的均线代表的成本不同，能够提供的支撑或压制当然也会存在较大的差异。

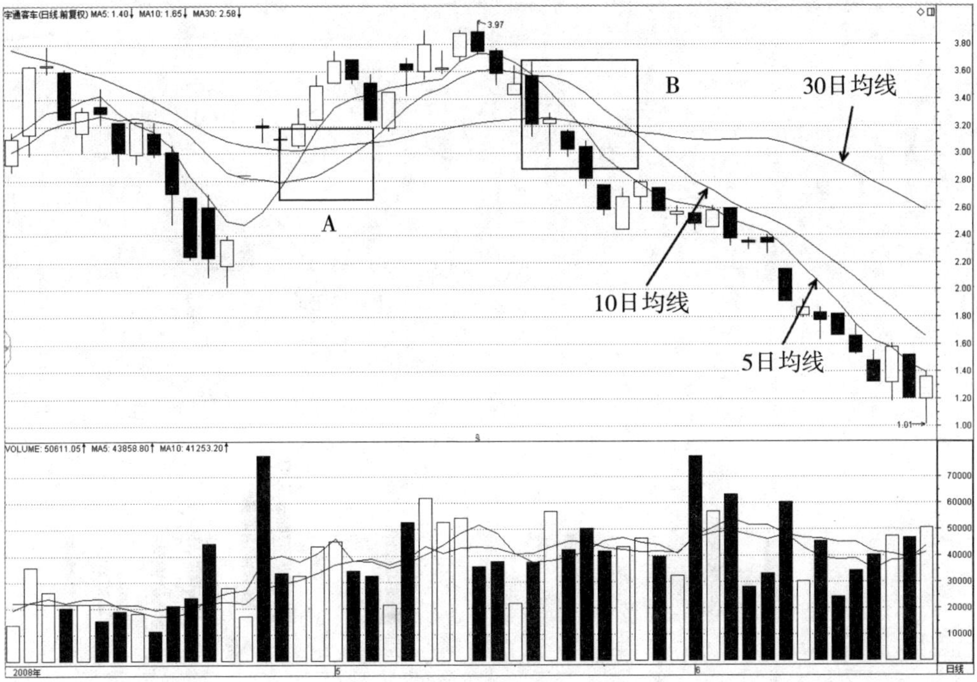

图 2-32

例如，图中长周期均线仅为 30 日均线。前文讲过，30 日均线是介于短中期之间的均线类型，它所提供的支撑或压制，也只在其大概的成本周期附近。

当然，仅就一个支撑性（或压制性）封闭空间能否持续发挥作用而言，也和之后股价走势以及均线拉开的厚度空间的变化息息相关。这个技术点前文已经讲过。

封闭空间和均线时间周期密切相关。一条 30 日均线封闭的空间，和一条 60 日或 120 日均线封闭的空间，其技术意义当然有极大的不同。可以做个实验，在图 2-32 中将 30 日均线换成 60 日均线，看看技术分析结论会有什么不同。

图 2-33 和图 2-32 为同一幅，只是将 30 日均线换成了 60 日均线。

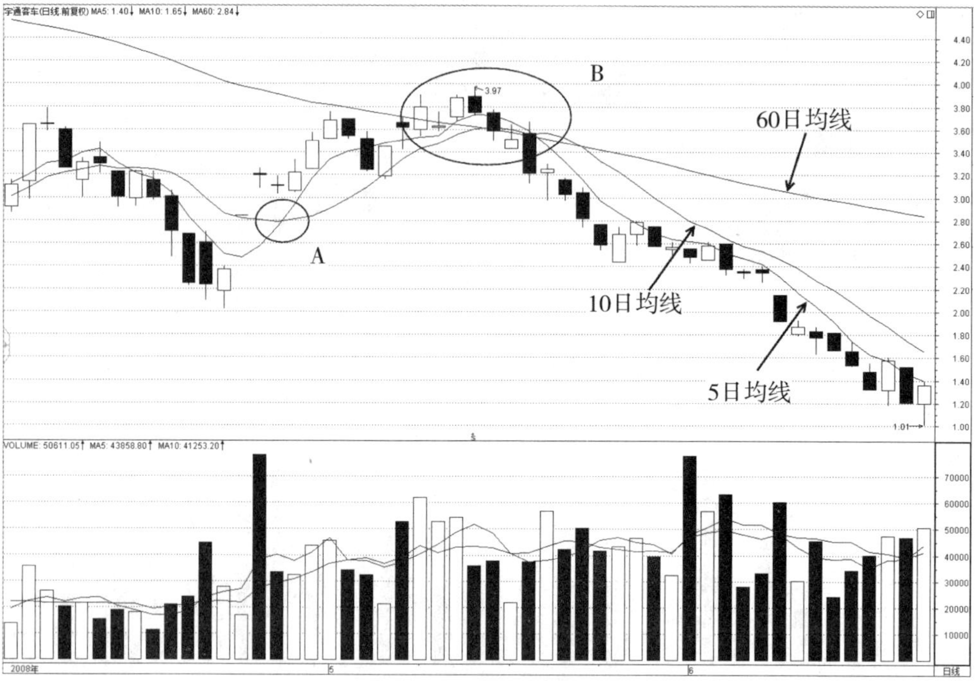

图 2–33

图 2–33 中并没出现封闭性空间，5 日、10 日均线只是在 A 点向上交叉，股价反弹至下行态势的 60 日均线附近便转为下跌。图中的这波上涨高度达到 60 日均线附近，便受到较强的压制，股价迅速开始下跌。由此可以判断，此处上涨仅是下跌趋势中出现的一次反弹。

短周期均线之间形成的封闭空间，和中长期均线形成的封闭空间，技术意义是不可同日而语的。

如图 2–34 所示，A 点 30 日、60 日、120 日均线之间形成支撑性封闭空间，股价也由此展开一轮大幅度的上涨行情。

图中这种由中长期性质的均线形成封闭空间，说明经过较长时间的惨烈下跌，市场中长期平均成本逐渐下降到较低的位置，股价开始变得具有吸引力。随着资金的回归，股价慢慢回升，代表市场平均成本的中长期均线也随之扭转上行。这时形成的封闭空间和中长期成本非常接近，不会引发大批的获利盘兑现，其上方也不会存在太多密集的套牢盘，所以封闭空间的支撑力度空前强大。这也是能够引发大涨行情的主要因素之一。

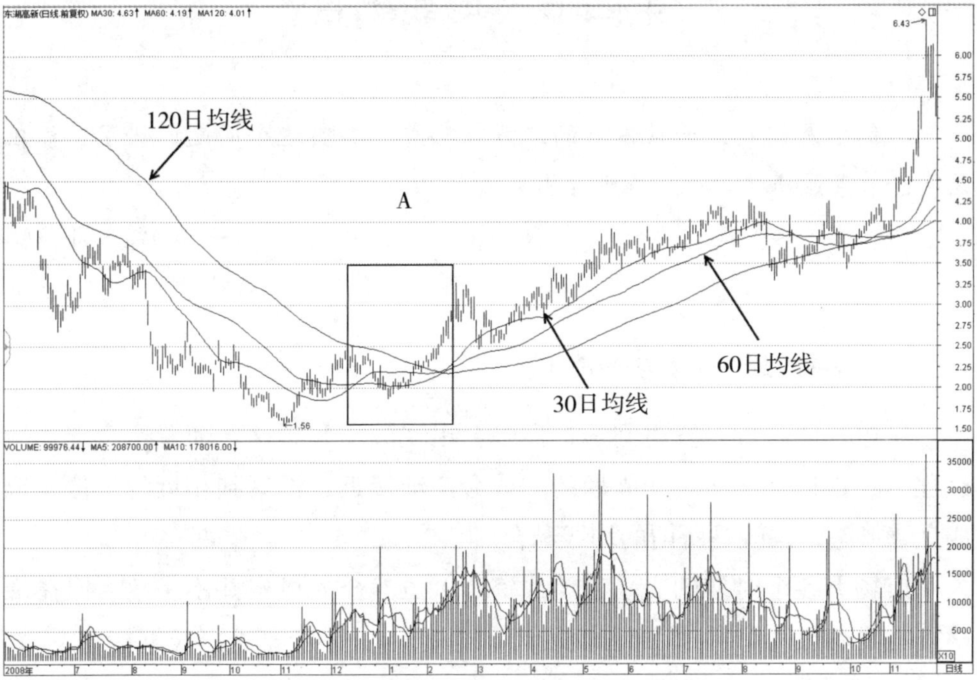

图 2–34

对比图 2–32、图 2–33 和图 2–34 可以发现，均线时间周期不同，在分析判断结论上出现较大的差异。这种差异其实并无优劣之分，而是要看均线系统与交易者自身的操作风格、特点是否吻合。

不同交易风格的交易者，其选择的均线时间周期非常重要。例如，一个短线交易者在图 2–32 中可能会入场交易，而一个波段交易者对于价格的短期波动不会太感兴趣，更不会参与其中。

利用封闭空间进行技术测量，因参照物和分析角度不同，测量结论也会迥异。在应用时，首先得明白你想要的是什么。比如，一名短线交易者利用短期均线形成的支撑性封闭空间指导交易，在每一次股价启动上涨后，都幻想大行情由此展开，那么极有可能在每一次短线交易中都难以获利。

第四节　均线黏合

人们总是问我，前景最好的地方在哪里。其实这个问题问错了，你应该问，前景最悲观的地方在哪里？

——约翰·邓普顿

一、均线黏合的两种形式

单边行情运行一段时间后，大多会出现波动和震荡。随着这个震荡的过程不断延长，不同时间周期的均线会渐渐接近，汇聚到相近的价位，形成盘绕形态，这就是所谓的均线黏合。

市场上各个时期的交易者（或资金）虽然介入成本并不一致，但在价格震荡波动的过程中，大部分交易者（或资金）并不会都选择长期持仓不动，相反，有些交易者会跟随价格的波动不断地提高或降低成本。当价格长时间横向波动震荡，市场平均成本就会越来越趋于一致，这就是均线黏合的技术原理。

不同时间周期的平均成本都汇聚在某一个价位附近，从技术上来讲，该位置产生的支撑或压制作用都会非常强大。出现均线黏合，意味着市场行情已经走到了必须作出方向性抉择的关口。

均线黏合形态，也和时间周期有关。仅仅是短期均线黏合，那么只对研判价格短中期趋向变化有作用，中长期均线加入到黏合中，才会对判断趋势变化有作用。

均线黏合形态是一种统称，包括以下两种形式。

其一是聚拢，是指多个时间周期的均线在某一价位附近汇聚，之后重新选择方向。

其二是黏合，指多个时间周期的均线相互缠绕，运行于一个狭窄的箱体内，之后选择突破方向。如图 2–35 所示。

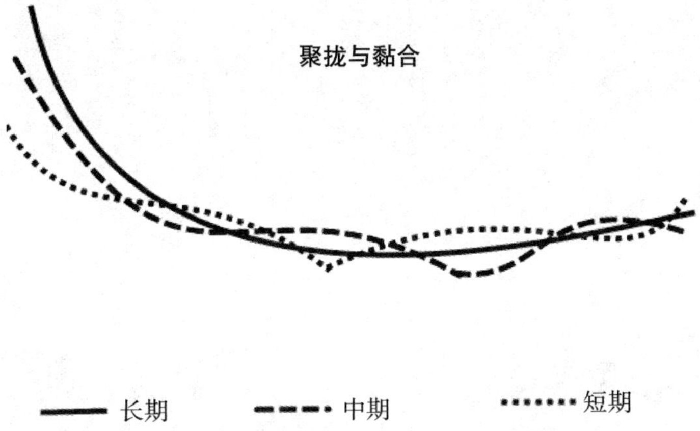

图 2–35

无论是均线黏合形态的哪一种形式，聚拢也好，黏合也罢，都只是可能引发价格扭转的外在形态。具备了这个外在形态，并不必然发生逆向扭转，扭转也未必一定能成功，还需要对价格相关形态和运行重心以及技术环境作进一步的综合分析，才能得出一个相对准确的判断结论。

（一）聚拢

均线聚拢有时仅是黏合形态的一个前奏。多条均线聚拢后，可能进入黏合状态，但有时聚拢后会直接选择突破方向。也就是说，黏合需要聚拢，但聚拢并不一定必然进入黏合状态。

从技术分析的角度来说，聚拢形态相比黏合形态在稳定性上稍有欠缺，尤其是短期均线之间的聚拢更是频繁出现。有中长期均线加入的聚拢形态，在技术分析上的参考意义更大。

图 2–36 中的均线系统，由 10 日、30 日、60 日、120 日均线构成，可

以看出这是一个偏重于中期的均线系统。

A 点是多条均线分别从下行状态汇聚到相近点位，并在此处形成聚拢后向上扭转，进入到上行状态。实战中，有 60 日、120 日这些中长期均线加入形成的聚拢，发生逆向扭转的可信度相对较高。

图 2–36

即使是中长期均线加入形成的聚拢，仍旧需要分析股价相关形态和运行重心。

如图 2–36 中，A 点发生聚拢时，股价运行重心已经上移，并在回落时能够得到均线系统的支撑。

技术环境上，股价经过长时间大幅度的下跌后，均线系统也长时间处于下行态势，空方的能量消耗必然巨大。基于这些有利因素进行判断，可以得出 A 点聚拢后出现逆向扭转概率极高的结论。

单一的形态分析，结论有可能出现较大的偏颇，多种技术因素综合分析，则会更加接近事物真实的一面。

图 2–37 展示的是由 10 日、30 日、60 日、120 日均线构成的均线系统。A 点同样出现了多条均线分别从下行状态汇聚到相近点位的情况，但这个聚拢发生后，股价并未逆向扭转，而是再次向下突破，继续运行于下跌趋势中。

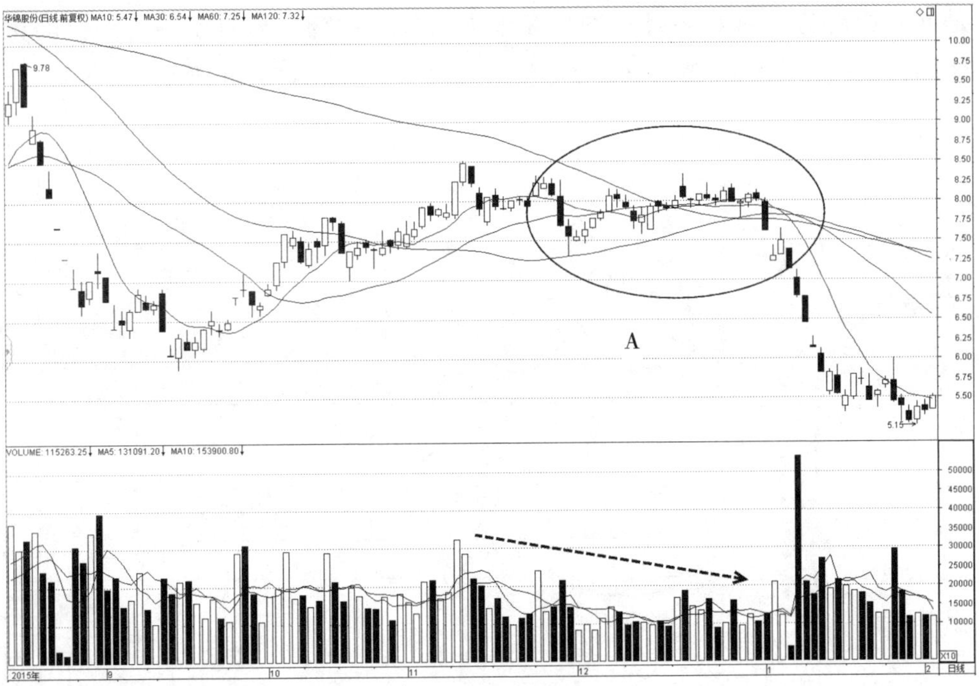

图 2–37

图 2–37 中 A 点，该股走出一个失败的聚拢，其失败原因如下。

技术环境上，该股虽然前期经过大幅下跌，但下跌主要是受大环境的影响所致，所以跌幅虽大，但整体下跌时间却不长。这就使得均线系统虽然出现聚拢，但缺少长时间下行过程，市场成本并没在消耗中趋于一致，而是处于紊乱之中，这为扭转上行带来了压制。

图 2–37 中，股价反弹后，其重心基本呈横向运行态势，缺乏有力的方向性引导。均线系统尤其是中长期均线，并不能提供较强的支撑，成交量在聚拢期间也呈消散状态。这些技术上的不利因素相叠加，该股走出失败形态也就不足为奇。

（二）黏合

均线聚拢后通常有三种选择。第一种是选择逆向的扭转突破，第二种是回归原趋势运行。还有一种是在聚拢后相互缠绕，运行于一个狭窄的箱体内，之后再选择突破方向，这就是均线黏合。如图 2–38 所示。

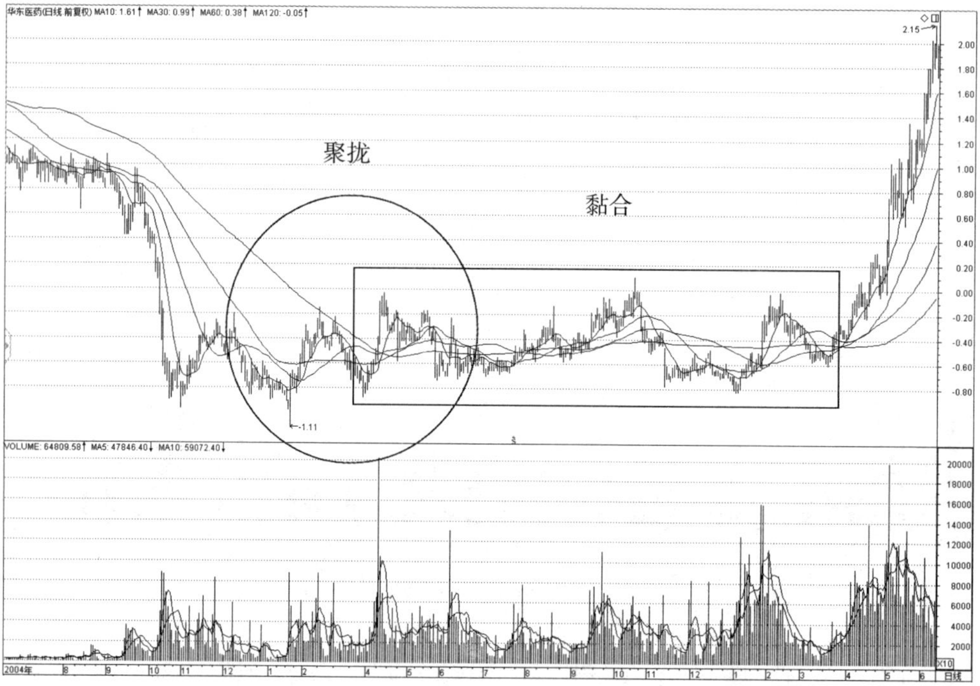

图 2–38

短期均线之间相互缠绕，是一种常见的盘整形态，并不属于本节所讲的黏合的范畴，本节主要以多周期均线之间的黏合为研究对象。

可能引发价格扭转的均线黏合具有以下几个特点。

（1）经过长时间、大幅度的下跌或上涨过程。

（2）有中长期均线加入。

（3）黏合过程不少于 6 个月。

在均线黏合过程中，越多的中长期均线加入到黏合中，黏合维持的时间越长，之后选择逆向突破的可能性越大。

图 2–38 中方框标示的黏合区域，10 日、30 日、60 日、120 日均线都已加入黏合过程，这个黏合区域维持的时间长达一年。

在均线黏合的维持阶段，价格依然会震荡波动，甚至有些波段的震荡幅度能够达到次级反弹或回调的水平。如图 2–38 中，在均线黏合期间，股价多次出现急涨急跌。

均线黏合维持阶段价格大幅震荡，对于中长期均线逐渐扭转运行方向、依次形成多头排列能够起到极其重要的作用，也为逆向扭转打下较为坚实的基础。

二、黏合形态的系统共振

上文说过，短期均线之间的缠绕只是盘整，多周期均线之间长时间相互缠绕的形态才是黏合。黏合形态的两种形式并不必然引发逆向扭转，还需要具备相应的技术条件。除了提及的一些技术条件外，还可以从系统是否具有共振上来进一步判断。

下面先将共振的含义和技术意义简要介绍一下。

共振主要是指多个技术工具对某一目标同时发出相对一致的技术提示。共振现象是交易者探究目标股票是否具备交易条件的极佳工具或手段。比如，通过多项技术工具分析，都显示某只股票具备较高的上涨概率，也就是说这里产生了共振。

当然，如果多项技术指标未能出现共振，而是各自发出不同的信号和提示，也并不必然说明该股不会上涨。多项技术工具发生共振，并不是一个经常出现的现象。

技术上的共振现象，大致可分为以下几种类型。

（1）多个技术指标对目标个股同时发出相同的提示。

这种类型的共振较为常见，比如 MACD、KDJ、BOLL 等技术指标同时发出买入或卖出的交易提示。正因为这种共振的常见性，而且是技术指标范畴内的共振，所以其准确性不是非常高，应用空间和时间上存在较多的限制。

（2）技术指标和量价关系、均线系统等多个技术工具在某一时点发生共振。

实战中，均线系统、量价关系、技术指标等同时发出买入或者卖出提示，这种跨越类别的共振，一般具有较高的准确性。

（3）不同交易系统在技术分析上形成共振。

不同时间周期的交易系统，对某一对象在某一时点上产生共振，往往有着极高的准确性，但是这种类型的共振并不常见。比如日线、周线、月线系统同时显示行情向好，则意味着中长期行情转暖。总之，出现共振的技术因素越多，预判行情的准确性越高。

本节中要讲的共振，就是不同交易系统在黏合形态上的共振。当然，共振不但适用于黏合形态的判断，也适用于多种技术形态的分析判断，交易者可举一反三。

图 2–39 中，该股经过长达 5 年多的下跌过程，至图中时，各条不同周期的均线逐渐聚拢、黏合。图中的黏合过程维持了将近两年。在黏合形态的后期，成交量也明显出现聚量，应该说多项指标都非常符合逆向扭转的条件。

尽管日线系统上的黏合形态符合技术条件，但仍然可以通过中长期交易系统来作进一步的确认。如果确认有共振现象存在，那么对于交易者来说，完全可以大胆重仓参与。

图 2–40 中展示的是同一时期的周线系统。从图中可以看到，周线图中的均线系统也同样具备一个完整的聚拢、黏合过程。

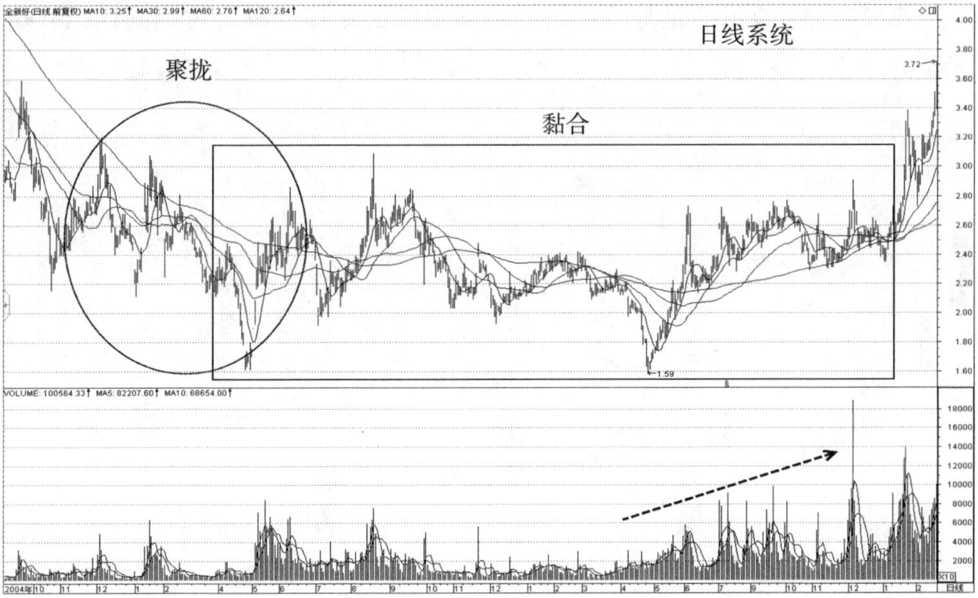

全新好(日线 前复权) MA10: 3.25↑ MA30: 2.99↑ MA60: 2.76↑ MA120: 2.64↑
日线系统
聚拢
黏合
3.72
1.59
VOLUME: 100564.33↑ MA5: 82207.60↑ MA10: 68654.00↑
2004年
日线

图 2-39

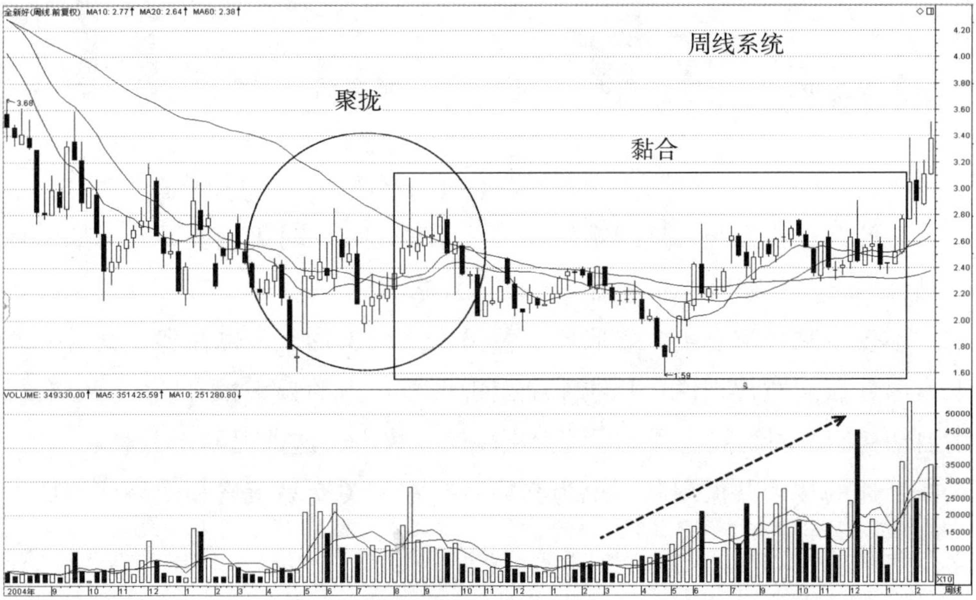

全新好(周线 前复权) MA10: 2.77↑ MA20: 2.64↑ MA60: 2.38↑
周线系统
聚拢
黏合
3.68
1.59
VOLUME: 349330.00↑ MA5: 351425.59↑ MA10: 251280.80↓
2004年
周线

图 2-40

图 2–41 中展示的是月线系统。均线系统的聚拢、黏合过程同样的一览无余。

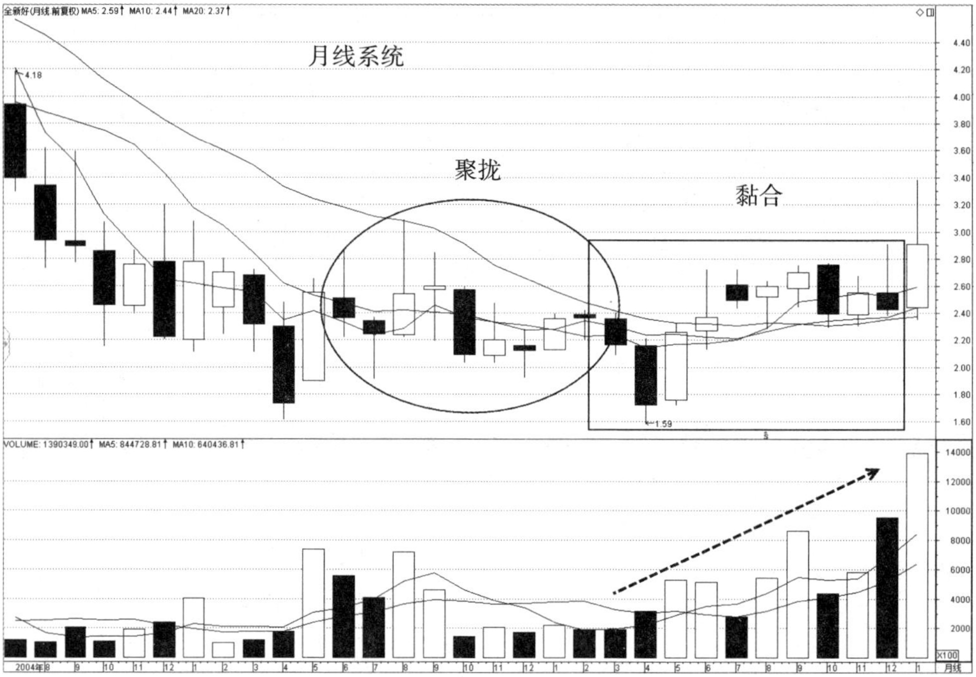

图 2–41

至此，日线系统、周线系统和月线系统之间，对于该股同一时期出现的黏合形态，已经出现非常明确的技术共振。

不仅在黏合形态上，该股成交量呈聚拢攻击形态，也在多个交易系统上发出共振。通常来说，日线系统出现聚量攻击的频率相对较多。但在行情启动初期，周线甚至月线系统上出现聚量攻击，这种现象并不常见。

上述的技术共振现象，也为交易者制定相关交易策略和交易计划提供了关键的参考。

第五节　均线发散

如果一个人声称知道所有答案，很可能他连问题是什么都没弄明白。十全十美的投资方案最终会导致失望，甚至是完全失败。即使你可以建立一个不变的投资原则，也不可能把它运用在多变的投资环境或政治、经济环境中。任何事物都处于某种形式的变化当中，聪明的投资者知道，成功就是不断解决新问题的过程。

——约翰·邓普顿

一、均线发散的两种形式

均线黏合形态结束后，存在着一个方向选择的问题，这个方向性选择就会带来均线的另外一种形态——均线发散。

提到均线发散，很容易联想到均线厚度空间。出现均线发散，意味着多条均线之间必然具有多层厚度空间，这是对于价格的多层保护，也是价格处于强势启动阶段的一种表现。

均线发散具有两种形式，即向上发散和向下发散。

（一）向上发散、多头排列

均线向上发散，是指均线黏合形态结束后选择向上突破，多个不同周期的均线向上拉开彼此之间的厚度空间。多个不同周期的均线，依照短期在上、长期在下的时间周期顺序依次排列，即为多头排列。

均线系统由向上发散到多头排列，意味着股价在多层保护和多方的强力助推下，已经发起了向上的攻击。如图 2–42 所示。

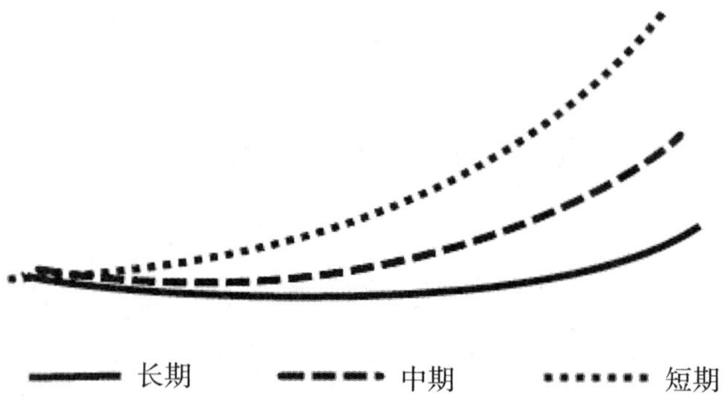

向上发散和多头排列

图 2-42

均线向上发散和多头排列对于价格的支撑作用是极其强劲的，尤其是刚刚走出黏合形态时，往往具有极强的爆发力。

持仓个股出现这种形态时，交易者应采取坚决持仓待涨的策略，不为股价日间的强烈波动所干扰。直至均线发散或多头排列形态出现改变，再根据盘面和技术环境的变化，决定下一步采取的策略。

如图 2-43 中的 A 点，均线系统的三条均线向上发散并呈多头排列。只要均线之间的厚度空间不被完全封闭，发散形态仍在持续，就意味着多方的攻势不会停止。即使股价在某一日出现了回落调整，也大多仅是一个短暂的日间波动。

值得交易者关注并加强分析的是 B 点，该位置均线发散形态已经消失，意味着来自 A 点的第一波次涨势暂告一段落。有很多技术手段都可以用于判断 B 点股价回落的性质，即使仅仅依靠图中的短期均线系统，也能得出正确的判断结论。

B 点，均线发散形态虽然已经消失，但下方的 30 日均线仍保持上行态势，这就为均线系统再次出现向上发散、多头排列留下了重要的技术基础。当股价在 B 点的回落最终得到 30 日均线的有力支撑再度上涨，均线系统再次向上发散，呈多头排列时，又一个买点出现。

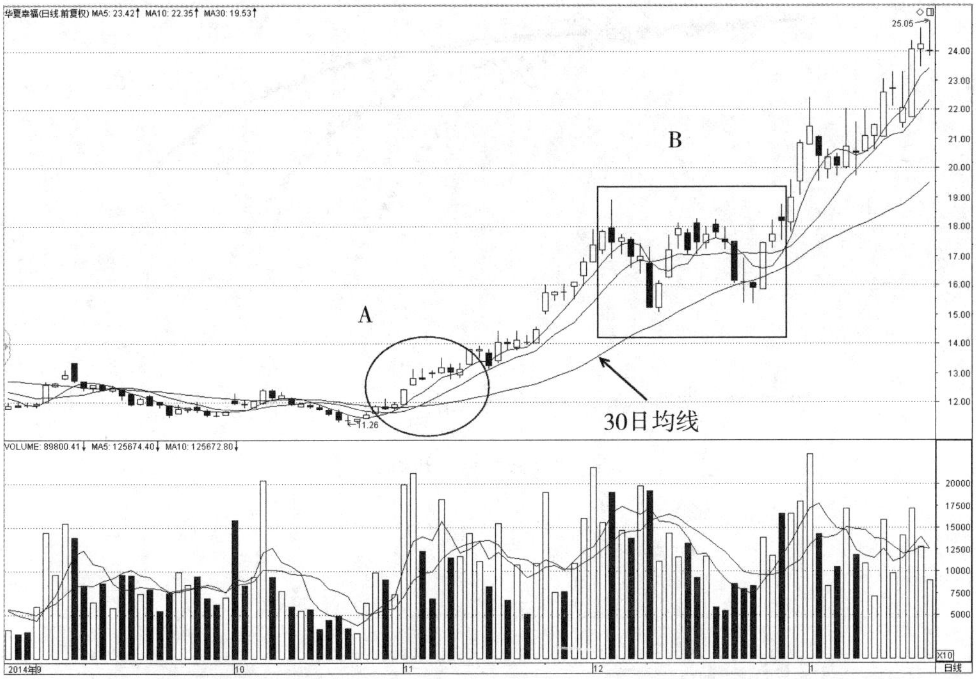

图 2-43

（二）向下发散、空头排列

均线向下发散，是指均线黏合形态结束后选择向下突破，多个不同周期的均线向下拉开彼此之间的厚度空间。多个不同周期的均线依照短期在下、长期在上的时间周期顺序依次排列，即为空头排列。

均线系统由向下发散到空头排列，意味着股价在均线多层压制和空方的强力助推下，已经发起了向下的攻击。如图 2-44 所示。

图 2-45 中，该股在均线黏合形态结束后，于 A 点均线开始向下发散并形成空头排列。均线向下发散和空头排列对于价格的压制作用非常沉重，尤其是刚刚结束黏合形态，空方势头正盛，做空或者空仓等待是最佳的选择。

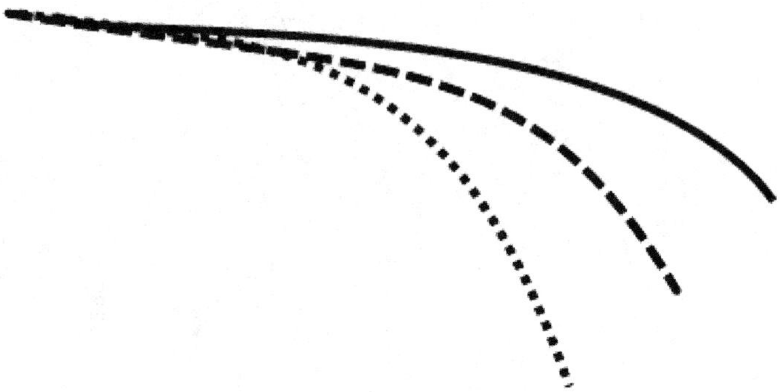

图 2-44

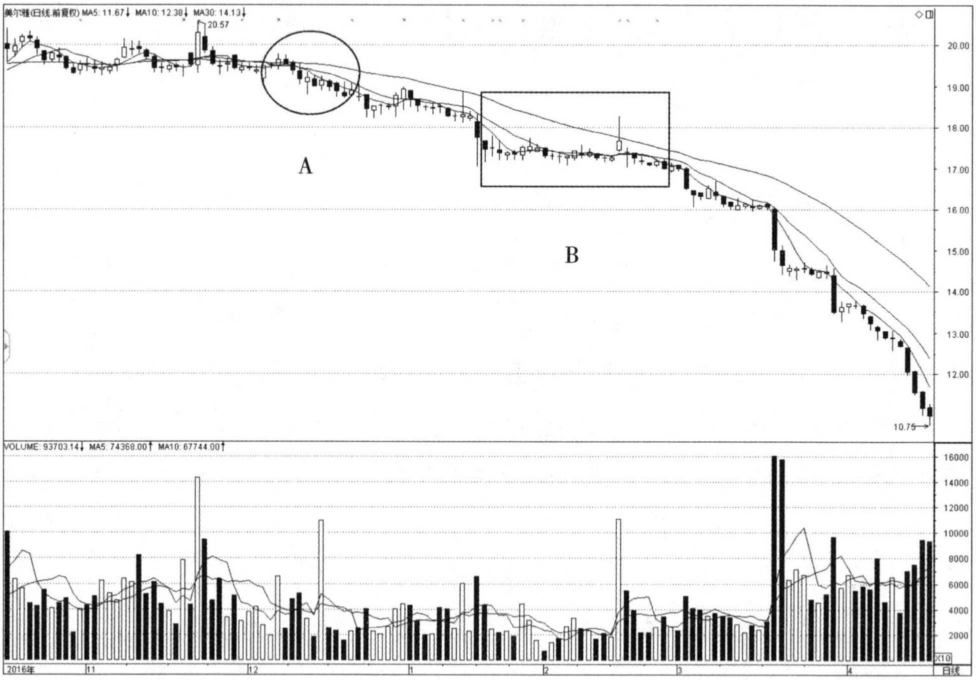

图 2-45

在均线向下发散和空头排列的压制下，股价很难出现具有持续性的反弹。如图 2-45 中的 B 点，弱势横向盘整多日，出现一个单日强反弹后，股价迅速回软。技术上，这种反攻方式反映了多方的羸弱程度。连一个像样的强势反弹都难以组织成功的个股，至少在短时间内不会成为值得关注和跟踪的对象。

在均线向下发散和空头排列的形态下，切忌依据价格的日间波动盲目抢反弹，否则无异于虎口夺食。

图 2-46 中的分时走势，即为图 2-45 中 B 点那个单日强弹当天的走势情况。当天高开后急速冲高，之后全天几乎都在回落过程中。即使没追高，而是在股价逐波回落的过程中买入，第二天股价低开，也会将买入者直接焖杀，几乎没有获利的可能。

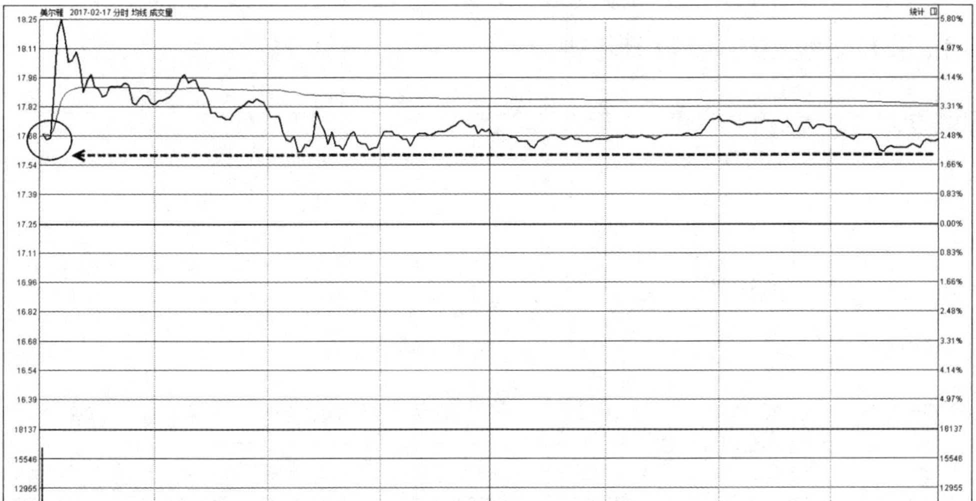

图 2-46

二、均线发散的长短技战术

在均线发散形态上，不同时间周期的均线或均线系统，对行情具有不同的揭示深度。

短期均线系统的发散形态，说明价格至少在短期内具备上涨或者下跌的动力。中长期均线系统的发散形态，说明价格正处于一波次级行情或趋势行情中。

从趋势和趋向的角度来应对不同级别的均线发散形态，应该是一个较为理想的选择。同时，也可以利用中长期均线来验证短期均线系统发散形态的可靠性和持续性。

（一）短期均线系统发散形态的验证

图 2-47 中的 A 点，短期均线系统形成向上发散形态，随即开始一波短期上涨并穿越上方的 250 日均线。

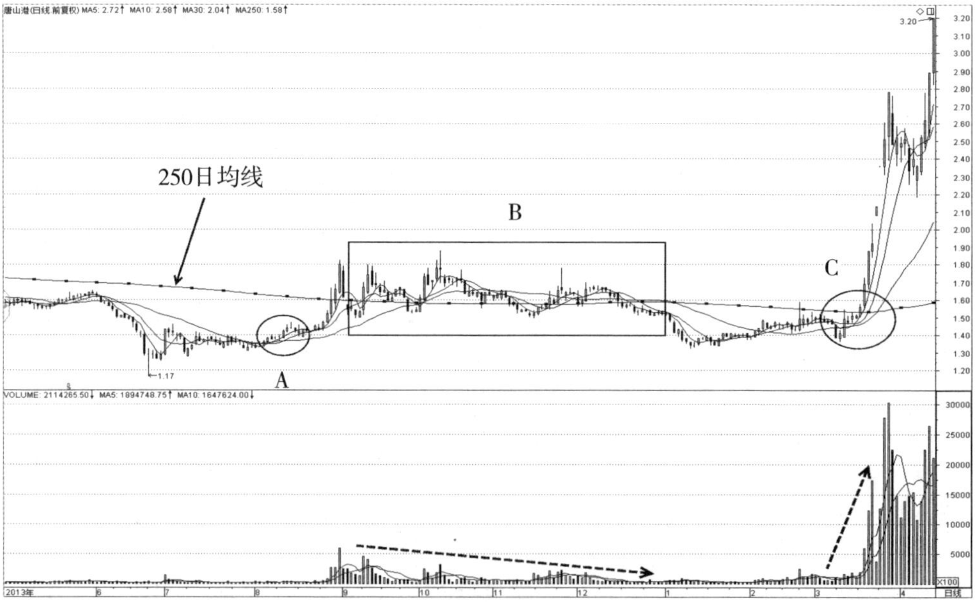

图 2-47

可以把这条250日均线当成是对短期均线系统上行状态的衡量指标。如果短期均线系统能够成功突破并真正站稳这条均线，那么就需要从趋势的角度重新定义这波上涨行情的性质。否则，仍然只是一个短期反弹行情。

B点，短期均线系统和股价在250日均线上下盘整，技术上这是一个方向不明的横盘形态，同时鉴于这个阶段成交量呈量能消散的态势，所以对后市走势不能抱太大的希望。如果以主观愿望作出推断，很可能面临亏损。

B点之后，短期均线系统和股价向下回落，但很快短期均线就开始聚拢，股价多数时间都在均线系统的支撑下缓慢运行。结合技术环境分析，该股经过4年的下跌过程，目前应在价格的历史低点区域，该股很有可能正处于构筑底部的阶段。

C点，短期均线系统再一次形成向上发散形态和多头排列，并且轻松突破250日均线。在成交量急剧放大的情况下，股价升速较快，短期均线系统向上发散的角度也极为陡直。这种角度陡直向上发散的技术形态，显示有资金大量吸纳筹码。C点放量大涨，很有可能是主力在跌势中并没有吸纳到足够的筹码，不得不采取拉高的方式吸筹。

有人可能对主力突然拉高吸筹不太理解，那么下面就简单讲一下这个问题。

该股4年下跌途中买入被套的人，解套后部分人会选择立即卖出，另外多数会在股价强拉结束后的调整过程中选择卖出，主力要的就是这个效果。

图2-48即为图2-47中该股一轮走势的全貌。C点是最后一次短期均线系统向上发散的点位。图中A点是强拉结束的点位，也是该股股价超越历史高点、创出股价新高的点位。

A点之所以放出巨大成交量，是因为主力需要通过强拉、震荡来完成最后的吸筹。从图中可见，A点之后直至行情顶点，成交量一直呈降低的态势。

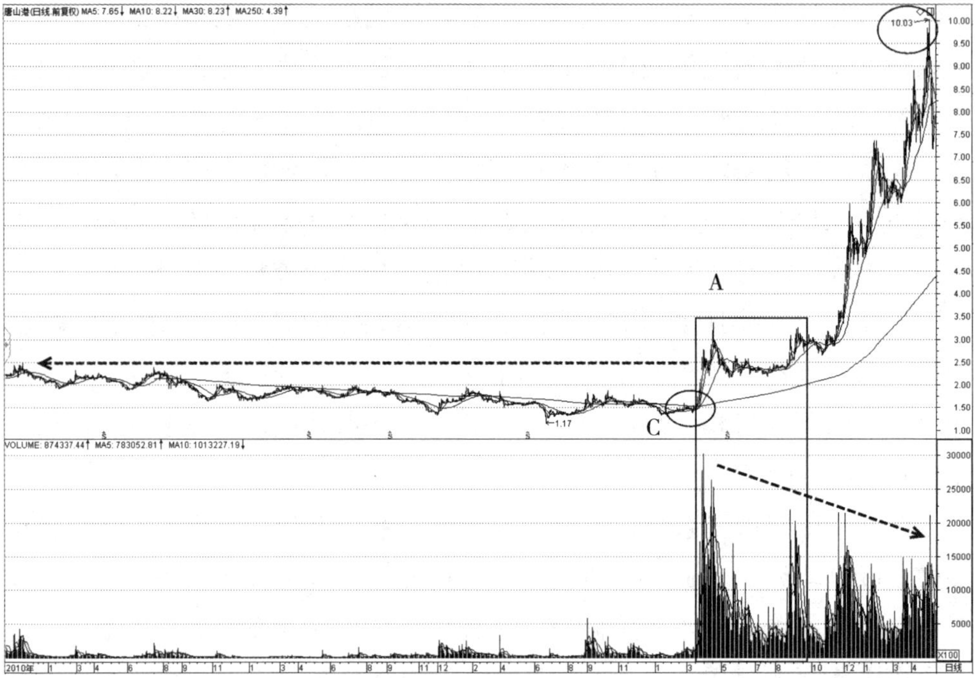

图 2-48

关于主力行为的话题这里不再深入了，在以后出版的《主力行为分析核心技术》一书中，将会有详尽的讲解。

（二）中长期均线的发散形态

中长期均线经过黏合后形成的发散形态和多头排列或空头排列，往往都有极高的可信度。这种形态并不常见，只有经过长期大幅度下跌的个股才会出现。

中长期均线从聚拢、黏合到发散，需要有一个较长的时间过程。这个过程绝不会是一路平坦，必然会多次发生大幅的价格震荡，甚至让持仓者失去信心，不敢相信中长期均线会有向上发散的那一天。

如图 2-49 所示，A 点是该股中长期均线形成向上发散和多头排列的地方。在这个形态出现之前，该股经历过一个漫长的股价震荡、均线聚拢、均线黏合的过程。即使在形成向上发散形态的过程中，股价仍然出现了多次快速回落。

不经风雨，难见彩虹，这句话用在这里也非常合适。

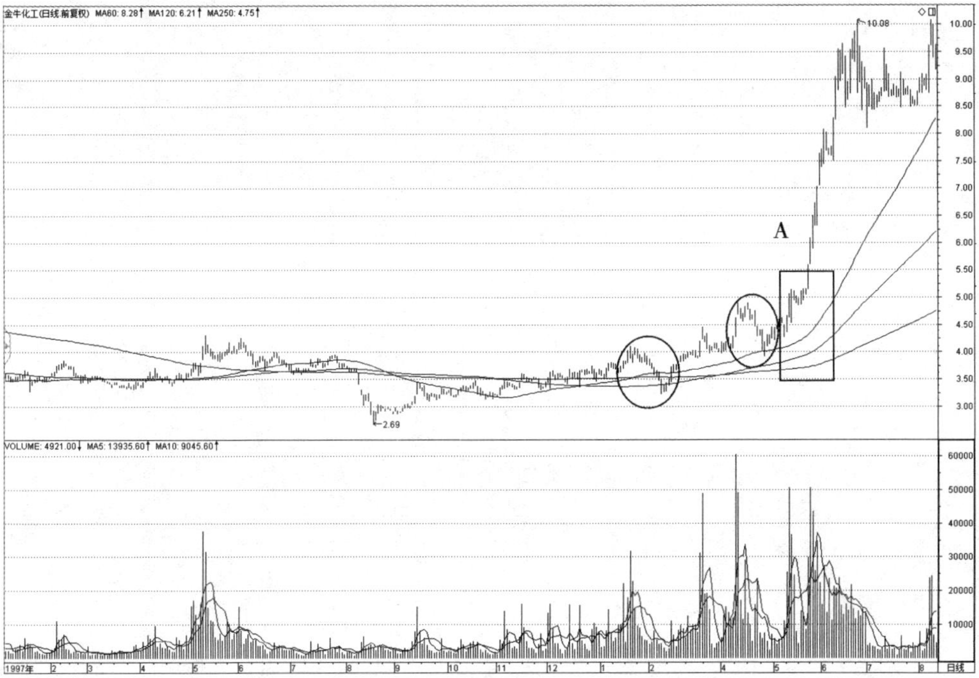

图 2–49

本章主要讲解均线理论的基础内容。基础内容并不难理解和掌握，但不要因此就看轻了这部分知识。“合抱之木，生于毫末；九层之台，起于累土；千里之行，始于足下。”以《道德经》中的这段话，作为本章的结束语。

第三章　均线中级分析

许多人认为别人天生就是股票投资人，而把自己的失利归咎于悲剧性的先天缺陷，我的成长历程说明事实并非如此。在我的摇篮上并没有吊着股票行情收录机的磁带，我长乳牙时，也没有咬过股市交易记录单，这与人们所传球王贝利婴儿时期就会盘球的早慧截然相反。

——彼得·林奇

第一节 均线启动与攻击

寻找赚钱的投资机会需要技巧。掌握技巧可以赚钱，不懂技巧就会赔钱。有些人真的是在玩股票，歧视做研究，结果越来越轻视技巧，导致赔钱更多。他们的借口之一，是股票如女人，永远猜不透，这句话对女人和股票都不公正。

——彼得·林奇

一、启动与攻击的实战判别

启动与攻击，是均线分析中的两个技术点。

启动，泛指均线运行指向。均线交叉、发散等，都属于启动的基本形式之一。

攻击，是均线运行方向中的强度和持续性。攻击包括向上的涨升和向下的跌落。

实战中，有人认为只有明确的上涨或下跌过程，才是启动与攻击的体现，这种看法有些偏颇。实际上，只要行情在持续运行中，均线的启动与攻击就始终存在，只不过在强度和持续性上的表现存在差别。

正如讲过的均线与K线的七种契合形态，无论哪一种契合形态，都是由最细微的启动与攻击构成，只不过在契合形态中，启动与攻击侧重于K线方面。例如，具有明显盘整特点的盘线，就是由价格不断启动的向下和向上攻击所构成。

即使是均线交叉中的基本交叉，也具有一定程度的启动与攻击特征，不然交叉也就不会发生。但基本交叉无论是形成之前还是交叉之后，均线强度都存在重要瑕疵，这也导致这种交叉的攻击多数都不具有持续性。

均线启动与攻击的强度和持续性在实战中如何判别?

其实这个问题中的部分内容，在前面的讲解中已经讲述过，比如均线交叉中，对比攻击性交叉和基本交叉的异同，就可以看出均线强度和持续性的技术特征。

但在前面的讲解中，只是就某一形态来分析其独有的特质，很多技术因素也仅仅适用于这个形态本身，是一种个性分析。这里讲解的则是大多数形态在启动与攻击中具有的共性特征，是一种共性分析。

从个性分析到共性分析，从基础分析到中级分析，这条路总要踏踏实实地走，才有可能抵达期望到达的目的地。

二、启动与攻击的角度和强度

均线启动与攻击的强度，实战中最明显的特征，无疑就是启动与发起攻击时的角度。不同的角度不但对于之后的运行过程有较大的影响，也对分析具体个股启动前所处的阶段有较大的提示作用。

（一）向上启动与攻击

均线上行的角度，对价格之后的运行方向、涨跌速率、上涨周期等多个因素具有极为重要的技术意义。比如，一个角度陡直的上涨，可能意味着涨势无法持久，而一个过于平缓的上涨，可能意味着涨势随时会出现反复。

总而言之，均线启动和攻击中的角度，不是市场资金率性而为的结果，而是主导资金有预谋、有计划的行为（主导资金包括但不限于主力资金，因为有些个股并无长期坐庄主力，只是短期资金炒作，故统称主导资金，意指一段时间内对行情起到主要引导作用的资金）。

通过分析均线启动与攻击的角度，再结合技术环境分析，既可以预估发起攻击的资金性质，还可以对上涨的持续性有一个客观的分析与评价。

均线向上启动与攻击的角度，通常可以分为如下三种。

（1）30 度区，指以 30 度角为中心的波动区域。这种平缓角度的启动与攻击，也称为缓速上攻。

（2）45 度区，指以 45 度角为中心的波动区域。这种不急不缓、相对适中的启动与攻击角度，也称为匀速上攻。

（3）60 度区，指以 60 度角为中心的波动区域。这种较大角度的启动与攻击，也称为急速上攻。如图 3–1 所示。

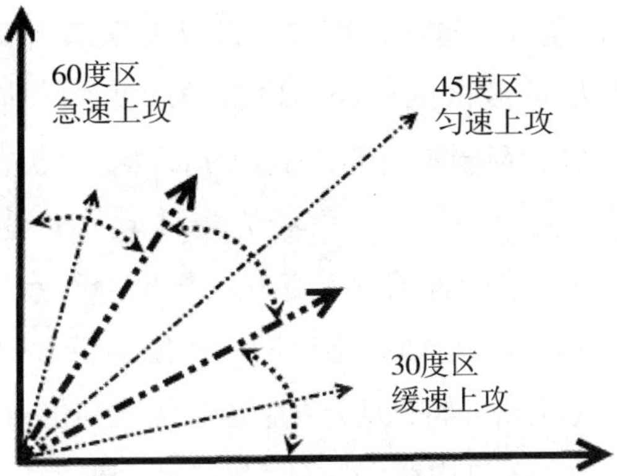

向上启动与攻击的角度

图 3–1

在理解和应用技术分析时必须要有严谨的态度，但是不能有呆板的思维。这里提到的角度，并不需要精确到丝毫不差，只要大致运行在这个区域即可。

1. 30 度区缓速上攻

30 度区的启动与攻击模式，由于角度运行平缓，强度不足，往往会带来趋向或趋势上较大的不确定性，在判断上容易产生较大的迷惑性。尤其是在启动阶段，30 度区的启动角度在实战中失败的案例较多，很多个股会出现二次启动的情况。

上攻阶段，30 度区攻击角度在行情的各个阶段都有可能出现，尤其在底部构筑阶段较为常见。这种角度的攻击往往会使行情运行趋向扑朔迷离，较难预判。

通常来说，采取 30 度区启动与攻击，多是市场资金（非主导资金）的行为或者是主导资金故意示弱的一种行情运行模式。30 度区的启动与攻击，显示多空双方处于胶着状态，多方并不具备明显的优势地位，获利盘沉浮不定，抛压盘仍旧沉重，行情随时可能倒向空方。

30 度区的启动与攻击角度不会长久持续，会在波动中逐渐加大、加快，逐步改变原有的运行角度，这种改变称为波动变轨。

当价格和均线从 30 度区的启动与攻击角度变轨为向上的 45 度区或 60 度区，表明主导资金放弃掩饰，露出真实的面目。当价格和均线从 30 度区的启动与攻击角度变轨向下，则是市场资金对于后市不再抱有希望，选择反向操作的结果。当然，这两种情况都存在主导资金故意诱多或诱空的可能。

实战中，均线和价格不可能始终以同一角度运行，而是在各个阶段和多个角度间转化，这既是由博弈特性决定的，也是均线和价格调适和修复的需要。

图 3-2 中，A 点价格与均线以 30 度区启动，虽然启动并未立即走出失败形态，而是维持一段时间这种小角度的上攻，但还是未能持续过久。B 点出现了二次启动，并改变了上行角度。向上的启动与攻击到了 B 点，才算正式拉开大幕。

30 度区的启动与攻击，因其角度平缓，走势略显绵软，也会使市场资金心存疑虑，不敢确信行情趋势正在发生变化，甚至会误判行情随时发生折返，这可能也是主导资金在这一阶段希望达到的效果。在个股构筑底部阶段，如果 30 度区的启动与攻击能够维持较长的时间，倒是可以追踪关注。

2. 45 度区匀速上攻

交易大师江恩认为，45 度角能够反映出价格随时间上升或下降的速率，

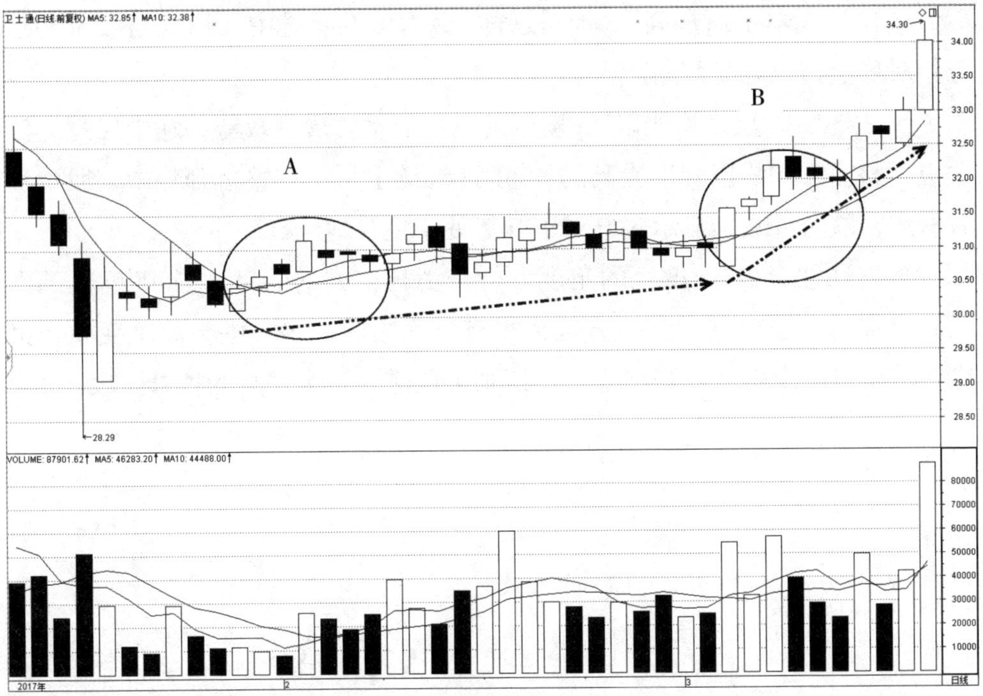

图 3-2

在这个角度上，价格、时间两个方面处于完美的平衡之中。在上升趋势中，只要价格维持在上升 45 度角，则趋势持续有效。在下跌趋势中，只要价格维持在下降 45 度角，则趋势持续有效。

研究实战案例也可以发现，启动与攻击成功率比较高且强度较为理想的个股中，多数都是以 45 度区的角度展开攻势。过大的启动与攻击角度，攻势强度虽高却很难持久。过小的角度，攻势则显得绵软无力，存在折返的可能。

均线在上行中保持 45 度区是一种较为理想的向上启动和攻击形态。45 度区在角度上不急不缓，处于一种匀速上攻的状态。技术意义上，虽然显示多方居于主导地位，但空方显然并未放弃抵抗，而是不停地反击。

正因为有多空双方激烈的博弈，使行情运行处于一个获利盘与亏损盘不停转化，成本不断垫高，具有较强支撑力度的状态中，均线与股价的运行相对稳定，也容易判断。

图 3-3 中 A 点，均线以 45 度区的角度启动并展开攻势，途中经过一波次级调整后，均线以强度更高的 45 度区继续上行。在整个升势中，股价涨时量增，跌时量减，显示多方对于升势处于主导地位。

多方往往会以 45 度区的角度上行来消耗空方的能量。当 45 度区的上攻状态保持一段时间后，空方被拖得有气无力时，多方则会波动变轨，彻底打垮空方的意志，使其绝望，行情则由此进入更为强势的拉升阶段。

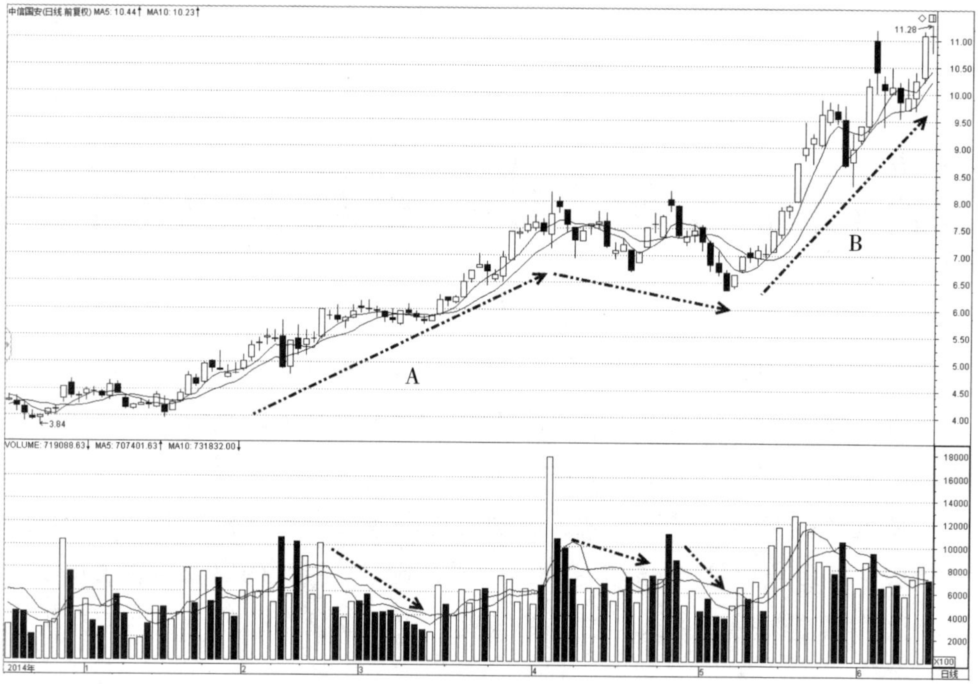

图 3-3

股价的小幅调整和次级调整，反映了空方不停反击的过程。需要注意的是，升势途中的次级调整过后，均线与股价应出现波动变轨，即加大上涨角度，至少不小于之前的上涨角度，这一点非常重要。

因为一个重要的价格回落调整结束后，此消彼长，被削弱的理应是空方，多方应变得更强大。如果多方在一个重要的调整过后并没有变轨加速，反而走势绵软，小于之前的上涨角度，那么就需要留心这个价格回落调整的性质，随后的趋势可能会发生改变，要么转向更为胶着的盘整状态，要么发生趋向向下的扭转。

如图 3-4 所示，A 点股价和均线以 45 度区的角度启动并展开攻势，之后股价出现一波较大幅度的回落后再度拉升，均线并没有变轨加速，反而出现变轨减速，转为以 30 度区的角度开始攻势，不久就出现趋向向下扭转。

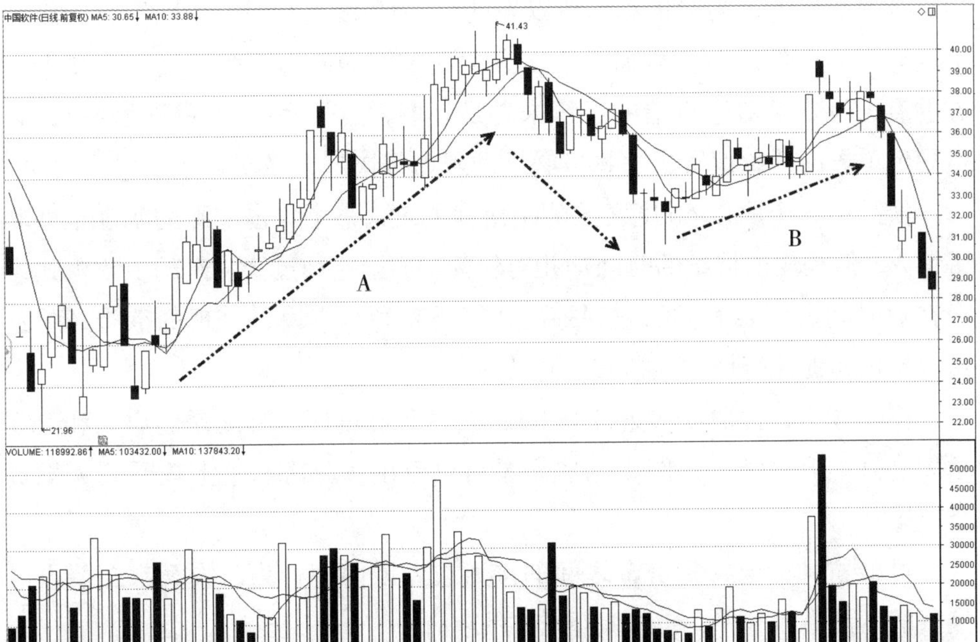

图 3-4

这个案例说明一个问题，价格出现重要的回落调整，被削弱的可能是空方，也有可能是多方。当之前占据升势主导地位的多方被削弱后，其主导的升势必然受到影响，再次启动攻势时，则很难维持或增强原有的升势强度。

实战中，以 45 度区启动并展开攻势的个股，在调整后再次启动时，如果角度变小，则要留心趋向生变。

3. 60 度区急速上攻

60 度区是极为陡峭的启动和上攻角度，也被称为急速上攻。采用这种启动和上攻方式的个股，无疑受到资金的高度追捧。这种强度最高的上攻模式，往往是主导资金阶段性的突击行为，上攻结束后，多数都要面临趋向或趋势转折，或者是长时间的休整。

技术意义上，当股价和均线以 60 度区的角度上行时，说明空方已经基本放弃有力度的反击，行情处于多方全面掌控的单边运行节奏中。缺少空方的有力反击，对于行情的运行未必是好事，过于集中的一致性观点，必然导致单方向的急速冒进，物极必反的威力很快就会显现。

实战中，个股以 60 度区的陡峭角度上攻，整个攻击上涨的幅度也许非常惊人，但是攻击持续的时间却相对较为短暂。这种过于极端的上攻模式，会在短时间内积累大量的获利筹码，筹码获利越丰厚，兑现的欲望越强，这也是极易促使行情发生扭转的重要原因。

图 3–5 中，该股受政策性利好影响，以 60 度区这种陡峭的启动和上攻角度展开上升行情。从图中的成交量可以看出，此次急速上攻受到大批资金追捧。

类似这种情况，是资金之间的接力或者说博傻行为，大家都在赌自己接下的不是最后一棒，也不是最傻的那一个。

当 60 度区急速上攻结束后，如果回落至 45 度区附近能够止住跌势，说明涨升的强度仍在，那么经过盘整后，仍有可能再启攻势。如果 45 度区被跌破，表明至少短期内恢复升势的可能性几乎没有，甚至趋势或趋向可能由此发生扭转。

图 3–6 中，A 点股价和均线以 60 度区启动并急速上攻，股价由 22 元上涨至 40 元只用了短短 7 个交易日，之后股价出现回落。

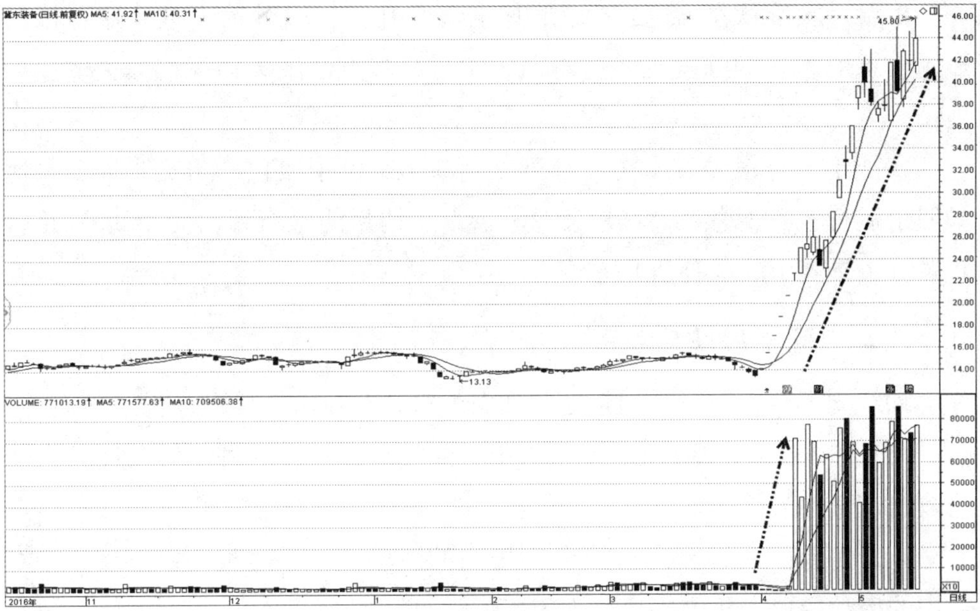
VOLUME: 771013.19↑ MA5: 771577.63↑ MA10: 709506.38↑
45.80
13.13
2016年
日线

图 3-5

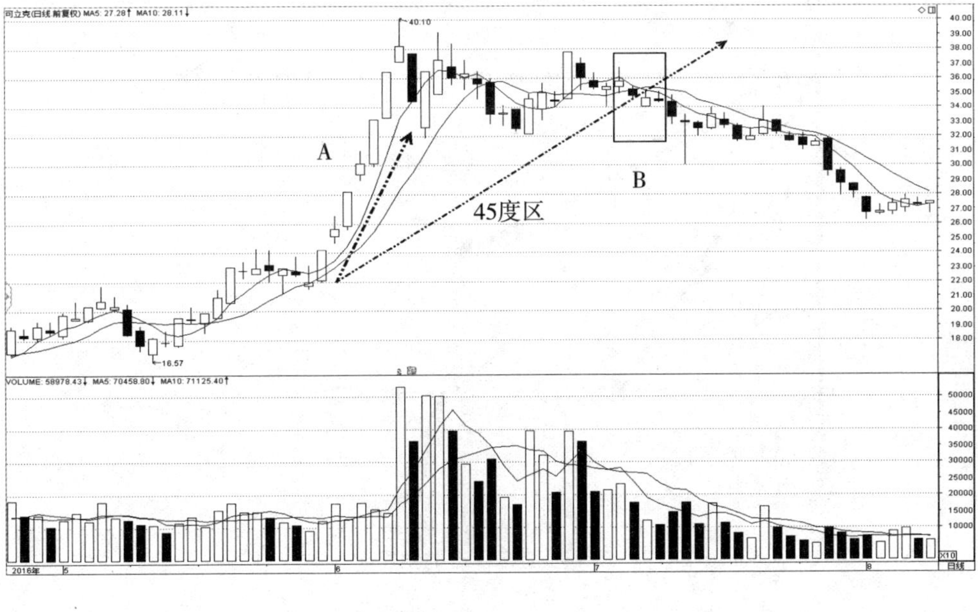
MA5: 27.28↑ MA10: 28.11↓
40.10
16.57
A
B
45度区
VOLUME: 58978.43↓ MA5: 70458.80↓ MA10: 71125.40↑
2016年
日线

图 3-6

B 点，股价跌至 45 度区并没有止跌回升，仍旧继续下跌。这种情况显示出该股涨升的强度已经基本消失殆尽，多方已经无力挽回失去的主导地位。

实战中，有很多技术手段都可以判断出案例中股价即将见顶回落，比如股价运行重心下移、均线攻击性交叉、K 线量能分析等，而 45 度区是否止跌，也是其中的一种研判方法。

（二）向下启动与攻击

均线向下启动与攻击的角度，和向上启动与攻击一样也分为三种。

（1）30 度区，指以 30 度角为中心的波动区域。这种平缓角度的启动与攻击，也称为缓速下跌。

（2）45 度区，指以 45 度角为中心的波动区域。这种不急不缓、相对适中的启动与攻击角度，也称为匀速下跌。

（3）60 度区，指以 60 度角为中心的波动区域。这种较大角度的启动与攻击，也称为急速下跌。如图 3–7 所示。

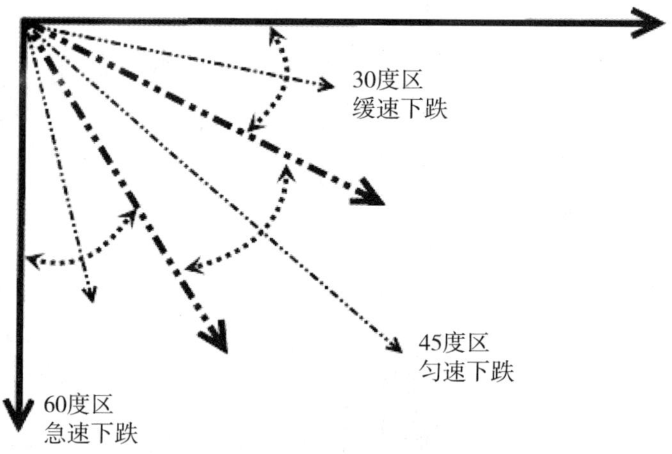

向下启动与攻击的角度

图 3–7

向上启动与攻击的分析思路也适用于向下启动与攻击，只是方向相反、多空换位。在这里，需要将下攻一词换成大家习惯使用的概念——下跌。

1. 30 度区缓速下跌

有个股市谚语："不怕跌，就怕拖。"意思是说，下跌并不可怕，可怕的是交易者犹豫不决，不能果断决定去留。

这个谚语还有另外一层意思，即趋势明确的下跌并不可怕，可怕的是趋势捉摸不定、欲涨还跌的局面。在这种情况下，交易者面临两难选择，既怕错失买入时机，又怕买入后遭遇亏损。买后跌，卖后涨，是这个时期最常见的现象。

30 度区的下跌，就是这样一种容易让交易者犹豫不决、难以决断的下跌走势。这个角度的下跌和盘整形态很容易混淆，只不过 30 度区的下跌具有角度上的特征，虽然这个特征因角度较小而不明显。

30 度区的下跌，表面上看起来似乎很温和，下跌强度不高，但正是这种表面现象，反而容易使人放松警惕，在趋势模糊难判时随意地进行交易。追逐在短线涨跌之间的人，很难每一步都踏准节奏。在行情幅度不大的波动中，很多交易者却出现巨大亏损。通常都把 30 度区这种角度的下跌称为阴跌或盘跌。

图 3–8 中，A 点出现一个 30 度区的下跌，虽然整体下跌角度相对平缓，但股价的波动并不平缓，甚至还在途中创出股价新高。这种波动方式对于短线交易者是个考验，喜欢短线追高的人，很有可能会选择在股价创出新高的时候买入。

当均线在运行过程中整体处于 30 度区下跌时，突发的涨升可能是多方试图挽回涨势的一个尝试，但也有可能是主导资金故意诱多的手段。

总之，不论是哪种可能，在没经过技术环境分析和相关技术确认时，首先要明确一点，在 30 度区下跌持续的情况下，对突发性的涨升只追踪观察不交易。

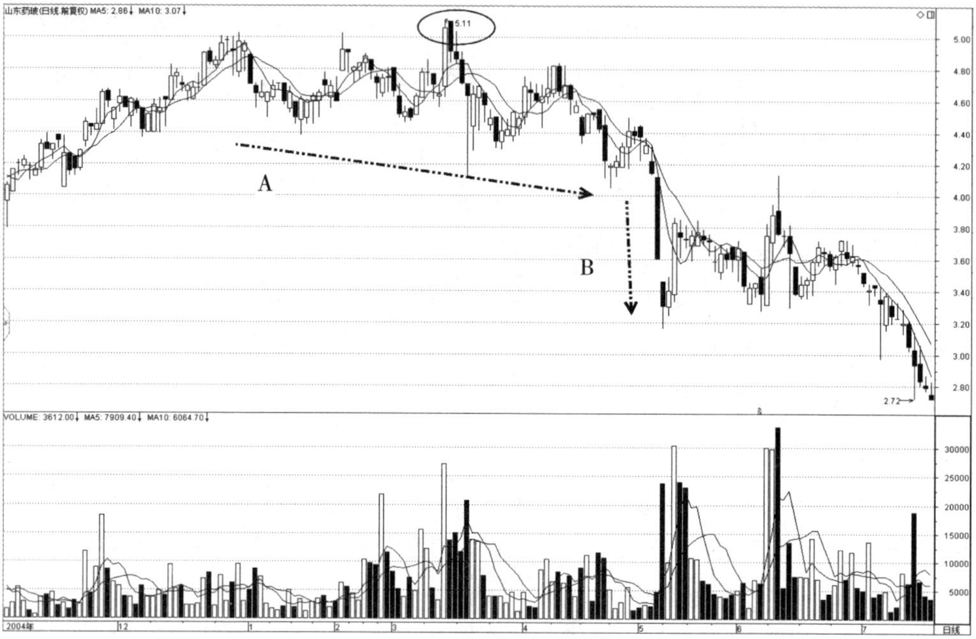

图 3–8

2. 45 度区匀速下跌

45 度区，无论是向上还是向下的启动与攻击，都是一种既具有杀伤力，也具有趋向维持强度的运行角度。

45 度区的角度不急不缓，让做多者不至于完全失去信心和希望，所以会不断地发起反击，空方也正是利用多方的不断反击来逐步消耗、瓦解做多动能。45 度区匀速下跌，意味着空方拥有主导地位，盲目逆势做多无异于飞蛾扑火。

正是由于在反击与消耗中形成的匀速下跌，使下跌趋向或趋势经过了不断验证和加强的循环过程，所以下跌趋向或趋势能够稳定并持续运行。只有当匀速下跌的节奏出现变化（加快或变缓），这种强度较高又极为稳定的下跌过程才会结束。

图 3–9 中，A 点股价和均线以 45 度区的角度启动下跌，B 点下跌角度

渐渐变缓，之后C点出现一波次级反弹行情。C点的上涨呈30度区，很明显缺乏扭转趋向所需的上升强度。

一个具有相对较高下跌强度的45度区刚刚结束，随之而来的反弹是一个涨升强度相对较低的30度区。除非C点上涨强度出现向上的波动变轨，否则很难让人相信这里会成为趋向的拐点。

D点，股价和均线再次以45度区的角度启动下跌。这就反证B点和C点启动的上攻仅仅是一个下跌途中的休整。当个股处于45度区下跌过程中时，最佳的选择是做空或空仓观望。

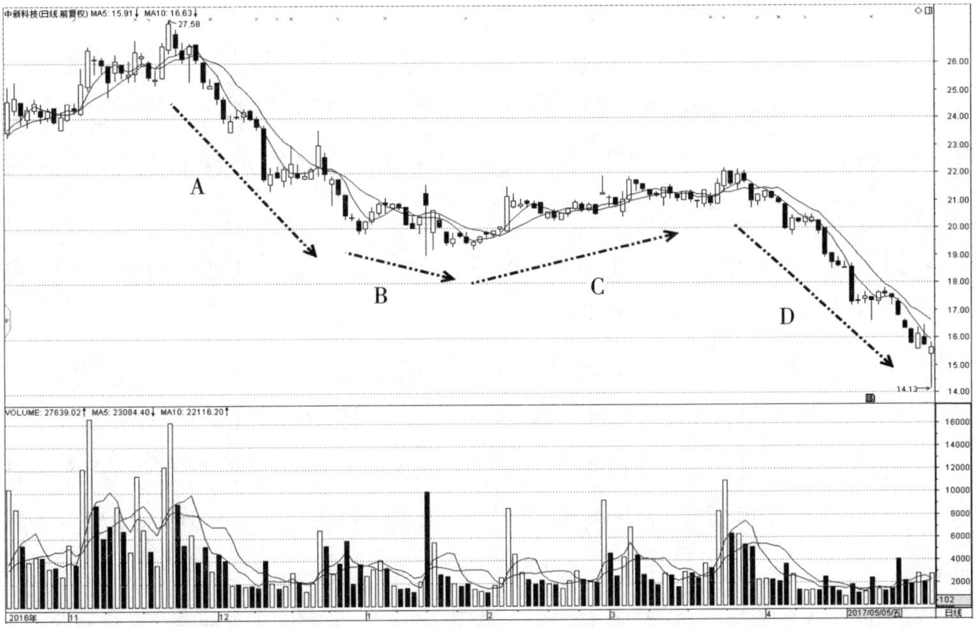

图3-9

实战中，一段跌势过后，多方渐渐无力反击，而空方尚未进入到加速运行阶段，此时就会出现休整性质的弱性反弹，如图中C点。

以小角度涨升的休整性质的弱性反弹，会让部分市场资金误以为价格正在构筑底部结构，或者认为价格已经跌得够多，不会再继续下跌。总之，只要有反弹出现，市场资金总会找到自己买入的理由。

休整性质的弱性反弹，能够吸引一定数量的多方资金进入，这就为空方继续打压提供了条件和动力。股谚说“多头不死，空头不止”，就是这个道理。

多空双方相依而存，此消彼长，任何一方的绝对强势都意味着转折临近，而延续主导地位最好的方式，就是让对方以弱势抵抗的地位存在，而不是失去反击力量。

3. 60 度区急速下跌

和 60 度区急速上攻一样，60 度区急速下跌的持续时间也相对较为短暂，但下跌幅度和强度却非常惊人。

在下跌趋势的初期和后期，60 度区急速下跌的幅度越大，速率越急，之后迎来的反弹或反转越强烈。但是在下跌趋势的中期阶段，60 度区急速下跌之后，并不一定都会出现强烈反弹，更大的概率是出现向上 30 度区的弱反弹，反弹过后大多都会继续下跌。

如图 3-10 所示，A 点出现 60 度区急速下跌，之后 B 点仅仅出现一个 30 度区的弱反弹，股价就再度向下跌落。

60 度区急速下跌的副作用是带来浓重的恐慌氛围，交易者短时间内因为看不到希望，容易陷入被抛弃、被放弃、孤立无援、束手无策的绝望情绪中。

主导资金有时会利用 60 度区急速下跌来制造恐慌，使交易者在恐慌中低价抛出带血筹码，主导资金则借机吸筹建仓，为之后的强弹或趋向扭转做准备。

如图 3-11 所示，A 点股价与均线以 60 度区的角度急速下跌，这种角度陡峭的下跌给交易者带来极大的心理压力，极易造成恐慌情绪蔓延。在这种情景下，市场心理倾向会促使交易者快速走向极端的宣泄阶段。

在市场哀鸿遍野中，B 点股价与均线却以 60 度区展开急速上攻。把筹码抛在低点，仍处于惊恐之中的交易者，多数只能眼睁睁地看着涨升行情从身边呼啸而过。

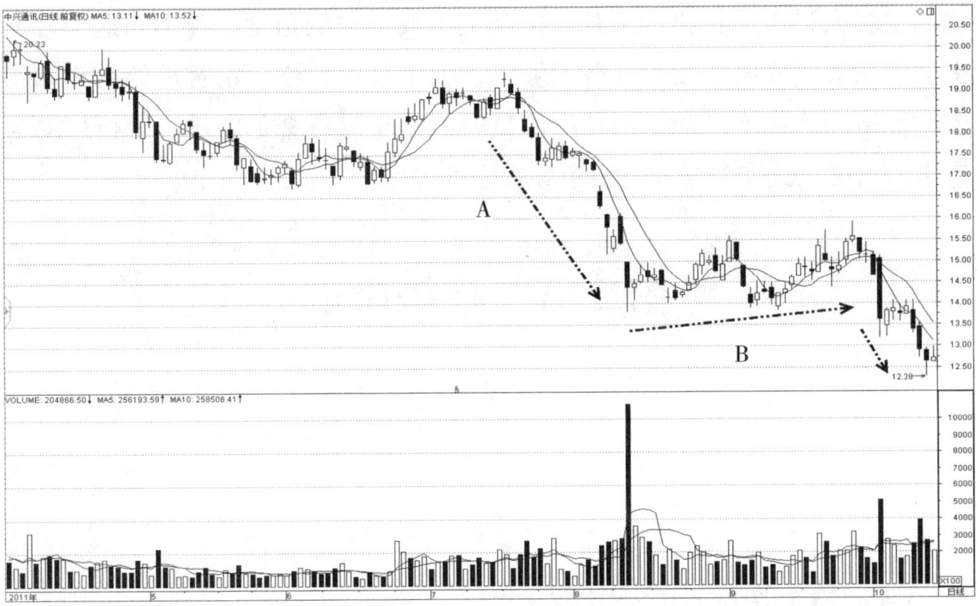
中兴通讯(日线 前复权) MA5: 13.11↓ MA10: 13.52↓
20.23
A
B
12.28
VOLUME: 204866.50↓ MA5: 256193.59↑ MA10: 258508.41↑
2011年
日线

图 3–10

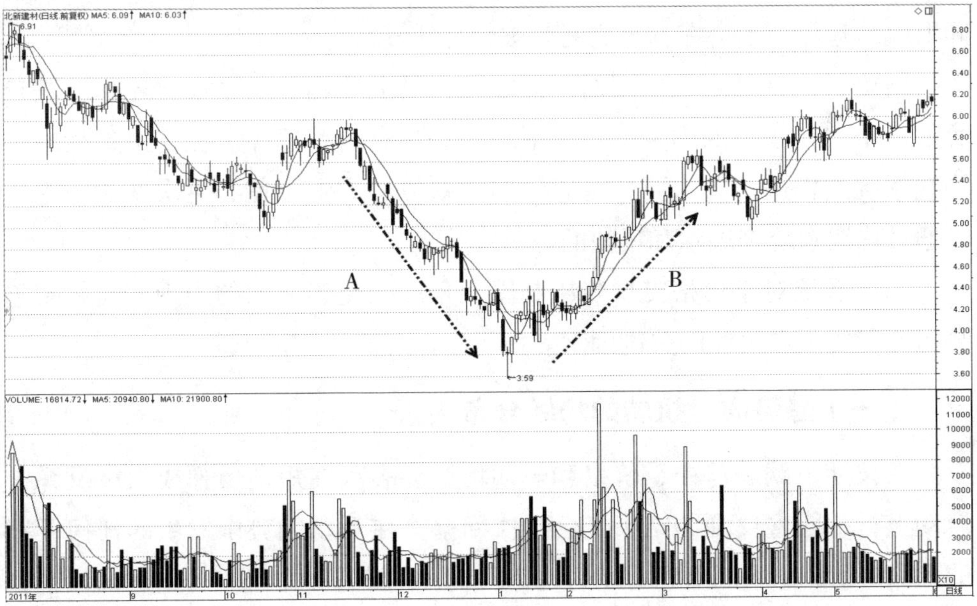
北新建材(日线 前复权) MA5: 6.09↑ MA10: 6.03↑
6.91
A
B
3.59
VOLUME: 16814.72↓ MA5: 20940.80↓ MA10: 21900.80↑
2011年
日线

图 3–11

很多人只关注价格的涨跌，忽视上涨或下跌的角度，殊不知这个看上去似乎无关紧要的角度，往往能够告诉大家很多价格行情背后的真相和秘密。价格和均线不同的运行角度，反映的是主导资金的意志，分析启动与攻击的角度，其实就是在分析主导资金的思路。

第二节　趋势攻击

让时间和金钱去工作，你只须坐下来等待结果。

——彼得·林奇

一、趋势扭转中的均线分布

趋势攻击，必然是由对原趋势的扭转和新趋势的启动开始。一个长时间形成的趋势，不会在朝夕之间就被轻易扭转。

俗语说：百足之虫，死而不僵。无论是上涨趋势的牛市，还是下跌趋势的熊市，在趋势的拐点上，多空之间必然有一番恶斗。在这个过程中，均线系统的作用至关重要，可以说多空双方的力量对比、主次变化，主要是通过均线系统来展示和反映的。

均线系统对于价格支撑与压制以及角度变化等方面的表现，是判断趋势扭转需要重点关注的关键因素。

（一）趋势向上扭转的均线分布

在长期下跌趋势中，价格和短期均线会多次在短期反弹或次级反弹中启动上行，随着反弹的结束又会再次回落。在下跌趋势中发生的任何级别的上涨行情，都不能随意猜测为趋势扭转，在没有技术环境分析的前提下，只能暂时作为反弹行情。

反弹行情是否会演化为趋势扭转，反应较为灵敏的短中期均线会率先告诉我们答案，这个答案就是均线分布。均线系统中不同时间周期的均线，分布在各自的位置上并对运行中的价格起到支撑作用，或者由压制转化为支撑，这是研判趋势扭转时的关注要点。

用于研判趋势扭转的均线系统，主要由短中期均线构成，比如 5 日、20 日、60 日均线等，但仍需要加入一条中长期均线来对趋势进行确认，如 120 日、250 日均线等。也可以参考前面提到的长期均线系统选股的技术——“脱离苦海”。

图 3-12 中，均线系统由 5 日、20 日、60 日三条短中期均线和 250 日长期均线构成。

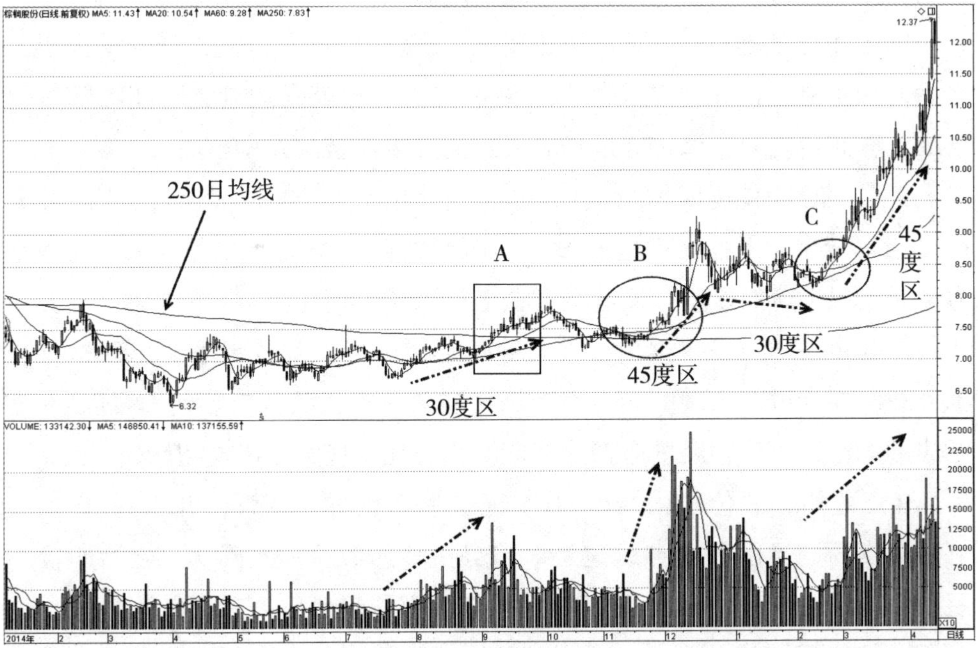

图 3-12

其中，5 日均线主要起到测试股价强度和展示行情运行角度的作用，20 日、60 日均线用于反映支撑与压制的情况，250 日均线主要用于确认趋势扭转成功与否。

图中A点，股价与5日、20日短期均线首次穿越250日均线，这次上攻有成交聚量的配合，但上攻角度为30度区，强度并不理想。在个股下跌途中或构筑底部的过程中，会有多次上穿或触及250日等长期均线的动作。下跌途中上穿或触及250日等长期均线，多为强力反弹所致，这时的250日均线应由角度较大的下行态势转平或由上行转为下行态势。

在构筑底部过程中，股价或短期均线上穿或触及250日长期均线，这时的250日均线应为由下转平或小角度下行的态势，如图3-12所示。

上述两种对于长期均线的挑战，其技术意义完全不同。下跌途中挑战长期均线，更多地是一种诱多行为。在构筑底部过程中挑战长期均线，则是一种测试行为，意在测试长期均线的压力大小，为趋势扭转做准备。

图中A点就是对250日均线的测试。穿越250日均线测试压力的大小，之后的回落则是测试这条均线是否具有支撑，也就是压制是否能够随着价格的上涨而转化为支撑。这是趋势或趋向发生扭转的技术核心。

B点，股价和短期均线曾跌破250日均线，说明长期均线的压制并未在短期内转化为支撑，但也并没有因压制的存在和反弹过程中积聚的做空力量而出现迅速的下跌，显示多方在潜移默化中消化了空方的能量。

B点多条均线发生聚拢，并与股价形成短暂的盘线形态。出现这种技术形态，要为可能出现的向上发散做好准备。很快股价与短期均线以45度区放量上行，角度、聚量形态等都证明趋势在这里开始出现扭转。

B点之后，股价与均线以30度区缓速下跌进行调整，并于60日均线上得到支撑，见图中C点。这是对趋势扭转的最后一次确认。之后股价与短期均线以45度区上涨，是行情进入新的上涨趋势后第一次启动加速。

在趋势扭转的关口上，不同时间周期的均线分布，可以协助判断多空力量的对比关系。当大多数迹象都指向多方占优时，趋势扭转必然水到渠成。

图3-13中A点，股价与短期均线以60度区急速上涨，股价穿越250日均线后便折返向下。图中可见A点出现的一波反弹虽然迅疾，但只有5

日均线同步，同为短期均线的 20 日均线只是勉强上行，并未向上发散。短期均线之间虽有厚度，但很明显无强度可言。

60 日中期均线更是保持着下行的态势，要求其对股价提供支撑只能是一种奢求。250 日均线在 A 点附近，此时由上行转为走平，随后转为下行态势。

分析图 3–13 中的均线分布，很难得出有利于多方的结论，反而是倾向于空方的技术点比比皆是。由此可以断定，这仅是一个下跌途中上穿长期均线的强反弹案例，和趋势扭转毫无关联。

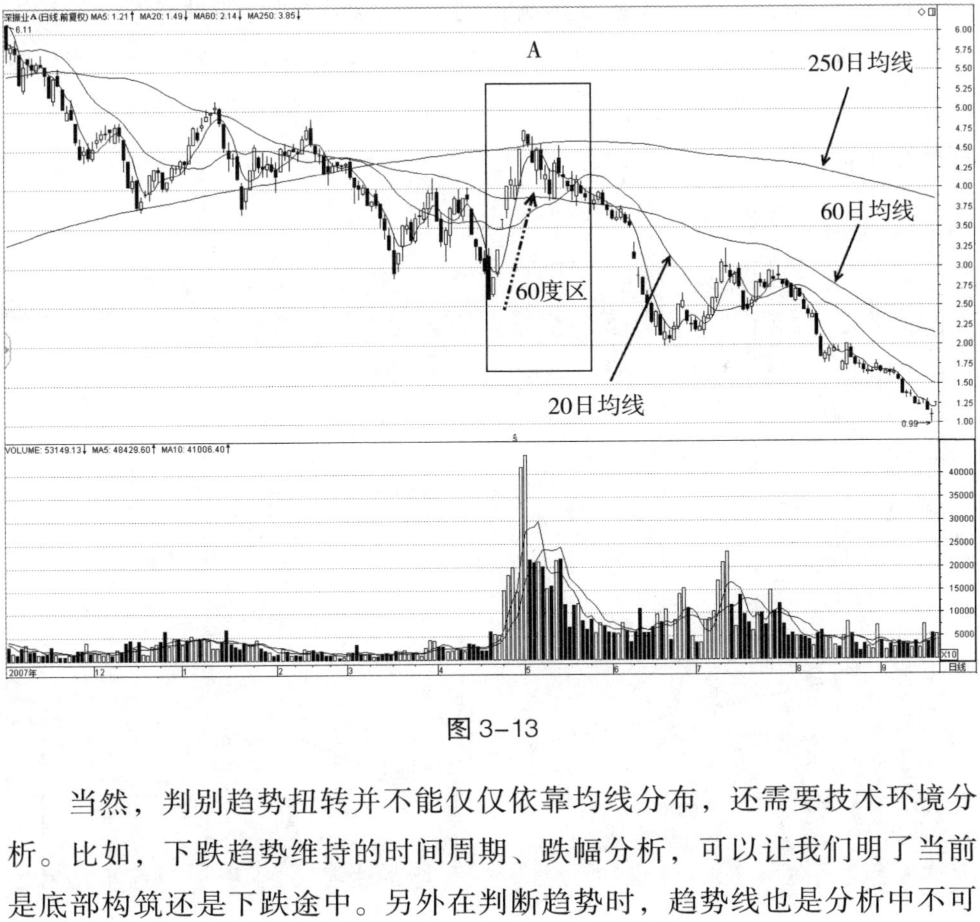

图 3–13

当然，判别趋势扭转并不能仅仅依靠均线分布，还需要技术环境分析。比如，下跌趋势维持的时间周期、跌幅分析，可以让我们明了当前是底部构筑还是下跌途中。另外在判断趋势时，趋势线也是分析中不可或缺的利器。

（二）趋势向下扭转的均线分布

牛市上涨行情总会有曲终人散的那一刻，在趋势即将出现扭转的关口，短中期均线系统总会发出提示性信号。判断趋势向下扭转，依然采用5日、20日短期均线，60日中期均线，250日长期均线。

各周期均线的作用和判断趋势向下扭转时相近，即5日均线主要测试股价强度，展示行情运行的角度。20日、60日均线用于反映支撑与压制情况，250日均线用于确认趋势扭转成功与否。

图3–14中，A点均线系统多头排列，各周期均线之间具有厚度保护，股价与短期均线以45度区匀速上行，显示上涨趋势运行良好。之后股价波动加速，以60度区急速冲高。过急过快的上涨带来的后果，就是股价以同样的角度回落。

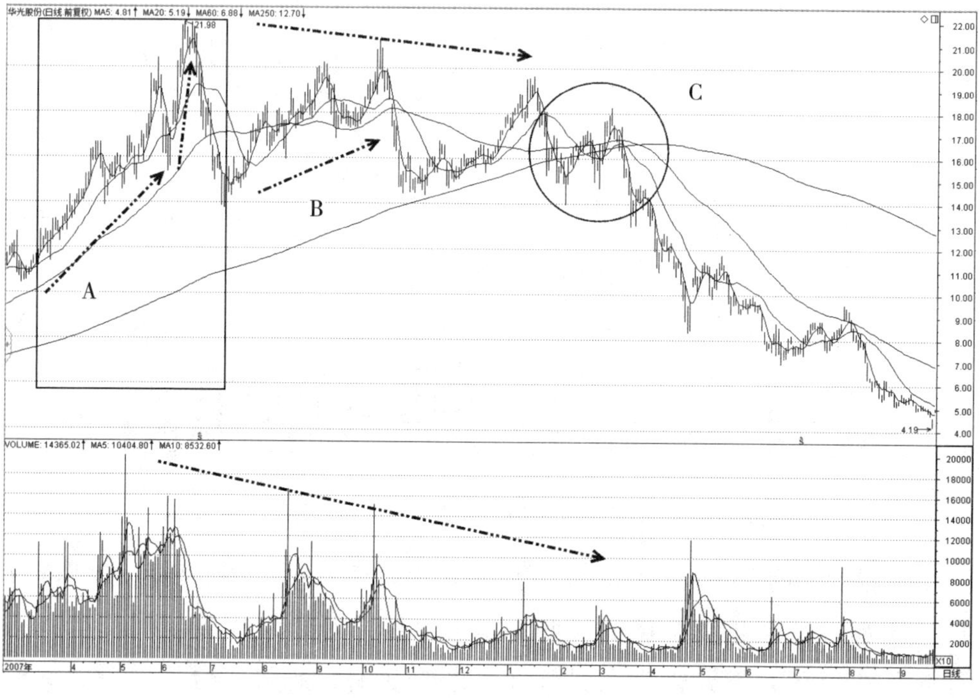

图3–14

B 点，股价止跌后开始回升，但 30 度区缓速上涨的角度显示出再度上攻乏力。这时短期均线与中期均线之间的厚度被封闭，并开始相互缠绕，出现向下方 250 日均线聚拢的迹象。此时，短中期均线分布已经发出了上涨趋势岌岌可危的提示。

尽管 250 日均线仍旧处于上行态势，但在 C 点出现的多均线聚拢形态，则使上涨趋势最终扭转无可避免。之后多条均线向下发散并呈空头排列，表明一波下跌趋势已经展开。

不但是均线系统，图 3–14 中的成交量在 A 点冲顶之后，也形成了量能消散形态，股价自 A 点之后出现了高点渐下的形态。这些技术环境因素，早在 C 点确认趋势扭转之前，就已经发出了倾向做空的提示。

C 点不过是趋势扭转的最终确认点，它对判断趋势扭转具有意义，并不代表交易要等到这时才去清仓。趋势的判断是战略性的，并不适用于局部的战术。

当短中期均线系统在上涨趋势中后期出现如图 3–14 所示的类似分布时，即便行情暂时仍处于盘整期，并未开始大幅下跌，甚至还出现力度不一的反弹，但交易者一定要明白危险就在身边。

二、启动加速

趋势扭转成功后，并不是所有的个股都会立即进入到启动和加速运行阶段，还有些个股仍旧会在较长的时间和较大幅度内反复震荡盘整，然后才会启动和加速。同时，在趋势运行过程中，因短期或次级调整、反弹的出现，会有多个启动加速点。

（一）上涨趋势中的启动加速

在趋势扭转成功后，部分个股会立即进入到第一阶段的启动加速，但是还有部分个股仍会继续震荡盘整。如图 3–15 所示，A 点多均线聚拢后趋势扭转成功，但之后股价短线上涨后很快就出现回落，B 点是该股长达 5 个月的震荡盘整过程。

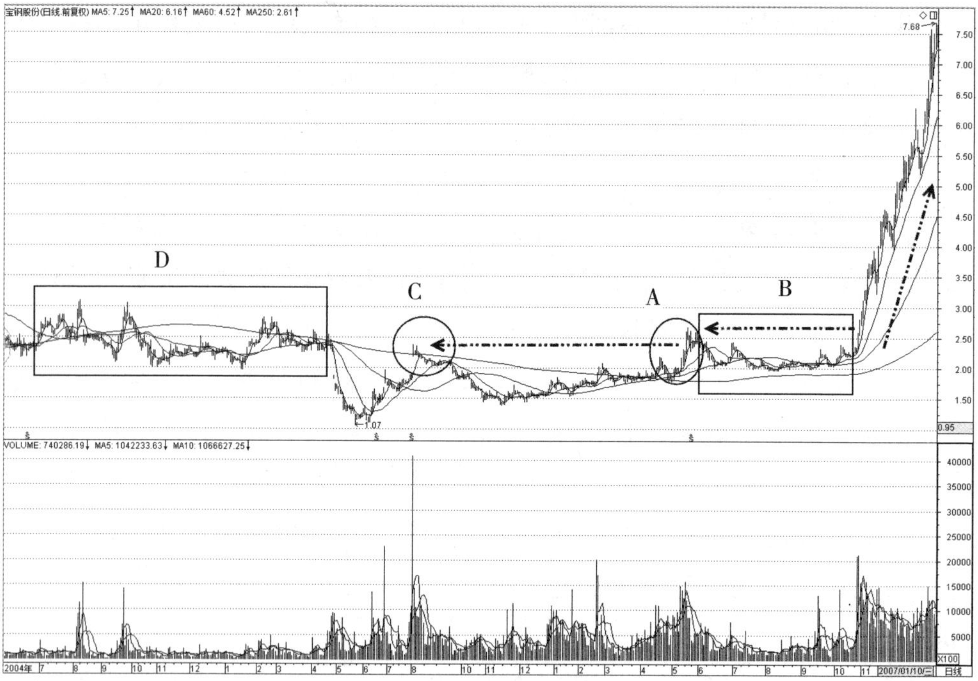

图 3–15

这个案例具有一定的典型性，在趋势从下跌扭转为上涨之后，很多人会选择第一时间买入做多。对于中长线交易者来说，这个选择并没有什么问题。但是对于短线交易者或者耐心不够的波段交易者来说，并不一定是适宜的买入点。

短线交易和波段交易选择交易时机，应是趋向明确的行情，而震荡盘整阶段明显不适合。即使行情的趋势是上涨，但时机选择错误，也会给短线交易和波段交易者带来一定程度的亏损。

如何判断趋势扭转后个股是进入第一阶段的启动和加速，还是进入震荡盘整?

这个问题的答案，可从以下两个方面来分析。

（1）目标个股在下跌过程中或底部构筑阶段，主力是否吸纳了足够的筹码。如果主力建仓比较顺利的话，随着趋势的扭转，第一波启动加速就会随之出现。反之，如果受到大环境的影响或其他因素制约，趋势虽然扭转，但主力仍旧需要继续吸筹或清理对手盘，就会在扭转后进入震荡盘整。

某些个股甚至还会向下挖坑，通过较为极端的打破扭转趋势的方式来完成清理或吸筹等任务。采用这种方式可以以空间换时间，使震荡时间大为缩减。

（2）趋势扭转的角度在 45 度区以上，并能够成功收复最近高点。这个条件能够显示出个股的强度，强度不够，那么趋势扭转后仍需有一个整理和稳固的过程。

如图 3–15 所示，A 点趋势扭转后，虽然股价一度收复 C 点的最近高点，但却不能站稳在该高点之上，说明前期密集成交区的压力大过目前涨升的强度。

C 点的压力之所以大，是因为前期 D 点有一个较长时间的横盘整理区域，两点的价位非常接近，所以对 A 点扭转后的上冲形成了合力压制。对成交密集区的化解需要一个过程，在相近低点的震荡盘整，有利于上方筹码的松动和抛售。

B 点之后，股价强势收复最近高点 A 点。当前期密集成交区的压力在大力度涨升面前化于无形时，多方就进入主导地位，也就意味着启动加速阶段到来。

对于趋势的扭转、启动和加速，可能有人希望给出一张标准图，以便按图对照操作。实战中趋势变化无常，并无一个标准的形态存在。任何一个曾经有效的启动形态，在今后都不能保证同样有效。

静态的技术，永远无法涵盖动态的行情。应对千变万化的行情，唯一有效的就是让技术处于动态之中。

无论是均线的契合、交叉、厚度、分布还是角度，关注的其实是价格的强弱、支撑与压制的转换、多空力量的消长。动态分析，才是技术分析之本，不能根据已有的模式按照自己希望的方向去分析和判断。

在整个上涨趋势运行过程中，大部分个股会出现两次或多次启动加速阶段。脱离底部构筑阶段并经过第一阶段的启动加速以后，长期均线系统对于趋势启动加速的提示作用会变得越来越迟缓，甚至失去效用。只有在大级别、强度较高的次级回落调整阶段，部分长期均线也许会起到作用。

有鉴于此，可将均线系统中的长期均线调整为兼具中长期均线性质特点的 120 日均线，甚或是以 60 日均线为验证线，大多数情况下都是适宜的选择。当然，并不排除遇到走势怪异的个股时，加入长期均线予以验证。

图 3–16 中，A 点趋势扭转之后，出现第一阶段的启动加速，B 点加速阶段结束，股价回落调整。B 点回落调整的结束以及买点选择，可以运用契合、交叉等分析方法予以判断，此处不再深入分析。

上涨趋势第一阶段的启动加速结束并开始回落时，因个股情况不同，这个调整阶段的时间并不固定，或以短调的形式出现，或者进行较长时间的次级调整。不论哪种级别的调整，都要关注起验证作用的中长期均线的变化。

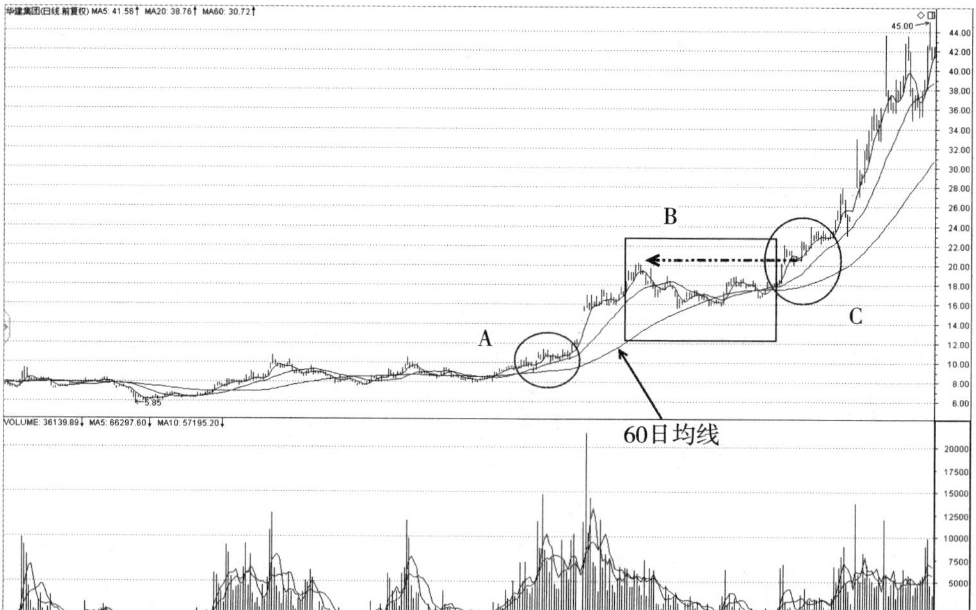

图 3–16

起到验证作用的中长期均线会跟随短期均线的变化而变化，但时间周期不同，会使中长期均线的反应有些滞后。这个滞后反应在趋势或趋向的判断中，往往能够起到极为重要的验证作用。

例如，短期均线系统回落，但中长期均线仍在上行态势中，当短期均线回落到长期均线之上得到强力支撑时，至少说明下行的强度低于支撑的强度。另一方面，价格成本在此汇聚，价格受到支撑甚或之后转为上行，则是市场惜售和价格具有吸引力的表现。空方不强，则告诉大家处于上涨大趋势中的多方存在较大的机会。

如图 3-16 中的 60 日均线，在 B 点股价与短期均线的回落过程中，60 日均线由上行转为走平，但无论是股价还是短期均线，都没有明显大幅偏离这条均线，而是在其上下反复盘整，这个盘整的过程就是确认 60 日均线支撑是否存在的过程。

C 点，当股价、短期均线与 60 日均线形成聚拢并向上发散时，则是再次启动上涨的开始。C 点股价突破最近高点，则进入二次加速阶段。

起到验证作用的中长期均线，与股价、短期均线聚拢或黏合后向上发散。一段时间后，股价、短期均线回落调整，此后再度与中长期均线聚拢或黏合后向上发散，则启动加速的概率极高，如图 3-17 所示。第二次聚拢或黏

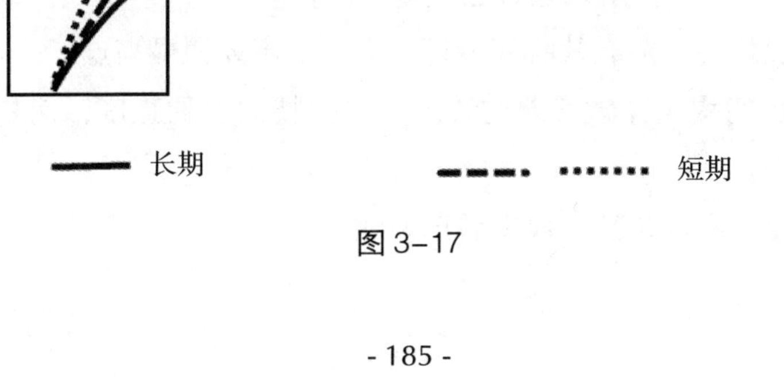

图 3-17

合的点位如明显高于前次点位，则加速的持续性更佳，如图 3–16 中的 A 点和 C 点。

（二）下跌趋势中的启动加速

上涨趋势终结和扭转之后，下跌趋势同样面临着是立即进入启动加速，还是震荡盘整后再加速的问题。

如图 3–18 所示，A 点上涨趋势出现扭转，之后虽然股价大跌，但很快就出现回升，并于 B 点一度收复 250 日均线。B 点是一个技术意义非常丰富，也很具有分析价值的点位。

当 A 点趋势扭转后发生急跌时，可以发现成交量的变化并不大。该股前期成交量已经长时间处于量能消散状态，说明在前期涨升过程中，主力采取的是逐步降低仓位的策略。

A 点趋势扭转，但主力既没有大幅度杀跌（杀跌就不会有 B 点，而是直接启动加速），也没有护盘（护盘不会出现趋势破位），而是任由股价在这一阶段自由下落，图中可见 A 点后的向下 60 度区急跌。主力之所以这样做，是因为要营造 B 点的技术环境，目的是让剩下的筹码卖个好价钱。

图中可见，B 点涨升过程中的量能配合非常完美，聚量形态下股价、短期均线 45 度区匀速上行，不但收复重要的长期均线 250 日均线，股价还似有挑战最高点的架势。B 点给交易者的感觉是，趋势破位仅是诱空行为，股价新高就在眼前。

但 B 点有几个细节是需要特别关注的，没注意到这些细节，就很容易被主力忽悠。

其一，250 日均线在 B 点时已经转为下行。

其二，股价并未能有效收复最近高点，更不要说最高点了。

其三，短期均线穿越长期均线后并未保持向上的强度，而是很快就呈现下行的态势。

其四，量能在股价高点放大后迅速缩减。

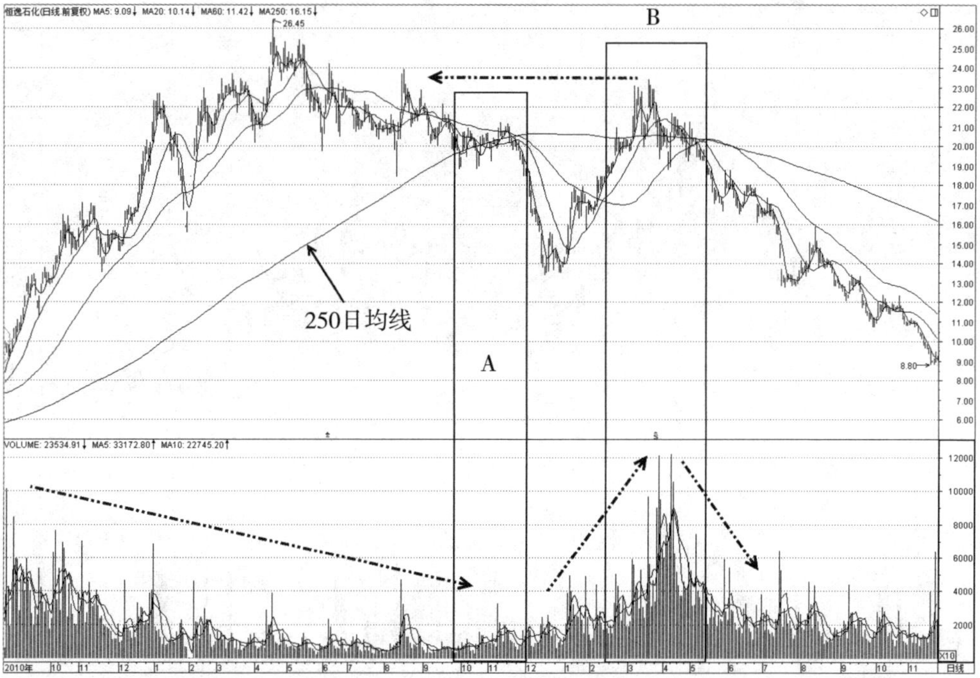

图 3–18

这几个细节至少可以让人认识到，B 点的涨升更像是趋势扭转后的一次大幅震荡或者说反抽，目的是吸引追高资金以减掉多余的筹码。

可能初学者会有疑问：B 点的聚量攻击中，主力不是增加筹码了吗？

有一种手法叫“对倒”，就是自己卖自己买，或反之，这样主力不用增加仓位，只要炒高个股的热度，自然就会有追高资金帮主力把股价抬上去。

这是趋势扭转后并未直接开始启动加速的案例。实战中，主力仓位降到理想程度的个股，则会在趋势扭转后直接进入启动加速阶段。即使存在反抽，也会非常短暂，幅度也较为有限，不会都能像案例中的个股那样，反抽具有那么大的幅度，持续那么长的时间。

下跌趋势中的启动加速和上涨趋势中的启动加速很相似，同样也会有多次启动加速出现。如图 3–19 所示，A 点和 B 点股价反弹后，都在 60 日均线附近结束反弹，然后进入到下跌趋势的新一波跌势启动加速阶段。

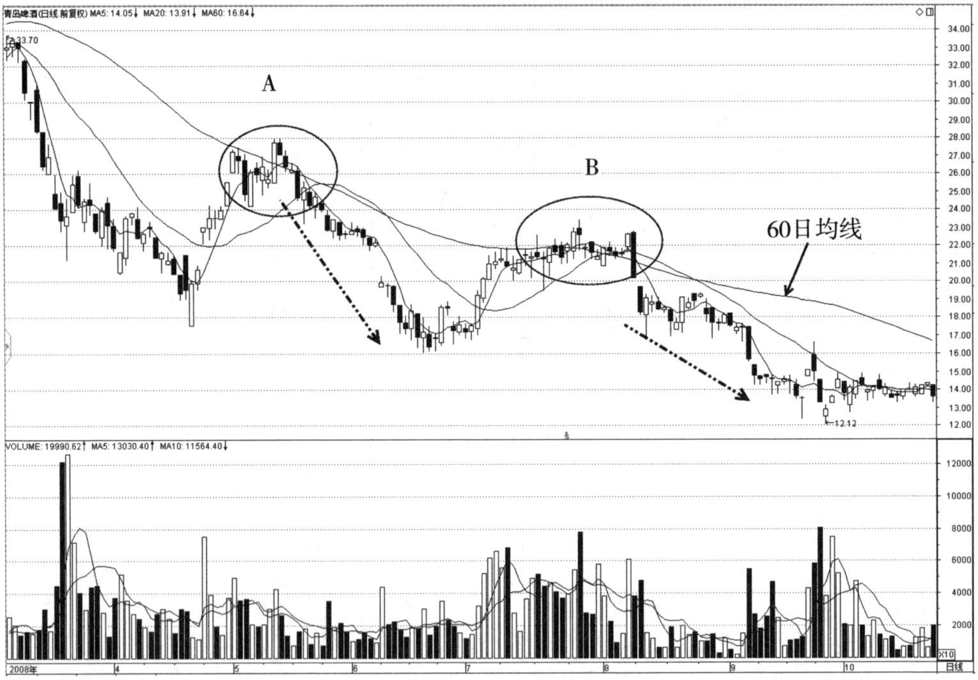

图 3-19

下跌趋势中的多次启动加速，往往都会出现在重要的技术关口上。如图 3-19 所示，当起到验证作用的 60 日均线一直呈下行态势时，强度不够的反弹多数都会因为受到压制而结束，随后启动加速下跌阶段。

案例中提到的 60 日均线只是一个例子，个股技术环境不同，受到的压制也有较大差别，应具体情况具体分析。

第三节 趋向攻击

每当对现状感到怀疑和沮丧时，我就把注意力集中到“更大的画面”。“更大的画面”值得了解，如果你期望在股市上坚守信念的话。

——彼得·林奇

一、趋向攻击的启动

趋向的概念在本书第一章里就讲过，趋势由趋向构成，趋向就是趋势运行中同向或不同向的次级或短期走势。

短期趋向历时较短，相对容易辨别，较难捉摸的是次级趋向。强度较高的次级趋向往往给人趋势逆转的错觉，当交易者追入（或清仓）时，却发现涨（跌）势突然间戛然而止，行情重回原来的趋势之中。这是次级走势的波段性和折返性决定的。

道氏理论把次级走势的幅度定义为前一次级折返走势结束之后主要走势幅度的 33% ~ 66%，次级反弹行情维持的时间，道氏理论认为大致在 3 个星期或者几个月不等。

实战中，大多数次级行情的幅度或维持时间达不到这个标准。尽信书不如无书，跟随行情走势，通过实践更新技战术理论，也许是对经典理论最好的诠释。

本节要讲的趋向攻击，是指与趋势逆向而行的次级走势。在下跌趋势中为次级反弹，在上涨趋势中为次级回调。

（一）次级反弹的启动

在下跌趋势运行过程中，总会有级别不等的反弹出现。这些反弹大多数都是短期反弹，其操作难度较高，并不适合初学者介入。在熊市中仍旧坚持做交易的人，大部分利润来源就是次级反弹行情，这也是比较适宜大多数交易者参与的反弹类型。

下跌趋势运行过程中，短期反弹最为常见，往往一波急跌过后，幅度不等的短期反弹就会随之出现。短期反弹来去匆匆，操作难度极大，大多数交易者应避免参与。

实战中，区分短期反弹和次级反弹并不难，次级反弹也是由短期反弹构成的。如图 3–20 中的 A 点所示，股价就处于下跌趋势中的短弹 – 回落 – 短弹循环，正是由短期反弹和回落，构成了对于均线系统支撑力度的测试，为次级反弹的启动打下了基础。

图 3-20 中的 A 点，股价与均线形成低点盘线，随后选择上行，于 B 点均线系统 45 度区向上发散，拉开厚度空间，形成多头排列，次级反弹开始启动上攻。

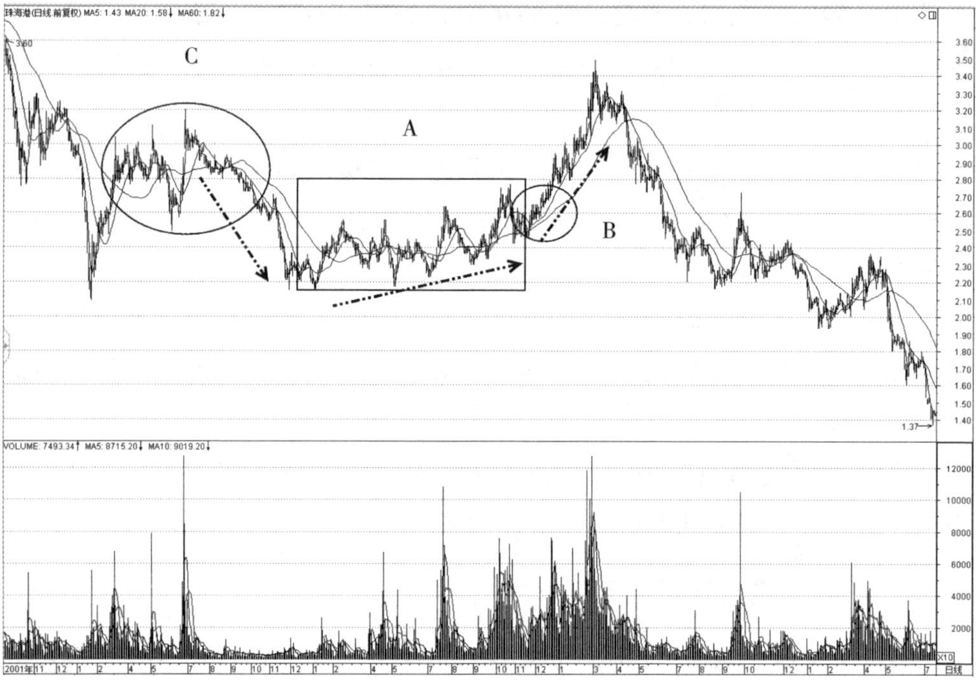

图 3-20

次级反弹不会像短期反弹一样来去匆匆，通常具有一定上涨幅度和运行时间的，因此必然会有一个锤炼短期底部的过程，如图中 A 点。

实战中，大家还要注意一点，短期底部的构筑可能成功，还有很大可能会失败。如图中 A 点，股价不断捶打均线系统的支撑，也有可能最终支撑转为压制，股价失去支撑，再度启动下跌。这样的案例在下跌趋势中并不少见。

图中 C 点，股价急跌后急升，在相对高点和均线形成高点盘线。高点盘线的技术意义前面介绍过，并不是一个利于做多的形态。但是在实战中，可能会有人认为 C 点正在构筑短期底部，于是积极参与做多，结果当然不会好。

对比图中 A 点和 C 点，不考虑价位高低的因素，其实有一点可以更容易确认次级反弹的启动，那就是均线系统能否经受得住股价来回反复的锤炼，股价重心能否在震荡中逐渐上移。

图 3-20 中的 B 点，次级反弹以 45 度区启动并展开上攻，这是一种较为理想的上攻形态。这种上攻模式在主要下跌趋势的次级反弹行情中出现，至少说明这个次级反弹的力道不会太弱，且具有一定的持续性。

如果次级反弹是以 60 度区启动，那么强度、幅度上会较为突出，但维持的时间可能会相对较为短暂。

如果次级反弹是以 30 度区启动次级反弹，那么极有可能就是一个力道孱弱的反弹，参与难度较高。如图 3-21 所示，A 点是股价和短期均线之间反复震荡捶底的过程，B 点反弹启动。从 A 点到 B 点，整体上行角度处于 30 度区。

在这个案例中，交易者较难选择介入点。如在 A 点震荡过程中介入，若出现捶底失败，则要承受亏损。如在 B 点介入，不能在启动低点介入的话，那么后面的利润空间并不大，同时因上涨倾角较小，在股价短期震荡中，很难做到稳定持仓。

（二）次级回调的启动

无论上涨趋势如何强盛，也必然有级别不等、角度不同的次级回落存在。次级回落就像是汽车的刹车系统，必要的“刹车”虽然会令行驶的速度减慢，但却保证了整个行驶过程的安全。

上涨趋势运行过程中，随着价格的持续高涨，获利丰厚的人兑现欲望与日俱增，场外资金也会渐渐失去对于价格追逐的热情。当逃逸的资金多于回归的资金时，价格回落也由此开始。

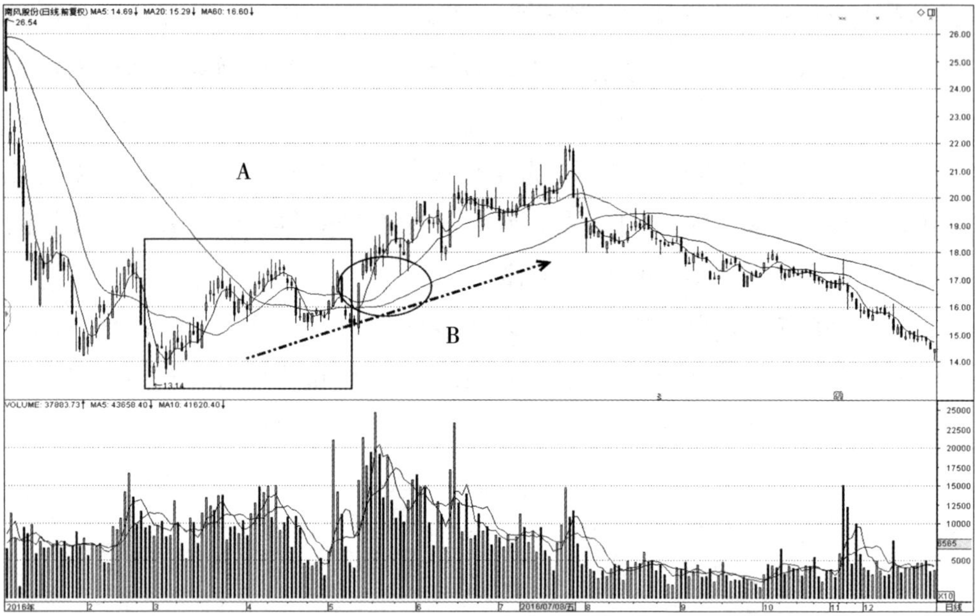

图 3-21

如图 3-22 所示，A 点股价与 5 日均线以 60 度区急速启动上攻。以过于陡峭的角度上攻，多数不能持久。B 点股价与 5 日均线开始回落，并与 20 日均线发生向下交叉。

如图中 A 点的急速上攻，如果之后出现的回落调整是一个短调的话，那么 20 日均线通常都是短调的结束点。图中股价跌破 20 日均线并出现短期均线间的交叉，那么短调的可能性几乎不存在了，交易者应为价格进入次级回调或转势做好准备。

图 3-22 中 B 点，在两条短期均线向下交叉之前，量能消散形态也是一个重要的警示信号。成交缩减，无论是否为主力的手法，都不可否认资金攻击力下降的事实。延宕过久的量能消散形态，对于股价短期攻击强度具有极大的负面影响。实战中，强势个股不会让量能消散形态长时间存在，因为一旦冷却下来，再度汇聚市场资金并不像想象中那么容易，除非主力本来就打算进入一个次级回调阶段或结束趋势。

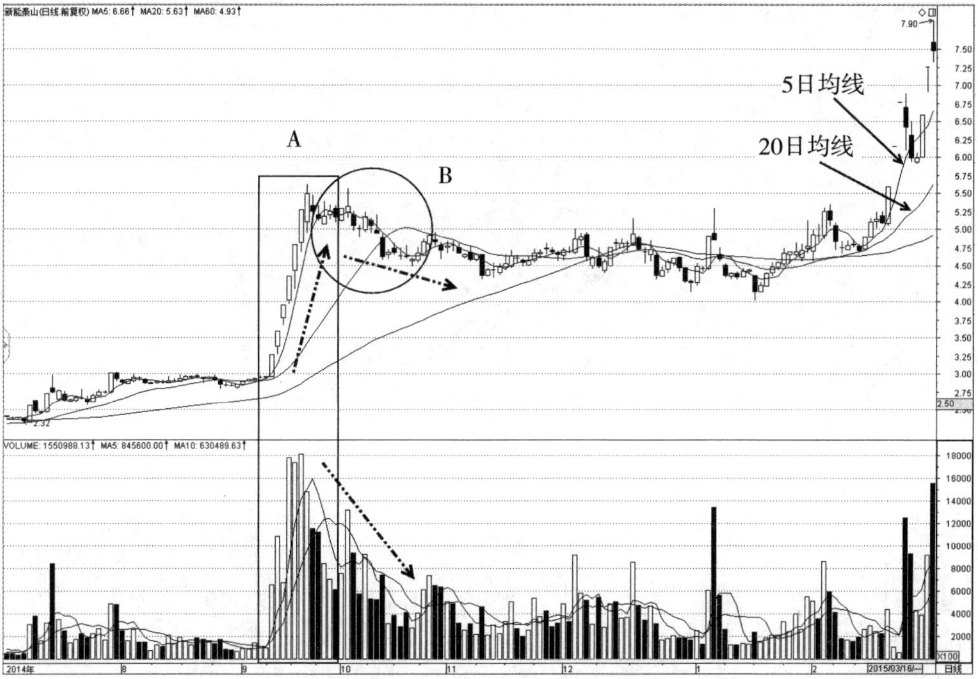

图 3-22

次级回调的启动角度也是多样化，图 3-22 中是以 30 度区启动，这是一种价格的强势回调，整个回调幅度上表现相对温和。这种小角度的强势回调往往都具有以时间换空间的特性。

45 度区的次级回调行情，则具有一定的持续性且下跌力道往往较为强劲。

60 度区的次级回调行情，则具有回调时间短、跌幅大的特点，这种大角度的凶悍回调，往往都具有以空间换时间的特性。如图 3-23 所示，A 点股价迅速跌破短中期均线，整个下跌过程并不太长，但会给持仓者造成较大的恐慌。

类似案例中这种大角度启动的次级回调，并不是短中期均线已经失去支撑力度，而是主导资金故意以急速的下跌来打破均线，造成股价失去支撑、趋势扭转的假象，目的就是引发市场恐慌。

图 3-23

二、趋向攻击的结束

一个趋向攻击如果最终不能转化为趋势攻击，那么就将面临终结的命运。原有趋势的巨大牵引力，会让大多数趋向攻击止步于上方强大的压制或下方有力的支撑。

（一）次级反弹的结束

30 度区的次级反弹，除非演化成为趋势扭转或者加大上行角度，否则时间、空间不会太理想。一旦价格遇到较强的压制，则下方的支撑微乎其微，结束反弹几乎就是必然的选择。

30 度区的次级反弹，多会终结于均线系统中上方下行均线的压制，或者终结于均线之间的向下交叉、聚拢等形态。

如图 3–24 所示，该股跌势中出现一个 30 度区的次级反弹。虽然在持续时间上尚可，但整体升幅很有限，如果交易者不能在相对低点介入，可能连盈利都难以保证。这种类型的次级反弹并不具有参与价值。

图中 A 点，股价跌破短期均线，以及随后出现的交叉、聚拢等形态，都比较明显地发出反弹结束的信号。

图 3–24 中的案例，该股前期捶底并不充分，股价与均线间缺少盘整过程，多条均线之间的聚拢显得过于仓促，见图中 B 点。这也是反弹强度不足的主要技术原因。

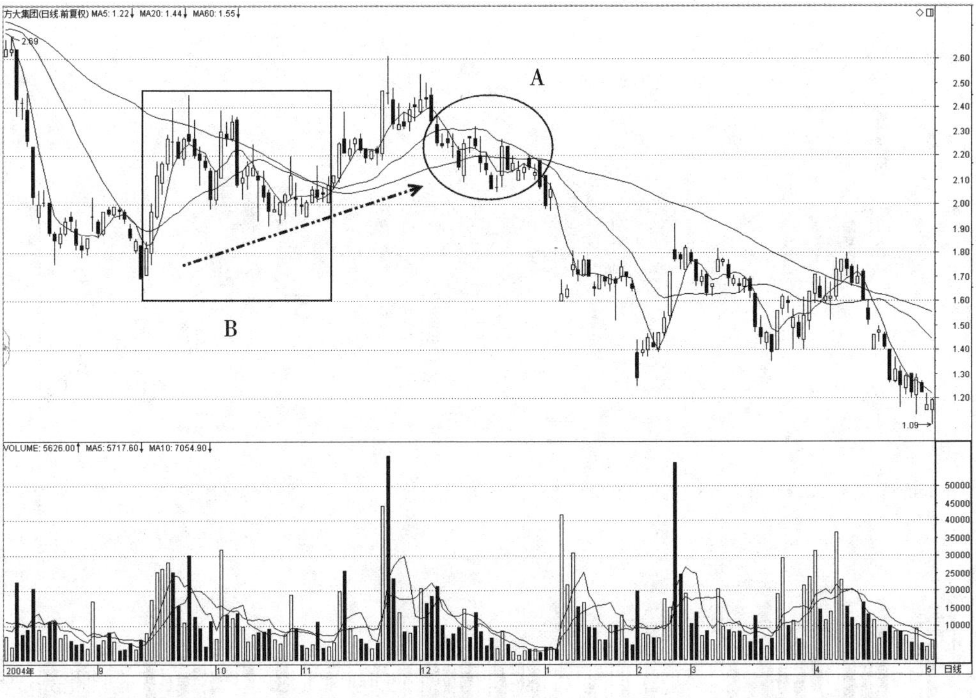

图 3–24

当个股在构筑短期底部的过程中，如果震荡盘整不够充分，也就是捶底捶得不够结实就仓促起涨的话，那么后面的涨幅多数并不理想。

有一种情况比较特殊，即经过连续大幅度急跌的个股，往往并没有捶底的过程，而是超跌后直接展开报复性上攻。如图 3–25 所示，该股从顶部高点的 22 元左右，一直跌至不足 9 元，A 点以 45 度区直接展开上攻，并没有反复捶底的过程。

这种类型的次级反弹，通常都是第一波攻击的强度最高，随后渐渐减弱，除非在之后出现扭转趋势的情况。图 3–25 中 A 点的第一波次上涨幅度最大，股价回落调整后，B 点第二次启动攻击，在幅度上就远不及 A 点。股价最后还是受制于 60 日均线回落。

B 点虽然一度穿越 60 日均线却得不到支撑，则预示着次级反弹结束，跌破这条均线后继续下跌也就不足为奇了。

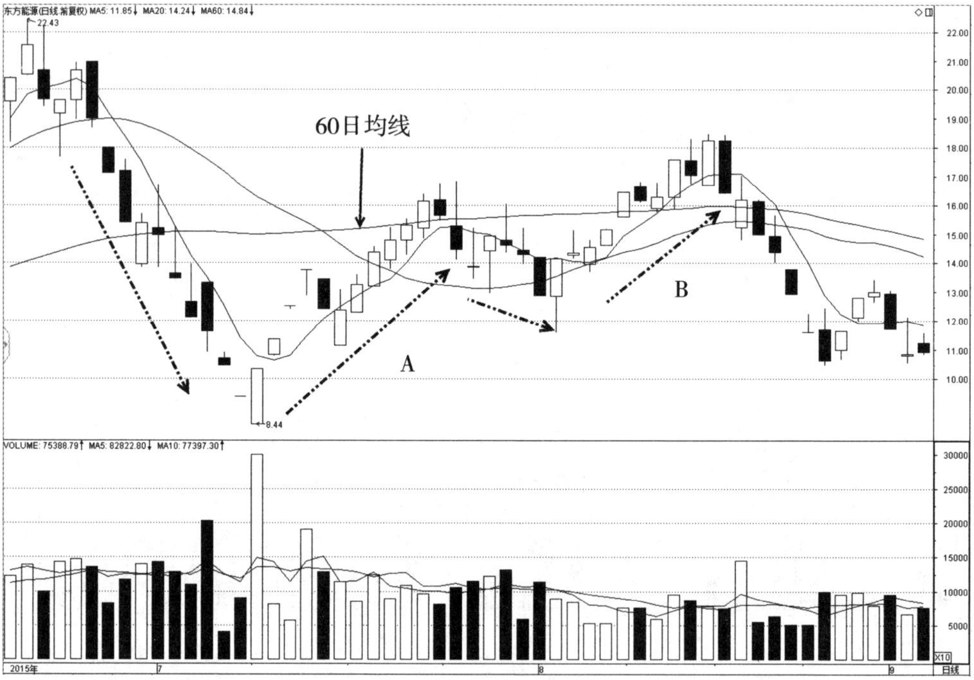

图 3–25

实战中，还会遇到次级反弹在运行中改变角度的情况。比如原本为 30 度区启动，在运行过程中又加大角度展开上攻。或原本为 60 度区启动上攻，却在运行中转为30度区。这种波动变速，也可以称为反弹的结构。

次级反弹运行过程中，如果出现角度逐步减小的走势，则反弹结束的可能性极大。但是也要注意均线系统在股价回落、角度减小的过程中能否起到支撑与保护的作用。如果均线系统起到了支撑作用，之后K线迅速回归45度角继续上行，那么次级反弹仍将持续。如果均线已经不能起到支撑作用，或已经转化为压制，则说明次级反弹已告终结。

（1）次级反弹中，小角度转换大角度，则加速开始。交易者在持仓的同时，要注意分析上方存在的压制。当价格和短期均线在某一压制位失去上升角度，出现交叉、聚拢和量能消散时，可能就是反弹的结束点。

如图3-26所示，A点股价与短期均线先以45度区启动，然后转为30度区。这种角度改变并不是一个好现象，通常意味着涨升强度下降。但好在角度改变后，短期均线仍旧存在较强支撑。量能上，启动时增量，在角度改变后，量能整体并没出现消散的现象，这也是相对有利的因素。

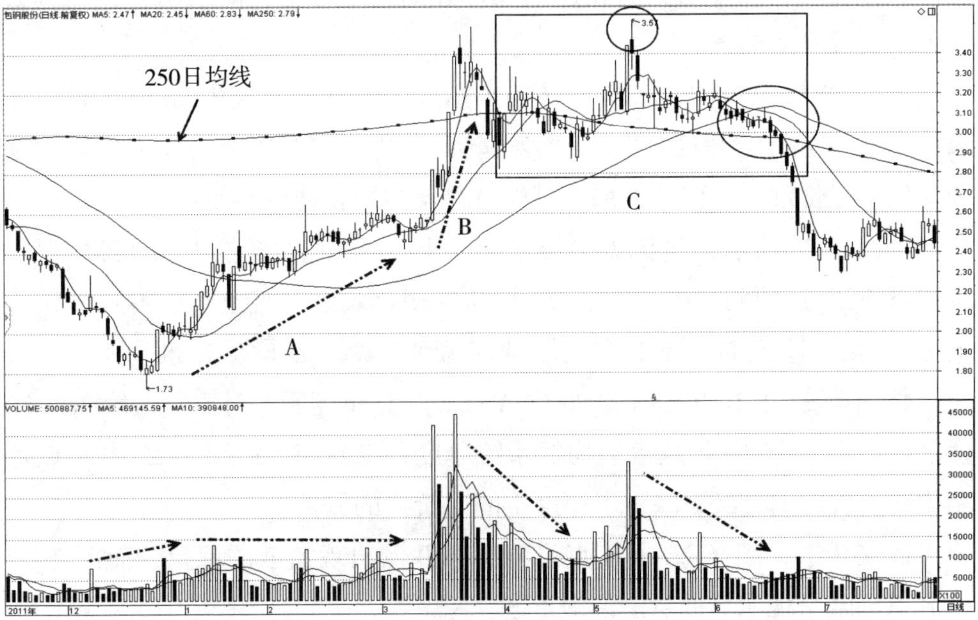

图3-26

实战中遇到类似的情况，当短期均线间仍保持厚度且没有向下交叉之前，可暂时持仓。如果后市短期均线向下交叉且股价重心下移，那么就要警惕反弹可能结束。

图中 B 点，股价与短期均线以 60 度区放量急攻，这样就解决了 A 点的难题。A 点 30 度区阶段欠缺的是涨升的强度，而 B 点的强势弥补了 A 点的不足。随后 B 点就成为小角度转大角度的启动加速点，这时要着重分析上方存在的压制，并审视这种压制是否有转化为支撑的迹象。

C 点，股价与短期均线在重要的压制——250 日均线上下盘整，均线间发生交叉，厚度封闭，250 日均线逐渐转下行态势，最终与短中期均线聚拢并向下发散，反弹随后结束。

在这个案例中，250 日均线的压制并没有转化为支撑，尽管股价在 C 点一度创出价格新高，但短期均线和股价运行重心在聚拢之前已经下移，也显示出压制一直存在。

实战中，小角度转为大角度启动加速后，上方重要的压制位往往就会成为次级反弹的结束点。

（2）次级反弹中，大角度转换小角度，尤其是转换为 30 度区时，如果技术环境分析上并没有发生趋势扭转的条件，同时短期均线支撑强度逐渐降低（股价重心下移），那么可能就是反弹即将结束的信号。

如图 3–27 所示，A 点以 60 度区启动上攻，B 点时转换为 30 度区运行，均线系统逐渐聚拢。至 C 点时，当股价在短期均线系统上不能得到相应的支撑，均线间发生向下交叉和发散时，就到了次级反弹终结的时候。

将图 3–27 中 B 点与图 3–26 中 A 点（转化角度后）对比，虽然同为 30 度区，但图 3–26 中 A 点短期均线系统厚度并未封闭，而图 3–27 中 B 点短期均线多次发生交叉，缺少了厚度空间对价格的保护。

成交量上，图 3–26 中 A 点量能整体并没出现消散的现象，而图 3–27 中 B 点已经呈现明显的量能消散形态。

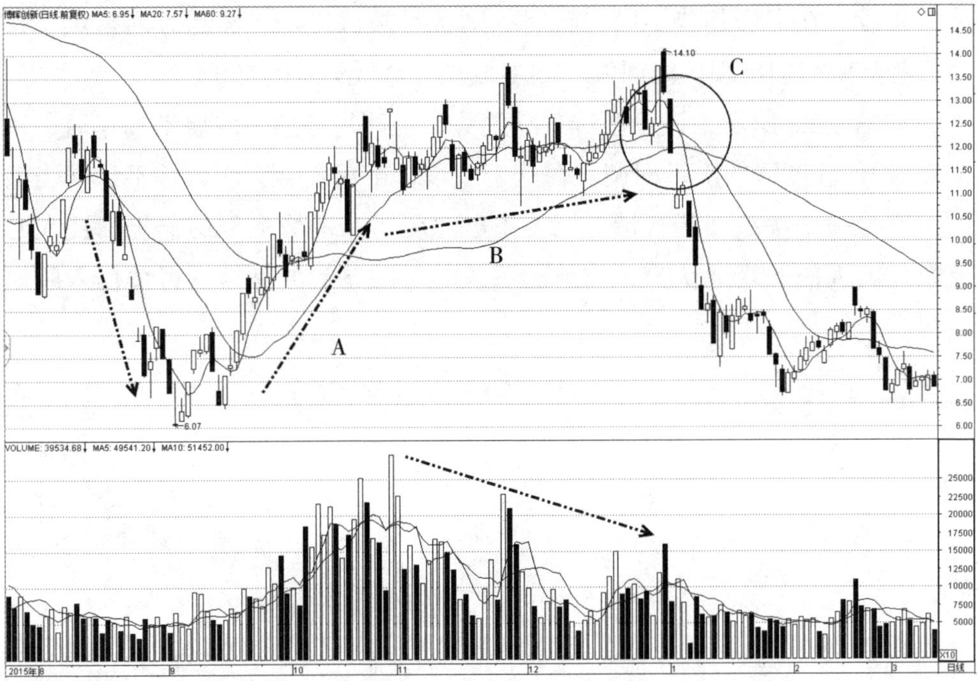

图 3–27

失去厚度保护，角度降低，加上量能消散，都显示涨升强度大幅下降，这也是图 3–27 中个股最终走向反弹结束的重要原因。

（二）次级回调的结束

在上涨趋势运行过程中出现的次级回调，当其完成清理浮筹、提高市场平均成本等相关任务后，就会结束回调并回归到上涨趋势中去。

次级回调和次级反弹有很多相似的地方，比如都有可能改变运行角度。同一角度运行，始终不变化的趋向行情很少见。这种反弹结构对于次级反弹的速率或运行时间周期能起到延缓或加速的作用。

从技术环境分析的角度来说，次级回调出现在上涨趋势的不同阶段，其本身的技术含义和其市场意义有较大的差别。

比如，在上涨趋势初期出现，次级回调往往会被市场认为是原下跌趋势的延续。在上涨趋势中段出现时，则容易被认为是上涨趋势的拐点。在上涨趋势中后期出现次级回调，则多被视为逢低买入的良机。

如图 3–28 所示，该股扭转下跌趋势，上涨趋势第一波启动加速后，于 A 点展开 45 度区的次级回调。在这个阶段，市场资金大多数并不认同当前的下跌是一个次级回调行情，因为下跌趋势带来的惨痛经历，仍旧让人心有余悸。人们悲观地认为，当前的下跌是下跌趋势的延续，行情仍未脱离跌势。

图 3–28

随着 A 点次级回调过程的展开，人们发现经过相对猛烈下跌后，股价却在重要的长期均线附近止住跌势，并渐渐回升，收复上方的短期均线。这个阶段是市场资金最为迷惘的时期，因为不知道趋势将走向何方。

类似案例中涨势初期出现的次级回调，其本身技术含义是对趋势突破和扭转后的确认，而并非市场认为的是下跌趋势的延续。涨势初期出现的次级回调，其往往会结束于已经呈现上行态势的中长期均线附近。如图中的 250 日均线。

在上涨趋势的中期,上涨已经具有一定的幅度,累积了一定数量获利盘。技术图形上，股价、短期均线与中长期均线之间的距离逐渐拉开，乖离率增大。这些不利于行情稳定运行的因素累积到一定程度，就需要一个释放的过程，这个过程既可能是一次短期暴跌，也可能是一次时间周期相对较长的次级回调。这是上涨趋势中期出现次级回调本身的技术含义。

如图 3–29 所示，A 点股价冲高后开始一波次级回调。这个回调具有多个折返过程，能够让短线交易者在其中来回犯错，一步步挫败持仓的信心，给市场涨势已经到了尽头的感觉。这种次级回调的杀伤力，可以说比暴跌更胜一筹。

图 3–29

实战中，对于涨势中期出现的次级回调行情，要有应对股价大幅下跌的充分心理准备。判断回调的结束点，主要还是观测中长期均线系统的支撑力度。在这种级别的回调行情中，股价可能会跌破包括120日、250日均线在内的中长期均线系统，并不都像图3-29中那样在250日均线附近得到支撑。

跌破均线，并不代表均线一定会失去支撑，只有当支撑转化为压制时，才是真正的破位。当股价在中长期均线系统附近重新获得支撑，就是回调结束、涨势再启的时机。

在上涨趋势中后期，市场资金已经处于亢奋期，次级回调被视为难得的介入良机。这个阶段的次级回调，其本身技术含义多是主力阶段性减仓带来的，随市场资金追买而结束。这种走势角度多较为陡直，其跌也速，其升也快。

如图3-30所示，A点该股以60度区展开次级回调，过程不可谓不迅猛。在上涨趋势的中后期，长期均线往往距离股价与短期均线较远，难以起到验证支撑的作用，所以本案例中以120日中长期均线为验证支撑线。

实战中，也很少有在长期涨势后期的次级回调中跌至250日等长期均线附近的情况，因为过度的暴跌可能会引起市场资金的警觉或引发大规模抛盘，不利于主导资金下一步的操作和安全撤离。倒是涨势的初中期，跌破长期均线的情况比较常见。

图3-30中，B点股价回落至上行的120日均线之上旋即被拉起，次级回调随即结束。通常来说，涨势后期的次级回调启动高点和趋势的最终高点相差不远。当次级回调结束再启升势后，角度不能维持45度区以上，股价难以站稳在次级回调启动高点之上，则有可能临近趋势扭转。

次级回调的角度上，30度区的次级回调是一种以时间换空间的回调形态，整体下跌幅度一般不会太大，但是持续的时间稍长。这种小角度回调多出现在涨势中段，以短中期均线系统来判断其结束点往往较为容易。

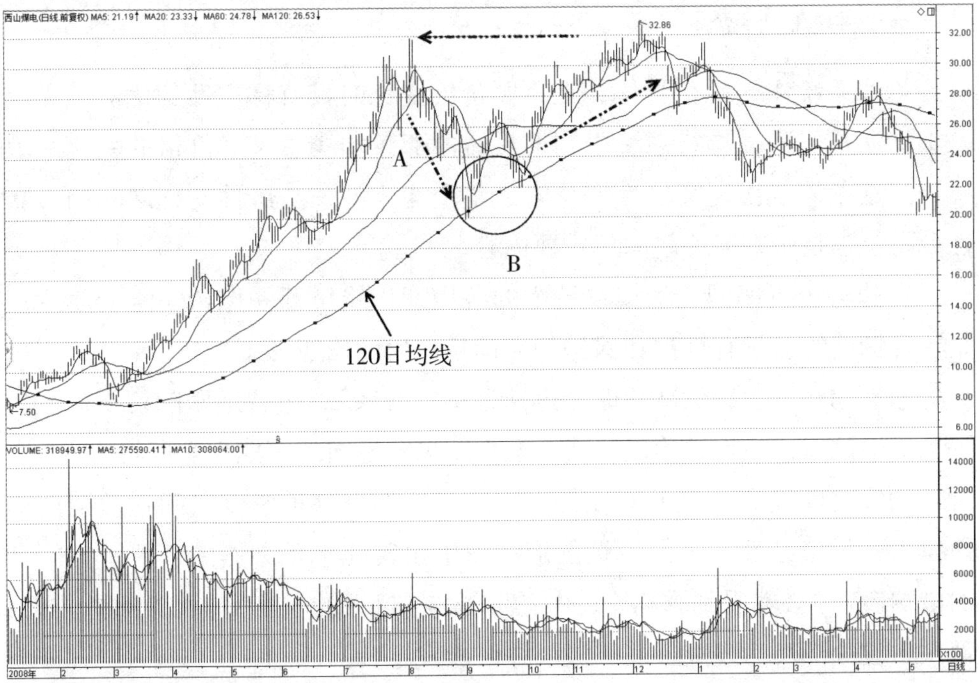

图 3-30

45 度区和 60 度区的次级回调最为常见，其运行中多数具有折返的动作，对于短线交易者来说，是不太容易对付的回调形式。判断大角度次级回调，应以中长期均线系统为主。

第四节　均线实战的关键形态

我敢肯定我还犯过别的错误，只不过我已经差不多忘记它们了。与股价下跌后仍对该股票保持信心相比，能在股价上涨后仍坚持持有该股票则往往更难做到。现在，每当我感到自己有要过早退出的危险时，我就重温自己当初买进股票时的理由。

——彼得·林奇

一、突变形态

均线系统作为一个整体，在判断价格变化时具有梯次性的优势。无论是上涨还是下跌，均线系统中周期最短的那条均线总是对价格的变化最敏感，当这条均线出现突然性变化时，整个均线系统与这种变化之间的关联性分析，也是研判股价趋向的重要内容之一。

在趋势运行期间，均线系统中的各周期均线拉开并保持一定的厚度，是一种良性的、具有维护和保护趋向运行作用的均线形态。

短期均线发生突然变化时会迅速远离均线系统、过快地跟随价格运行。一旦价格跳离这条均线形成脱线，至少意味着趋向的短期拐点即将出现。

均线之间具有一定的厚度是良性的，但如果这种厚度空间在短期内迅速拉大，物极必反，走向极端的形态发生扭转几乎是必然的。单一方向上的极端表现，必然受到乖离率的制约和影响。过大的乖离率，无论正负乖离，都预示着价格及均线接近某一极限并可能发生转向。

如图 3–31 所示，A 点 5 日均线突然急速上行，股价以几乎 90 度角上涨并跳离该均线形成脱线。这种突变形态不但使 5 日均线和短期均线系统之间的厚度空间迅速拉大，也使短期均线系统和 60 日中期均线之间厚度快速增大。

短期内激增的乖离率，会导致股价至少出现短期扭转向下。这个向下的回落，既是均线修复的过程，也是价格寻找强力支撑的过程。如图 3–31 中 B 点，最终上行的 60 日均线提供了重要支撑，使得短期均线系统逐渐聚拢，有了一个修复的机会，并在之后再度向上发散。

形态突变之后，股价与短期均线回落过程中，并不一定都在中期均线上得到支撑，强势的也可能在短期均线上得到支撑，或者继续大幅回落，寻求长期均线的支撑，抑或是就此发生趋势转折。

突变形态在跌势中也具有类似的技术特征，如图 3–32 所示，A 点 5 日均线突然急速下行，股价以 60 度区下跌并跳离该均线形成脱线，均线间的厚度空间迅速拉大，短期内乖离率负值激增。

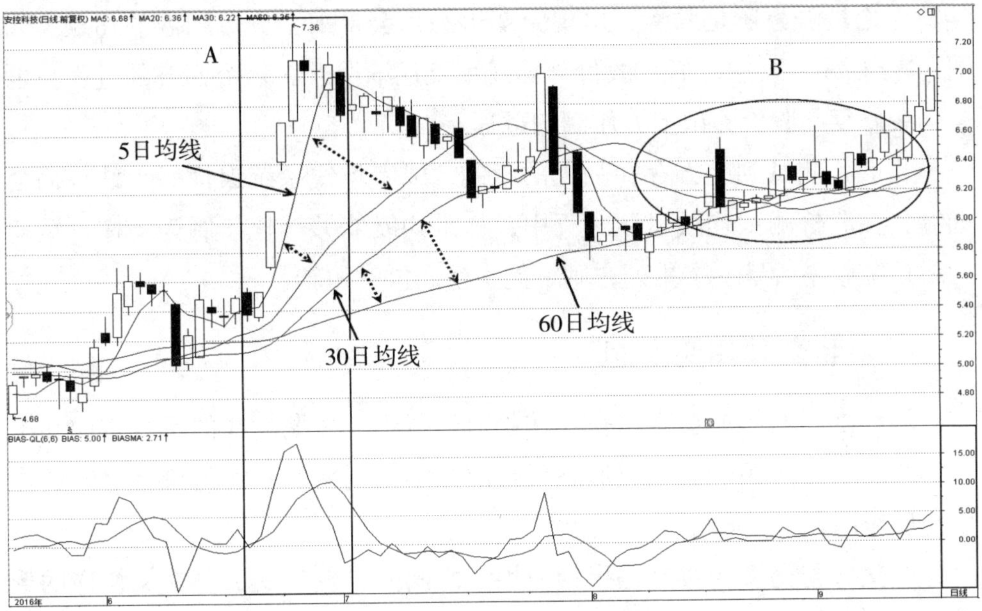
安控科技(日线 前复权) MA5: 6.68↑ MA20: 6.36↑ MA30: 6.22↑ MA60: 6.36↑
A
B
5日均线
30日均线
60日均线
BIAS-QL(6,6) BIAS: 5.00↑ BIASMA: 2.71↑

图 3–31

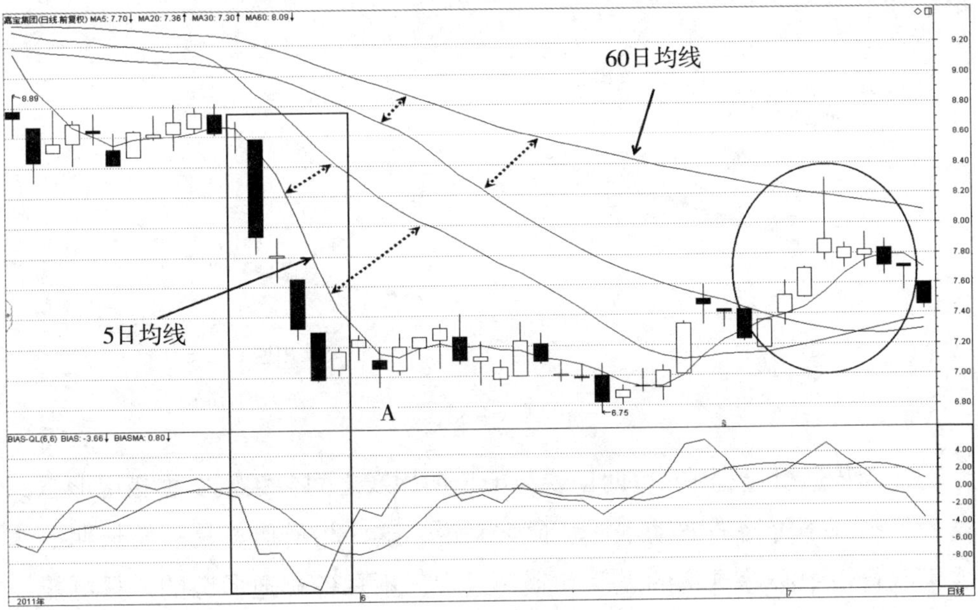
嘉宝集团(日线 前复权) MA5: 7.70↓ MA20: 7.36↑ MA30: 7.30↑ MA60: 8.09↓
60日均线
5日均线
A
BIAS-QL(6,6) BIAS: -3.66↓ BIASMA: 0.80↓

图 3–32

无论是涨势还是跌势，出现突变形态都会带来至少短期内的拐点。如图 3–32 所示，A 点之后，股价与均线系统逐渐回升。这个回升的过程，也是均线修复和股价测试上方压制的过程。

当股价测试到上方存在强大的压制，或者均线系统聚拢后，跌势仍会继续。在股价测试均线压制过程中，如果均线能够转化压制为支撑，短期均线系统修复后呈多头排列，则可能发生向上的扭转。

二、非交叉相逆形态

均线之间的相逆形态，是指在趋势运行中，短期均线的运行方向和中长期均线的方向相逆。相逆形态反映的是不同周期的均线与价格之间的作用与反作用。

非交叉与交叉相对，是指相逆均线之间并未发生交叉。交叉相逆的形态很常见，但非交叉相逆并不常见，通常只在强度较高的价格运行阶段才会出现。如图 3–33 所示。

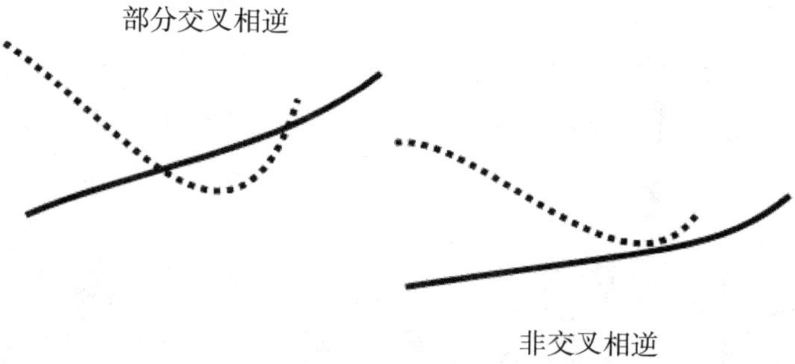

图 3–33

在趋势运行过程中，短期均线与中长期均线之间会频繁发生相逆形态，这种形态源于价格的波动本质。通常来说，这些相逆形态是一轮长期上涨或下跌行情中必然具备的震荡和整理过程，不具备相逆形态的，只可能是趋向而不是趋势。

部分交叉相逆和非交叉相逆形态的技术意义很接近，但非交叉相逆的强度较高，所以该部分主要讲解非交叉相逆形态。

图 3–34 中选取的是反映价格强度最为灵敏的 5 日均线，和介于短中期均线之间、具有一定稳定性的 30 日均线。

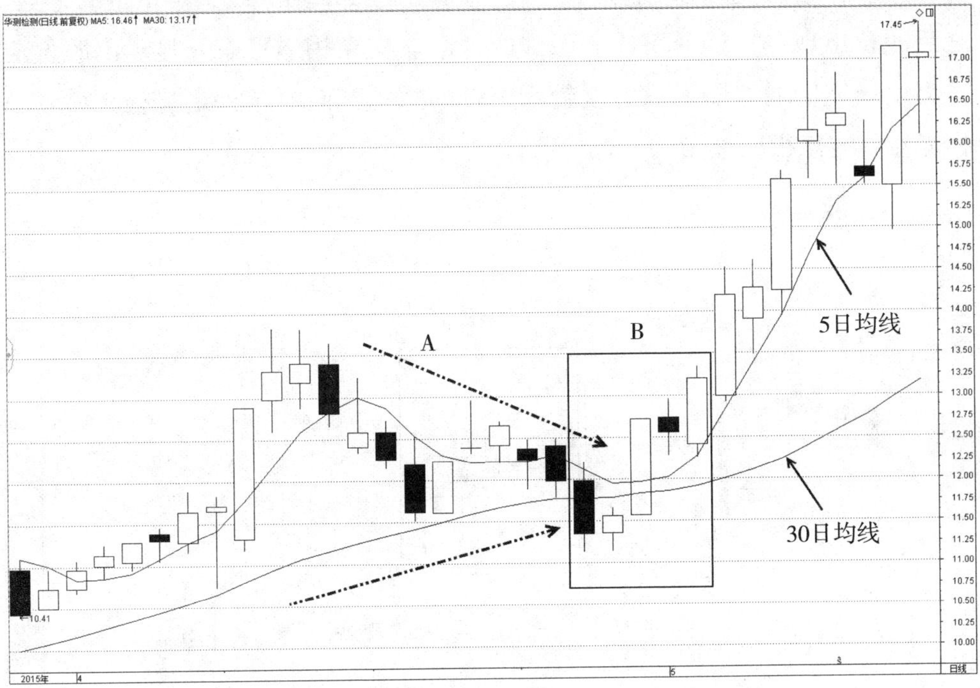

图 3–34

图中 A 点，股价与 5 日均线下行，和下方上行的 30 日均线形成相逆形态。尽管在 B 点股价一度跌破 30 日均线，但 5 日均线并未与 30 日均线向下交叉。这种技术上的细节显示的是股价上升的强度仍然存在，也提示交易者不必因暂时下跌而过于悲观。当下跌强度较高时，5 日均线不可能止步于 30 日均线之上。

B 点股价再度转升，5 日均线也从 30 日均线上方开始掉头上行，此时可以认为股价上升强度在重返升势时会得到放大。升势中的非交叉相逆形态，大多是一种较为温和的洗盘方式，或者为积蓄上行动能而出现的回落。跌势中的非交叉相逆形态，多数是破位后的反抽或者反弹结束、跌势启动和加速的信号。

图 3–35 中的 A 点，股价与 5 日均线上行，和上方下行的 30 日均线形成相逆形态。股价也曾上穿 30 日均线，但 5 日均线却给人以困难重重的感觉。之后股价出现一个加速下跌。图中的这个非交叉相逆形态，显示出股价上升力度极度孱弱，而下跌力度较为充足的感觉。面对这种走势，交易者怎样操作，应该很明显了。

图 3–35

三、短盘形态

短盘形态，是指短期均线系统和价格以盘线形态运行于下跌趋势中。

短盘形态很容易被误认为是均线黏合形态，但均线黏合形态必须有中长期均线加入、技术环境契合才能成立，而短盘形态则由短期均线构成，主要运行于下跌趋势。

无论是上涨还是下跌，趋势明确的行情都相对容易判断和操作，难以判断和操作且最容易犯错的，就是处于盘整趋向中的行情，尤其是下跌趋势中出现的盘整。

图 3-36 中，一波下跌过后，A 点 5 日、10 日、20 日均线呈横向波动，和股价形成低点盘线的契合形态。实战中，这种走势会给交易者带来均线黏合、股价见底、即将弹升的错觉。但是，如果加入 120 日均线予以验证，可以发现，具有中长期属性的 120 日均线仍如天外飞仙遥不可及。

跌势中出现类似 A 点的短盘形态，只是因短期跌幅过急或过大，股价与均线修复形成的，属于下跌趋势的中继形态。当短期均线系统再次向下发散时，就是短盘结束的时刻。

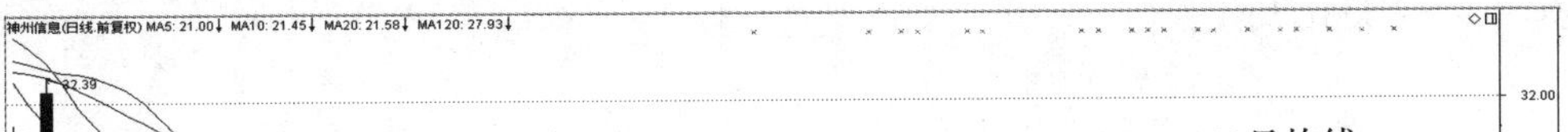

图 3-36

短盘形态具有多样性，并不都像图 3–36 中那样相对容易判断和辨别。某些复杂的短盘形态，很容易让人陷入多头陷阱。

如图 3–37 所示，该股下跌后反弹，收复跌破的 120 日均线。A 点股价震荡，短期均线系统在 120 日均线附近交叉缠绕，形成盘线形态。随着股价上冲力度的降低，短期均线回落并向下发散，随后再次跌破 120 日均线。

图 3–37

这个案例判断起来具有一定的难度，主要是所处的技术环境和前一案例不同。本案例中的短盘形态出现在顶部高点的第一次下跌后，其反弹和短盘形态，是对股价顶部和下跌趋势启动的确认。而图 3–36 中的短盘形态，则更多地是超跌后对股价和均线的修复。

性质不同的短盘形态，判断的技术标准也存在区别。但无论如何，技术环境分析都是不可或缺的。缺失技术环境分析，仅从价格波动的细节中寻找结论，那么正确性很难保证。

如图 3-38 所示，在趋势以及趋势转折中多次出现短盘形态，如果放弃技术环境分析，很难从整体上得出正确的判断结论。

图 3-38 中，一波急速下跌后，A 点圆圈处呈现相对标准的短盘形态，之后股价大幅波动。但就 A 点的整体走势来看，短期均线系统和股价受制于已经呈下行态势的 120 日均线，只是波动幅度相对较大，但仍然具有短盘形态的特征。

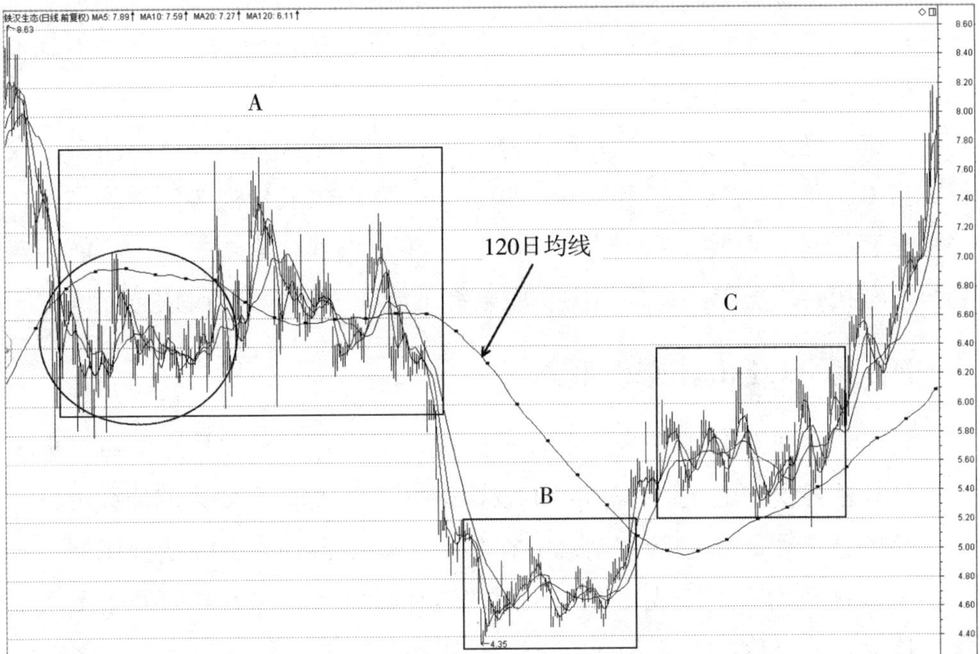

图 3-38

从技术环境上分析，A 点的短盘形态发生在顶部高点之下，应是一个反抽确认性质的短盘。A 点运行期间，120 日均线一直呈下行态势，最终使得短期均线系统和股价再次启动下跌。

经过再一次的急速下跌后，图中 B 点出现短盘形态。这个位置的短盘，有可能发展成下跌趋势里中继性质的短盘形态，如图 3-36 中的案例。但也有可能出现图中向上扭转的低点盘线。

如何判断 B 点的性质，关键在于股价与短期均线系统的强度。当股价强势突破 120 日均线，短期均线系统拉开上行厚度，并封闭和 120 日均线之间的下行厚度空间时，多空之间孰强孰弱就一目了然了。

C 点再次出现短盘形态，这个时候 120 日均线已经从下行转为上行，并能够对股价的大幅波动和短期均线系统的下行起到较强的支撑作用。可以认为，C 点的短盘形态是对趋势扭转的确认。

可能有人会质疑，短盘形态主要出现于下跌趋势中，C 点已经不是下跌趋势，何来的短盘形态？

C 点在确认得到支撑并启动上涨之前，并不能认为趋势已经扭转。仅仅凭借 B 点短期均线系统和股价的强度，只能得出股价强势反弹的结论，趋势是否扭转，需要 C 点的进一步确认。在 C 点确认成功之前，不能认定趋势已经扭转。交易中，任何主观愿望都不能作为技术分析的构成因素。

四、关口攻击和牵引形态

技术上，把价格前期的密集成交区或重要高点、低点称作关口，也可以把具有较强支撑或压制作用的均线称作关口。本部分主要讲解均线关口。

趋势运行中，价格的波动总会在某一条均线得到支撑或受到压制，当价格突破这条均线并完成支撑与压制的转化时，才意味着趋向发生重大变化。这就是关口攻击。

关口攻击形态下，被突破的均线关口应当在之后跟随攻击方向运行，即价格攻击突破关口后，对该均线具有牵引作用。这就是牵引形态。

例如，价格和短期均线向上攻击某条下行态势的长期均线，当突破这条均线并完成压制转支撑时，说明下跌趋向已经扭转为上涨趋向，短期保持上涨趋向的概率极大。至于会不会进一步转化为趋势，或者维持目前上涨趋向的持续性，仍然不能判定。当被突破的长期均线在关口攻击后转为向上运行并能够起到支撑作用时，至少可以断定目前的上涨不是短期的，而是级别较大的行情。

图 3-39 中的 A 点，股价与短期均线对下行的 250 日均线发起关口攻击，从小图可以看到，对均线压制的突破最终转为均线支撑。股价与短期均线也是几经波折，最终成功攻击关口。

图 3-39

这时的 250 日均线仍然呈下行态势，并不能确定当前行情的性质是短线反弹还是趋向扭转，实战中不乏攻击 250 日长期均线成功后却辗转再度下跌的案例。

行情性质或级别的确定不能太过着急，不能像寻找短线买卖点那样迫切。想看清大局面，就必须耐心等待。

A 点之后，250 日均线明显转向上行，关口攻击和牵引形态至此已经成型。之后股价与短期均线数次回落，都在250日均线之上掉头回升，显示出升势的强度极为惊人。该股后期从关口攻击的价位算起，升幅达到7倍。

五、厚度空间的引力

厚度空间的概念，相信大家都已经不再陌生。周期不同的均线彼此之间拉开的距离，即为均线厚度空间。

均线系统中，多条均线之间形成多个厚度空间，也就对价格运行趋向具有多层维护和保护。短期过度增大的厚度空间，则会减弱维护作用，反而可能引发价格的逆向运行。这些内容前面都讲过，本部分要讲的是厚度空间引力。

厚度空间形成后，如果保持单向畅通，那么说明价格的运行趋势处于流畅和持续状态。反之，厚度空间狭窄或封闭，则价格处于盘整震荡之中。

《黄帝内经·素问》中说："痛则不通，通则不痛。"引申到均线厚度空间理论中，意为均线之间保持畅通，则趋势明了，易于决断；均线之间狭窄或封闭，则往复震荡，价格趋向或趋势可能发生转折。

由多条均线组成的均线系统中，短期均线之间的厚度空间是否畅通，代表了短期价格的运行情况。保持一定厚度的通畅，说明价格目前属于稳定运行阶段；厚度转为狭窄，则说明价格处于震荡盘整阶段；厚度封闭，则短期价格转向。以此类推，不同时间周期间的均线厚度空间状态，提示的价格运行等级也有较大差别。

图3–40中，A点之前5日均线和20日均线之间保持一个畅通的上行通道，说明价格正处于相对稳定的上升态势中。下方的20日、60日、120日均线保持相应厚度，为趋势上行提供了足够的支撑和保护。

A点时股价出现震荡，5日均线交叉20日均线，二者之间的厚度空间被封闭。这种短期均线之间厚度空间封闭的情况，在上涨趋势或次级反弹行情中很常见，只要20日均线并未在空间封闭后转为下行，那么震荡走势只是一个以消化获利盘和修复乖离等为目的的短期良性调整。

图 3-40

如果 20 日均线在空间封闭后转为下行，那么就需要思考本次调整是否会转为次级回调甚至是扭转趋势。

B 点，随着股价加速，均线系统各级厚度空间增大，随之出现次级回调。在大级别回调或趋势扭转中，股价会先于短期均线冲击均线厚度空间，以寻求支撑和趋向保护。如图中 B 点，股价击穿 60 日均线后，几乎触及 120 日均线。B 点 60 日均线厚度空间被封闭，但 60 日均线并未转为下行，说明这只是一个次级回调行情。

即使 B 点股价触及或击穿 120 日均线，也不等于 120 日均线的厚度空间就一定会被封闭。厚度空间是由均线构成，而不是股价。只要形成厚度空间的均线并未封闭该空间，那么厚度空间就会对股价产生相应的回归引力。厚度空间的引力，也是由价格和均线间的背离生成的。这也是暴跌、暴涨情况下，即使之后出现趋势扭转，但股价在连续击穿数条均线后，大多会迎来强烈反弹或回落的原因。

这种技术细节提醒大家，在突遇极端行情的情况下，多层厚度空间会对股价形成引力，暂时脱栏狂奔的股价，至少还存在回到“围栏”附近的机会。

如图 3–41 所示，A 点股价暴跌，连续击穿多层厚度空间。极端行情下，似乎任何的支撑都薄如纸。第一章讲过，当市场心理倾向处于情绪宣泄阶段，股价涨跌必然如洪水猛兽，难以抵挡。

图 3–41

无论怎样的狂澜，也有平息的时候。价格过度反应后，就会出现一个纠偏的过程，这个过程既是对价格过度反应的修正，也是厚度空间引力在发挥作用。

如图 3–41 中的 B 点，股价暴跌之后迅速展开反击。在 120 日均线附近，短期均线上攻乏力，尽管股价穿越 120 日均线，但均线系统的整体颓势已经决定厚度空间引力至此基本完结。

类似图 3-41 的案例，B 点如果短期均线能够持续表现出强势，例如未封闭长期均线的厚度空间，迅速上行，重新拉开明显的厚度空间，那么图中出现的可能只是一个巨震形式的次级回调，这也是避免趋势发生扭转的形式之一。

关于厚度空间引力的技术细节，请参阅《K 线图核心技术》中缺口引力交易的内容。K 线跳空缺口具有引力，均线厚度空间同样具有引力，二者具有相近的技术内涵。

六、涟漪效应

往湖水里扔个石子，水面会泛起向四周扩散的波纹，即为涟漪。落下石子的位置，波纹最明显，越往外扩散，波纹会越微弱。如图 3-42 所示。

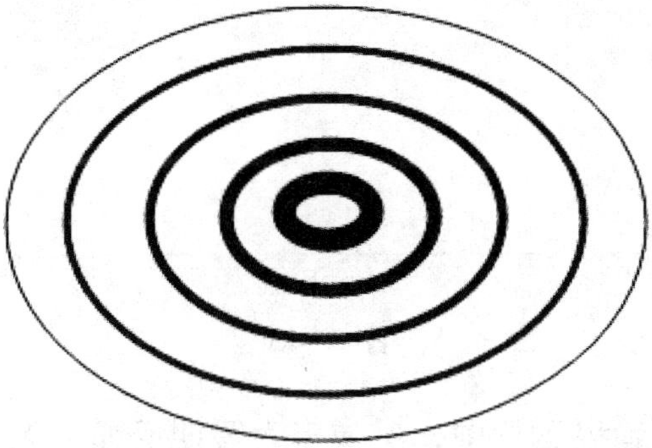

涟漪效应

图 3-42

在价格趋势运行过程中也有类似现象，称之为涟漪效应。

例如，在趋势发生扭转时，大多会出现剧烈震荡。趋势明确后的运行过程中，震荡幅度或角度会逐渐变小。反之，扭转时并未出现较大的震荡，则之后的运行过程中发生大幅震荡的概率较大。价格趋势的涟漪效应，也称为均线的波动变速形态。

图 3-43 中，A 点是下跌趋势形成的初期，属于股价与短期均线反抽确认趋势扭转的过程，在时间与幅度上达到级别较大的次级反弹标准。

图 3-43

接下来的下跌趋势运行中，反弹多为短期反弹，无论时间与幅度，都未超过 A 点次级行情的级别。这就是涟漪效应的一种，即反弹级别会逐步递减，越来越弱，直至经过一个较长时间周期之后，这一现象才会有所改变。

涟漪效应还有一种，即反弹级别会逐步递增，越来越强，越来越频繁。

如图 3-44 所示，A 点趋势扭转初期并无大级别的反弹，在下跌趋势运行过程中，出现反弹级别不断增加的情况。

图 3-44

涟漪效应的技术原理是：在趋势（上涨或下跌）整个运行过程中，不同级别的短期或次级行情，会对趋势运行起到加速或迟滞的作用，但多数并不能扭转趋势。价格强度不同的逆向波动（短期或次级），会积累或消耗上涨、下跌动能。例如，经过一次强烈的次级反弹行情后，必然会消耗掉多方的部分动能，累积起空方动能。在之后的价格运行中，至少短期内多方很难酝酿出具有较大级别的反弹，而行情主要运行在空方掌控的节奏中。

涟漪效应不仅出现在下跌趋势中，上涨趋势中也同样存在。

如图 3-45 所示，A 点是上涨趋势初期第一次启动加速后股价与短期均线回抽确认趋势扭转的过程，在时间与幅度上达到了级别较大的次级回调标准，之后的回调时间与幅度都小于 A 点。

图 3-45

涟漪效应有助于鉴别和发现趋势中次级行情可能出现的位置，同时也有利于对行情发展趋势及阶段作出一个清晰的判断和认识。

涟漪效应可以用于甄选和预判个股的走势，比如对底部构筑较为复杂、启动初期经过大幅震荡回落的个股，其后期的涨势大多具有调整级别较小的特点。而某些启动初期涨势凌厉的个股，后期走势可能会有级别较大的回落调整或调整次数较多。

本章末尾，又到了该总结的时候。

均线的中级分析主要是趋势和趋向的问题，部分交易者做交易时之所以亏损，并不是没有想法，而是想法太复杂，太高难，总想抓住趋势和趋向的高点或低点赚一把全程行情，或梦想回避掉任何一次短期亏钱的风险。这种想法对于不少人具有吸引力，但是每次都做到的凤毛麟角。

股神巴菲特曾说，要选择一尺高的围栏轻松跨过去，而不是选择三尺高的围栏尝试跳过去。芒格说过，投资不像体育比赛，不会因为你选择的难度高就给你加分。

交易之道在于做你看明白的，看清楚的，而不是预测可能会有的。

当趋势形成之后，只要关注的均线系统一直保持稳定运行，那么就让资金去工作，你远远看着就行。很多人偏偏放弃最容易的，反而去挑战最难的。

即使趋势很明确，还是有人会被其中的短期及次级波动所迷惑，或因恐惧和自作聪明而忍不住进行交易，因此失去了盈利或逃生的机会。

最后以《史记·货殖列传》中的名段作为本章的结束语：积著之理，务完物，无息币。以物相贸易，腐败而食之货勿留，无敢居贵。论其有馀不足，则知贵贱。贵上极则反贱，贱下极则反贵；贵出如粪土，贱取如珠玉。财币欲其行如流水。

第四章　均线升级与进阶策略

我的原则是，生存第一，赚钱其次。如果你的表现不尽人意，首先要采取的行动是以退为进，而不是铤而走险。当你重新开始时，不妨从小处做起。当你决策失误，造成巨大损失时，自责是毫无意义的，重要的是勇于承认自己的错误，及时从市场中撤出，尽可能减少损失。只有保存了竞争实力，你才能够卷土重来。

——乔治·索罗斯

第一节　支撑与压制

企业成功熬过艰苦的考验时，应该拥有他们的股票，但是在考验期间应该避开这些股票。其实这种事说起来容易做起来难。

——乔治·索罗斯

一、基本要义

支撑与压制是均线理论的重中之重。理解了支撑与压制的要义，均线理论的枝枝蔓蔓便可迎刃而解。

价格和均线的关系，不是处在支撑之上，便是处于压制之下。如果还有第三种状态，那就是正处于压制与支撑转化的测试过程中。

（一）什么是支撑

从形态表象上简单地说，当价格在均线之上运行，理论上可以认为价格得到均线的支撑。当然，这是一种形态上或理论上的描述方式，它涵盖了大部分的外在支撑形态，但并不是全部。

如果从交易实战的角度来解读支撑，那么理论上有些所谓的支撑可能只是一个假象，甚至是陷阱。当价格处在一条由上而下运行的均线上方时，理论上是存在支撑的，但实战中这条均线是否具有真正的支撑，实际上并不确定。甚至在一定程度上，这是一种更倾向于空头的形态。

1. 如何认定均线是否具有支撑

在价格处于均线之上时，认定均线是否具有支撑的条件如下。

（1）均线运行方向与价格运行方向一致向上，即同向运行时支撑稳定存在。见图 4–1 中的 1 号同向。

（2）价格向上而均线由上向下运行时，支撑产生于该条均线扭转向上，即牵引形态发生时。见图 4–1 中的 2 号牵引。

（3）均线与价格横向运行时，支撑产生于价格脱离横盘状态向上运行时，如出现脱线、托线等形态。见图 4–1 中的 3 号脱离。

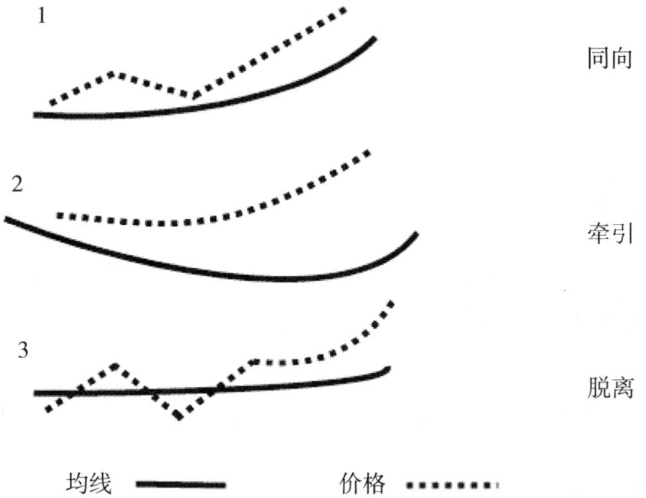

图 4–1

实战中的细节变化可能会更复杂，但大体会涵盖在以下几种形态之内。

第一种是均线和价格具有同向形态，这种支撑最为常见，也较为稳定。

第二种是牵引形态。牵引形态第三章讲过，即价格上涨牵引下行的均线转为上行，均线也因此具有支撑。

第三种是横向脱离形态。横向脱离是指股价与均线从横向盘整波动中脱离出来。这种形态会带来一个问题，在未脱离之前的盘整波动过程中，均线有没有支撑？

如果认为盘整波动中均线无支撑，那么盘整波动就无以维持。如果认为盘整波动中均线有支撑，那么也就毋须脱离形态来确认了。

横向盘整波动中的均线理论上具有支撑，或者说在市场心理上具有支撑。大多数人认为横向小幅度的波动是安全的，没有明显的向上或向下的方向，反而给予市场以充分想象的空间。

市场资金并不愿意深究实际走势和自身的主观愿望是否会一致，只需要有一个可供想象的空间和看上去暂时安全的环境。至于后市出错怎么办，市场资金往往会将这个问题推向止损纠错。有时候主导资金会利用市场资金普遍具有的这种心理，来完成自己的任务并尽可能烘托出市场资金希望见到的技术环境。

图 4–2 中，A 点是股价与均线的一个盘整波动的状态（盘线）。现在来看这张静态的图形，当然满眼都是不利于做多的技术因素。但是身处 A 点的动态行情中时，可能不少交易者的看法会大不相同。

A 点股价不时会出现中阳甚至大阳线，即使阴线跌破均线也会很快回收。图中一根长上下影线的 K 线，下方是其当天的分时走势图，这种带量突发性上涨，无疑能够吸引市场资金入场做多。

结合上述因素，A 点动态即时行情乍一看似乎均线的支撑力度很强，不少市场资金会选择在这里进场做多，因为 A 点横向盘整波动能够满足买入待涨的期望。同时，股价在一定空间内波动，也能给市场资金可以摸着边际的安全感。

并不是所有的市场资金都预料后市将上涨，但他们会认为自己能够在下跌时及时减掉仓位。盘整波动中的均线支撑就是这样形成的。市场心理会跟随股价的跳动来自设支撑或压制，而这种支撑或压制反过来会给其带来更大的迷惑性。

盘整波动中的均线支撑，处于并不确定的状态，其一方面取决于主导资金的选择，另一方面则要看市场资金是涌跃进场还是持币观望。

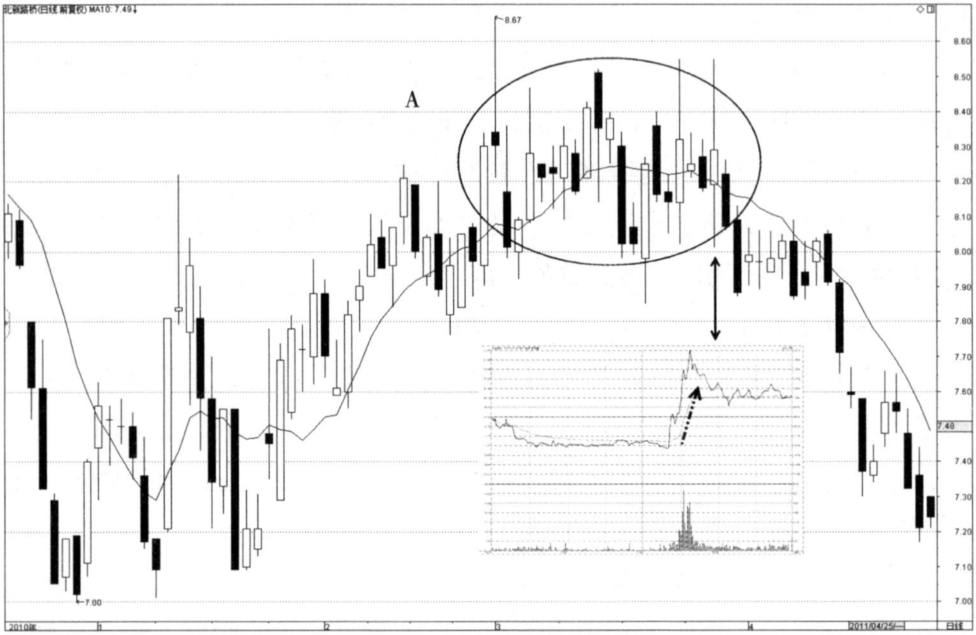

图 4-2

即使处在一个真正的底部构筑阶段，在震荡中股价反复捶底，横向运行的均线也不能天然地认为对价格具有支撑作用，必须等待一些技术因素的出现，比如牵引、脱离等，才能得出确定性的结论。

2. 支撑的确认

价格得到支撑并不意味着接下来就会飙升。支撑告诉大家的，其实是某一价位上持仓者惜售，买入者增加。持仓者惜售会令价格“跌不动”，但只有买入的多寡才能决定价格的涨升程度。

均线对价格的支撑即使在技术上是成立的，实际运行中仍可能出现多次不同级别的确认支撑存在的过程。

图 4-3 中，A 点均线与价格处于横向盘整波动中，之后股价与均线以脱线的形态运行，从横向盘整波动中脱离出来。B 点是脱离横向盘整后第一次确认均线的支撑，紧接着是 C 点确认和拉升阶段 D 点的再度确认。

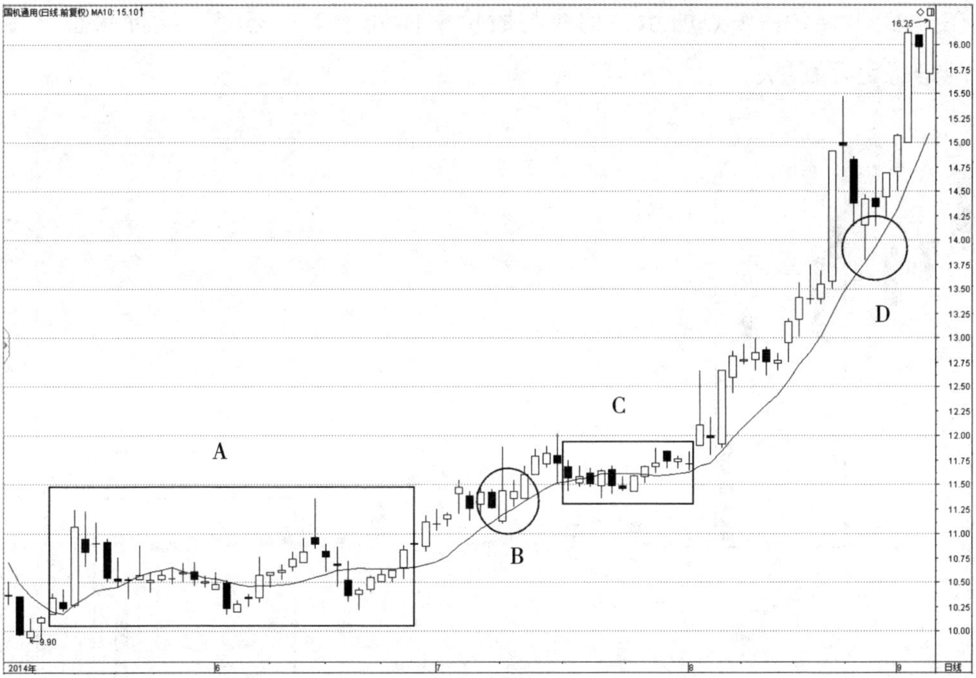

图 4–3

价格对于均线支撑的确认过程会贯穿始终。随着不同级别的回落调整，也会有从短期均线、中期均线到长期均线，测试不同级别支撑的过程。

（二）什么是压制

从形态上说，当价格运行在均线之下，理论上可以认为价格受到均线的压制。同样，这仅是一种形态上或理论上的描述方式。

从交易实战的角度来解读压制，可以这样理解：当价格处于一条由上而下运行的均线下方时，理论上压制是存在的，但实战中这条均线是否对价格具有真正的压制，实际上并不确定。

1. 如何认定均线是否具有压制

当价格处于均线之下时，确认均线存在压制的条件如下。

（1）均线与价格运行方向一致向下，即二者同向运行时，压制稳定存在。如图 4–4 中 A 点所示，均线与股价整体处于下行态势，这种状态下压制是稳定存在的。

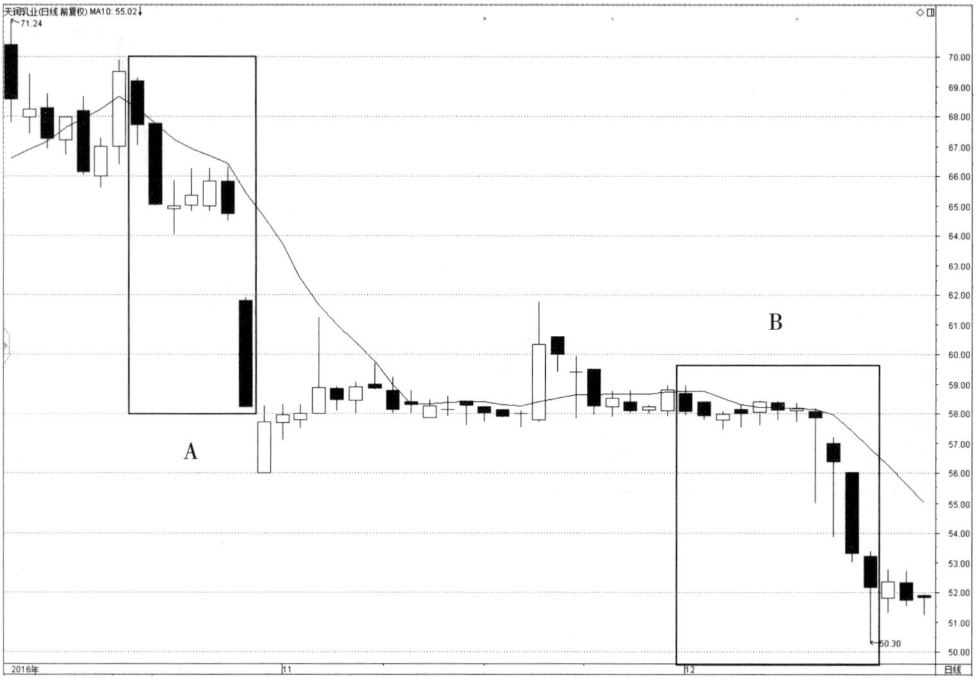

图 4–4

（2）均线与价格横向运行时，压制产生在价格脱离横盘向下运行、均线也向下扭转时，如出现脱线、压线等形态。如图 4–4 中 B 点所示，股价下跌，均线转向下行，先是出现压线，然后以脱线形式开始快速下跌。均线转向，显示压制由此生成。

（3）价格向下而均线向上运行时，压制产生于该条均线扭转向下即出现牵引形态时。如图 4–5 所示，均线向上运行而股价下跌，当 A 点均线扭转向下时，显示压制生成，随后市场进入加速下跌阶段。

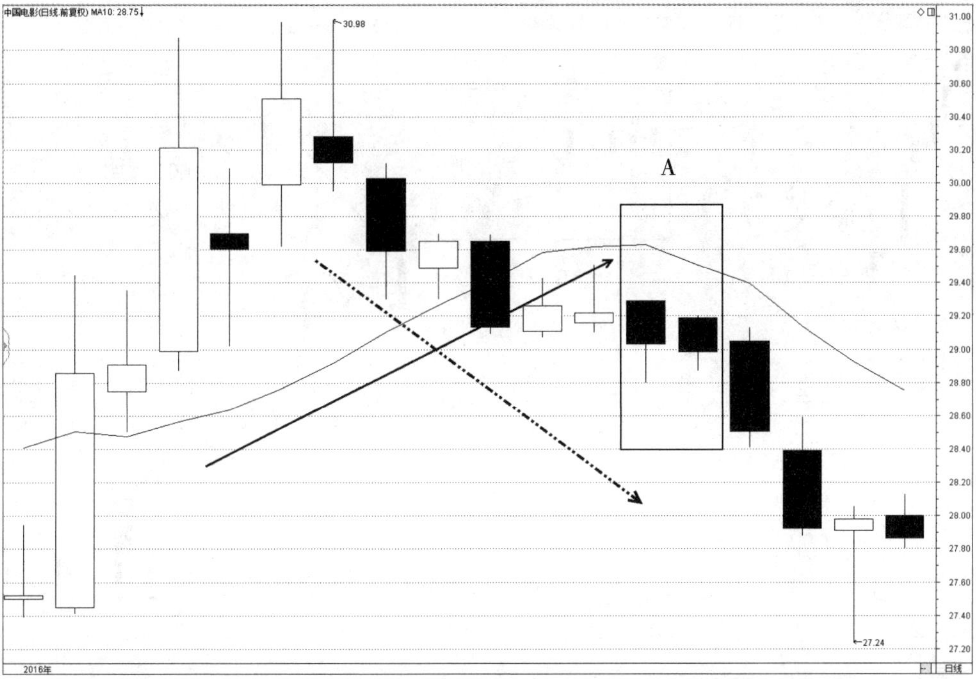

图 4–5

2. 压制的确认

出现压制并不意味着价格接下来就一定会大跌。压制的存在说明在某一价位上会引发持仓者抛售，但这种抛售行为并不一定具有持续性。遇到压制，价格可能会出现回落、滞涨甚至是突破（突破后面会进行详细讲解）。

在价格开始下跌或下跌的过程中，会出现多次不同级别的确认压制的过程。攻击压制位，攻而不破再度下跌，就确认了压制存在。不同时间周期的均线压制，对于价格具有不同级别上的技术含义。

如图 4–6 所示，A 点股价反弹，之后得到 10 日均线支撑继续上涨。至 B 点时，在下行中的 60 日均线附近受到压制开始回落。

B 点是股价对 60 日中期均线压制进行测试和确认的过程。这种级别上的确认，提示出未来股价在短中期走势上的大概方向。

图 4-6

之后的 C 点和 D 点，是股价对 10 日短期均线压制的测试和确认过程，而这种级别上的确认，只能提示股价在短期走势上的大概方向。

二、转化和突破

支撑与压制总是处于转化之中，支撑可在一定条件下转化为压制，压制也可以转化为支撑。

支撑与压制的互相转化具有多种形式，其一是直接转化，即由压制状态直接转化为支撑状态，或反之。其二，转化有一个测试有效性的区域。

如图 4-7 所示，A 点均线由支撑直接转为压制，这种情况多发生在突然性的急跌、急涨走势中。案例中选用的是 10 日短期均线，意味着仅是一个短期内支撑与压制的转化形态。均线周期不同，引发的转化也有趋向或趋势上的差别。

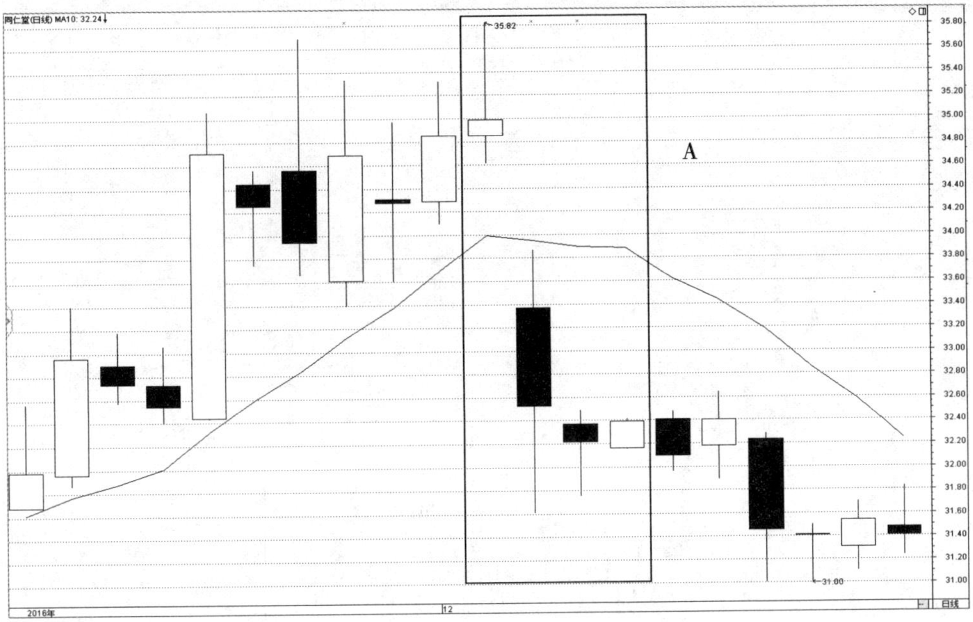

图 4–7

图 4–8 中，A 点股价跌破均线，但均线仍保持上行。股价在均线附近的盘整即为测试支撑转化为压制的区域，之后在牵引形态下形成压制。

图中 B 点是压制转化为支撑的测试区域，最终在托线形态出现后显现支撑。

压制转化为支撑，也有直接转化的情况，这里就不再列举案例进行说明了，可根据图 4–7 反向理解。

无论哪一种转化，都会在技术上形成突破。突破是一个双向的概念，既包括向上的突破，也包括向下的突破。突破的判定标准，传统理论认为要具备 3% 以上的空间和 3 个交易日。

从实战和不同突破级别的角度来看，突破成功与否的判定标准应该是：价格从被压制态势发生突破之后，必须具备之后的运行受到均线支撑这个条件。价格从受到支撑态势发生突破之后，必须具备之后的运行受到均线压制这个条件。

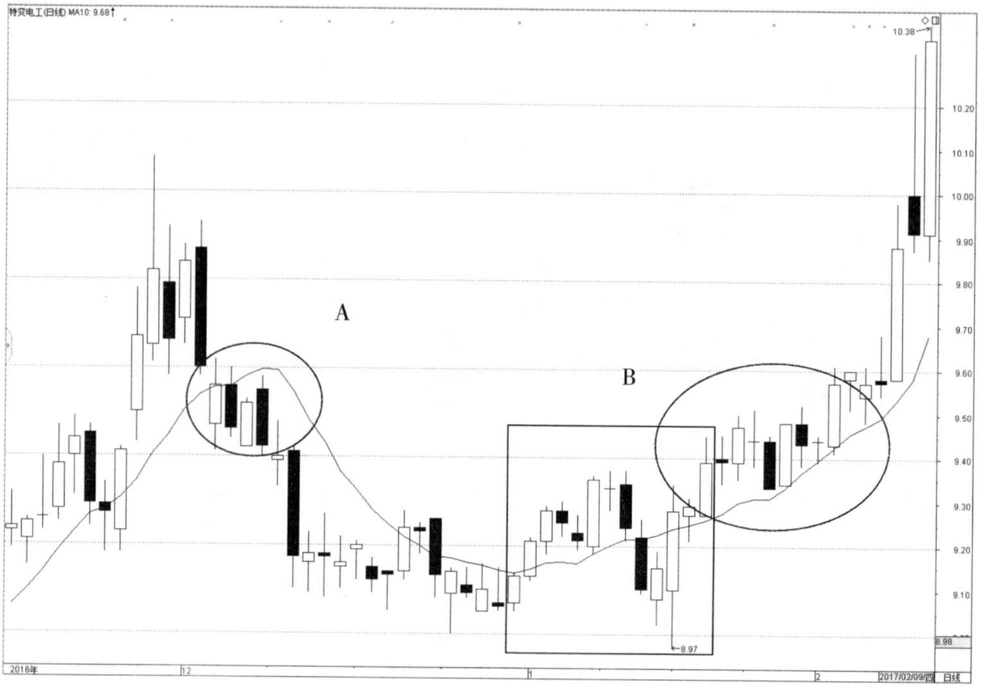

图 4–8

如图 4–9 所示，A 点股价突破均线压制开始上涨，B 点股价回落得到了均线的支撑，这就是一个突破成功的案例。

其实突破成功与否的判定标准，也就是支撑或压制得到确认的过程，只不过支撑和压制的确认会在运行过程中多次出现，而突破只发生在二者转化时，需要通过确认过程来鉴定。

支撑与压制的转化关系，会在均线系统也就是不同周期均线之间形成并不统一的技术意义，但是当不同周期均线之间的技术意义归于统一时，也就意味着转化或突破得到强化，级别得到提升。

如图 4–10 所示，A 点 5 日均线由压制转化为支撑，B 点可以视为股价对 5 日均线支撑的回落确认，也可以看作股价受到 20 日均线的压制而出现的回落。

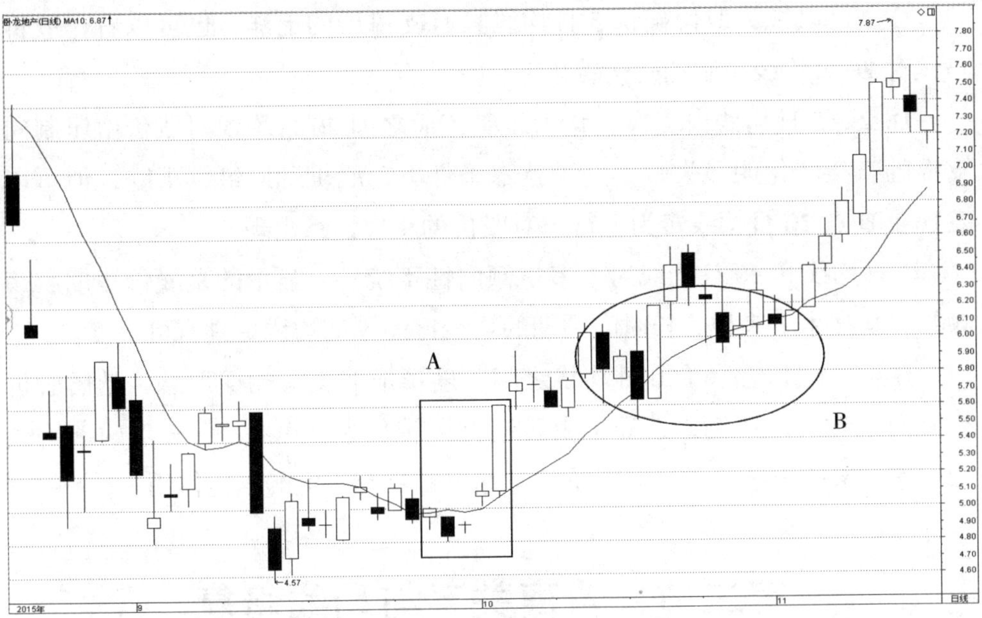
卧龙地产(日线) MA10: 6.87
7.87
A
B
4.57
2015年
9
10
11
日线

图 4-9

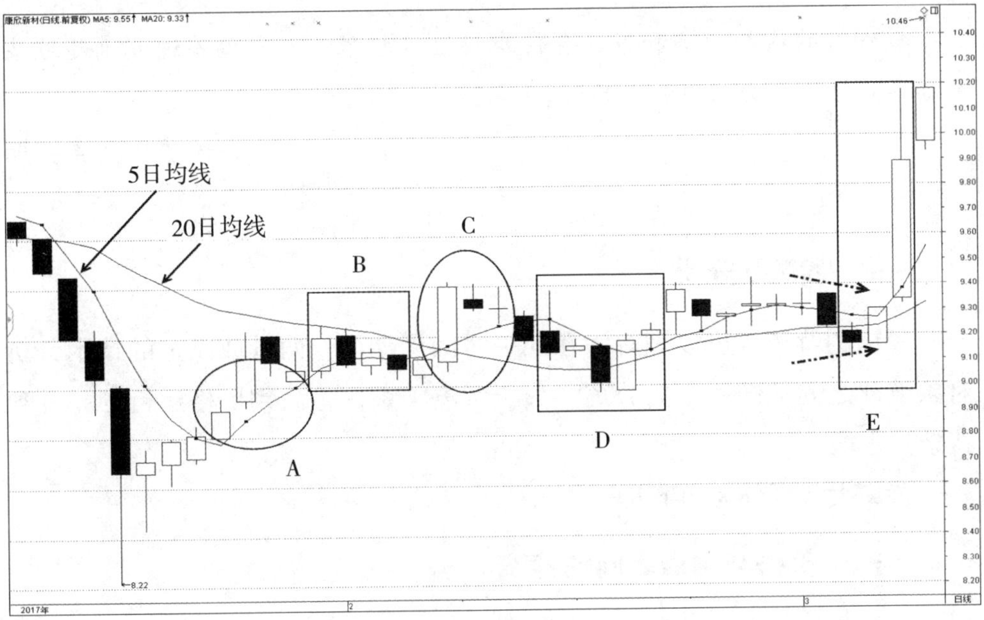
康欣新材(日线,前复权) MA5: 9.55 MA20: 9.33
10.46
5日均线
20日均线
A
B
C
D
E
8.22
2017年
2
3
日线

图 4-10

C点可以视为股价确认5日均线具有支撑后的上涨，也可以看作股价尝试对20日均线压制的直接转化。

D点，5日均线由支撑转化为压制，而之前20日均线对股价由压制向支撑的直接转化明显失败。这种技术条件下，股价理应继续下跌，但可以发现在D点20日均线转为上行，对股价的支撑悄然出现。

5日均线和20日均线对于多空倾向性不统一，显示的是股价短期震荡频繁。从技术上来说，长时间周期的均线比短周期均线更具有可信度。

E点，5日均线和20日均线之间一度形成非交叉相逆形态，随后股价突破两条均线的压制，选择了由压制直接转化为支撑状态。E点两条均线的技术意义归于统一，也对股价的急速上升具有一定的强化作用。

第二节 背离关系与均线修复

投资人的认知缺陷和盲从会使市场过度扩张，而当偏差过大至超过某个临界点时，则会出现相反趋势。

——乔治·索罗斯

一、背离及分类

所谓的背离，可以理解为在同一时间周期内，两种或以上的技术分析对象彼此之间从统一走向分离。分析背离关系，是研判价格运行的一种独特技术手段。

背离大致可分为如下几类。

（一）价格与均线之间的背离

价格与均线之间的背离，种类形式繁多，不一而足。总体来说，仍然在第一章所论及的顺逆关系的范畴之内。

逆水行舟形态就是价格与均线之间的背离。当然，逆水行舟形态是价格相对较长时间内形成的背离关系。其实在短线波动中，价格和均线之间的背离更是频繁发生，只是多数情况下，这种短线背离甚至是日间波动形成的背离，都会在均线的支撑或者压制下失去分析的意义。

在暴涨、暴跌的情况下，价格也容易和中长期均线之间形成背离，这种背离部分会引发趋势扭转，即逆水行舟形态的转化，还有部分仍然未脱出次级趋向波动的范畴。

（二）均线之间的背离

均线之间的背离，前面讲解中已经有所涉及，比如非交叉相逆形态等。均线间的背离，意味着均线系统的稳定性存在问题，这就提示交易者要对价格震荡做好准备，并密切关注背离引发的是价格短期震荡，还是趋向以上级别的扭转。

（三）价格与量能的背离

从供求关系来说，买入的量多，则价格会上涨，如果价格不涨，就是量价背离；卖出的量多，则价格应下跌，如果价格不跌，也是量价背离。

量价背离，往往预示着价格将会遇到某一级别上的拐点，也就可能出现通常所说的底背离或顶背离。如图 4–11 所示，一波短线急速上升后，在 A 点放量收阴，未能延续连续大涨的势头，此后量能逐渐消散，股价也随之下跌。A 点即为一个短期或阶段性的顶背离。

必须注意一点，实战中出现顶背离并不必然就是股价的阶段性高点，尤其是市场处于资金接力热炒个股阶段时。某个大资金在阶段性高点退出，形成顶背离，但可能还有其他大资金进场接力，所以被炒个股不跌反涨的情况就会出现。

遇到这种情况，除非交易者解读资金逃逸与回归的能力特别突出，这时可以参与短线交易，否则应以观望为主。

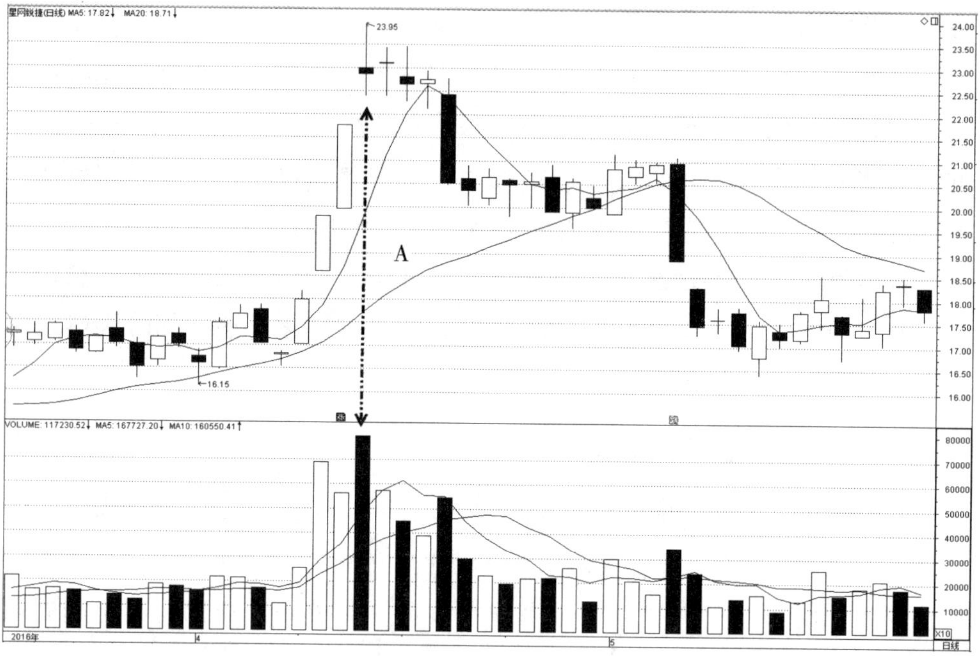

图 4–11

（四）人气背离及技术指标背离

牛市在悲观中诞生，在怀疑中成长，在乐观中成熟，在兴奋中死亡。最悲观的时刻正是买进的最佳时机，最乐观的时刻正是卖出的最佳时机。

这段交易名言所说的，其实就是人气与行情的背离关系。当大多数人都不愿意参与交易的时候，就是行情最佳的买入点。当大多数人在兴奋中疯狂进场的时候，就是行情最佳的卖出点。

技术指标作为一种技术分析的辅助工具，与价格之间也存在背离关系，并且这种背离关系分析，对于判断价格后期走势具有非常重要的作用。

以常用的 MACD 指标为例，如图 4–12 所示，从 A 点、B 点到 C 点，股价不断创出新低，而 MACD 指标在 A 点与股价同步创出新低后，B 点和 C 点 MACD 指标却呈逐渐上行的态势，表明与股价之间形成背离，之后股价见底回升。

图 4–12

二、均线修复类型和空间测量

具有明显趋势的均线或均线系统，应大致处于顺滑、稳定运行的状态之中。当均线出现波动、扭转等较为复杂的变化时，就说明均线或均线系统到了需要修复的时候。

均线或均线系统的修复，大多源于价格的趋向或趋势性变化。过急的上涨或下跌会使原有的运行速率发生突变，从而产生乖离或者背离等非常规现象。出现这些现象后，均线就需要一个修复到正常状态的过程。

均线修复大多是不同时间级别的趋向修复，不同级别的趋向修复，也是确认支撑或压制的过程。当这个过程确认失败，则进入到趋势修复，也就是趋势扭转的范围内。价格最终形成的趋势顶部或底部，则是均线系统修复的过程。

（一）趋向修复与空间测量

如图 4–13 所示，A 点股价快速上涨，5 日均线呈突变形态。接下来股价回落时，5 日均线就需要有一个修复的过程。

图 4–13

通常来说，5 日均线修复的时长相对较短。其修复的空间测量，有几种选择，或在短期均线上得到支撑完成修复，或在中期均线上得到支撑完成修复。

实战中如何区分短期均线修复的空间呢？关键在于：观测设置的离 5 日均线最近的短期均线是否能够起到支撑作用，并且两条均线之间能否由此拉开上行的厚度空间。

如图中 A 点之后，5 日均线进入修复状态，在 20 日均线上虽止住下行，但两条均线却未能向上拉开空间，显示修复过程并未结束。直至 B 点，两条均线才形成多头排列并拉开厚度空间，此时均线修复才宣告终结。

短期均线修复的时间与空间，主要还是看其遇到支撑或压制时的表现。

如图 4–14 所示，连续下行的 5 日均线从 A 点开始进入修复阶段，这个修复过程至 B 点触及下行态势的 20 日均线，随后两条线向下拉开空间，宣告修复结束。

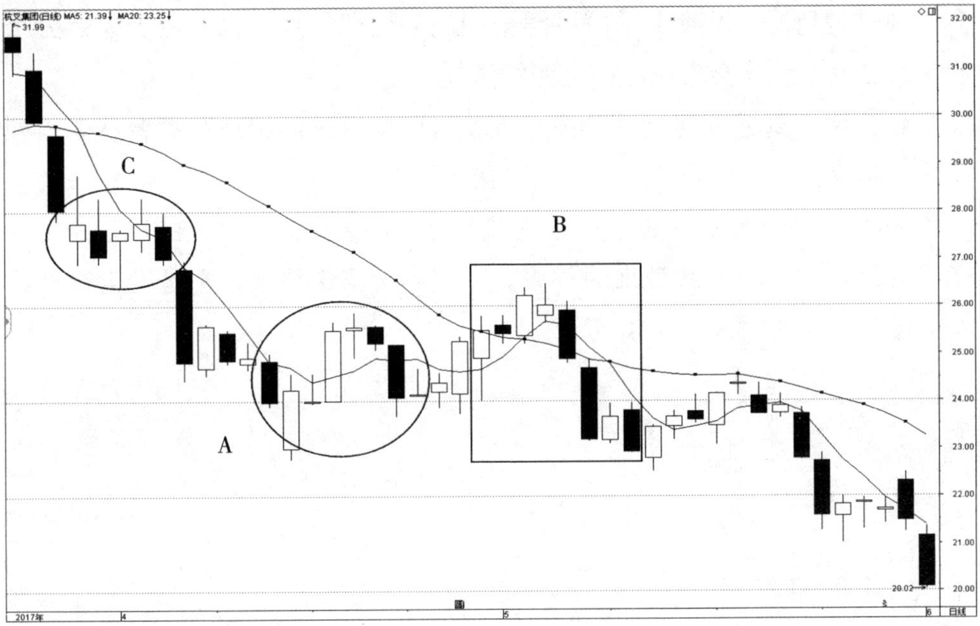

图 4–14

如果 B 点 20 日均线开始转为上行，那么意味着均线修复的时间和空间会相应延长，修复的级别也在提升。在跌势中，价格反弹并不必然会使均线进入修复期，如图中 C 点，股价反弹而 5 日均线仍旧维持下行。

实战中，某些个股的修复过程复杂难辨，如图 4–14 中 B 点。可能有些个股股价并不像图中那样直接下跌，两条均线也并不拉开向下空间，而是股价依附在下行的 20 日均线上小幅盘落，5 日均线盘绕其间。

这样的形态持续一段时间后，股价突然暴起，牵引 20 日均线逐渐转向，随之引发次级或以上级别行情；或者股价再度向下，两条均线拉开向下空间，行情继续回归跌势，同时修复结束。

（二）趋势性修复与空间测量

短期均线进入修复阶段，中期均线随后加入修复，之后长期均线也加入修复过程，这就是趋势性修复。价格在某一方向上运行过长时间后，才会出现这种情况。A 股市场牛短熊长的趋势周期特点，也决定了大部分个股只有在熊市中才会出现这种类型的修复。

趋势性修复运行到最后阶段，也就是前面讲过的聚拢和黏合状态。到了这一阶段，趋势性修复的空间大多接近终点。

如图 4–15 所示，短期、中期均线在跌势中多次出现修复的过程，主要用于修复过大过急下跌带来的乖离。反映到价格走势上，则是发生短期或次级反弹，如图中 A 点、B 点。

图 4–15

在跌势中，长期均线如 250 日均线对于短中期均线的修复主要起到压制作用。当长期均线的压制不再生效，或其逐渐加入到修复过程中时，从形态上看，就出现均线的聚拢或黏合，此时趋势性修复就到了最后的阶段。如图中 C 点。

趋势性修复，仅就跌势的形式来说，从顶部开始向下发散的各周期均线，短中期均线不断尝试修复下跌以回归升势，但多数会在长期均线附近受压，从而结束修复，回归跌势。

长期均线经过长时间持续下行，本身的压制力也会逐步降低，同时不断积蓄修复过度下跌的动力。趋势性修复以长期均线与其他周期均线最终形成多头排列、向上发散为标志，意味着修复过程转化为趋势上的扭转。

第三节　实战攻守技术

市场哪里乱哪里就可以赚到钱。辨识混乱，你就可以致富。越乱的局面，越是胆大心细的投资者表现的时候。乱局对冷静的客观投资人来说正是天赐良机，因为这可能是大捡便宜货的机会，也是财富重新分配的时候。

——乔治·索罗斯

一、厚度不封强势在

本节主要内容，是将之前讲解过的部分技术点和实战中常出现的形态，从实战攻守的角度予以分析，意在使读者更容易地将理论应用于实战，也更直观地体会相关技术点的真正意义。

“挽弓当挽强，用箭当用长。”短线交易以强势股为主要的选择对象，而强势股并不意味着不会跌。学会辨别其中哪些下跌是机会，哪些是风险，是短线交易的基本功。

不少短线交易者喜欢追涨强势股，但却往往会追在短线高点上，一旦强势股回调便仓皇止损，止损后却又发现该股已峰回路转，扶摇直上。

其实强势股也存在低吸的机会，但这个机会出现时，多数人却不敢买。强势股的回调，多采用日间震荡或空间换时间的方式，这种方式必然如惊涛骇浪，让人避之惟恐不及，难得的低吸机会却偏偏隐藏在其中。

操作强势股，可关注 5 日、10 日均线之间的厚度变化。通常来说，能称得上强势股的，必然以大角度保持上涨，脱线是常见形态。如图 4–16 中 A 点之前的形态。这种状态下，一旦连续性涨停板打开，当天不能再封住，就是强势个股展开回调的时候了。

图 4–16 中的 A 点，第一根阴线当天跌停，这就是强势股以空间换时间的回调方式。当然这只是回调的方式之一，并不是所有的强势股都会采用这种方式。

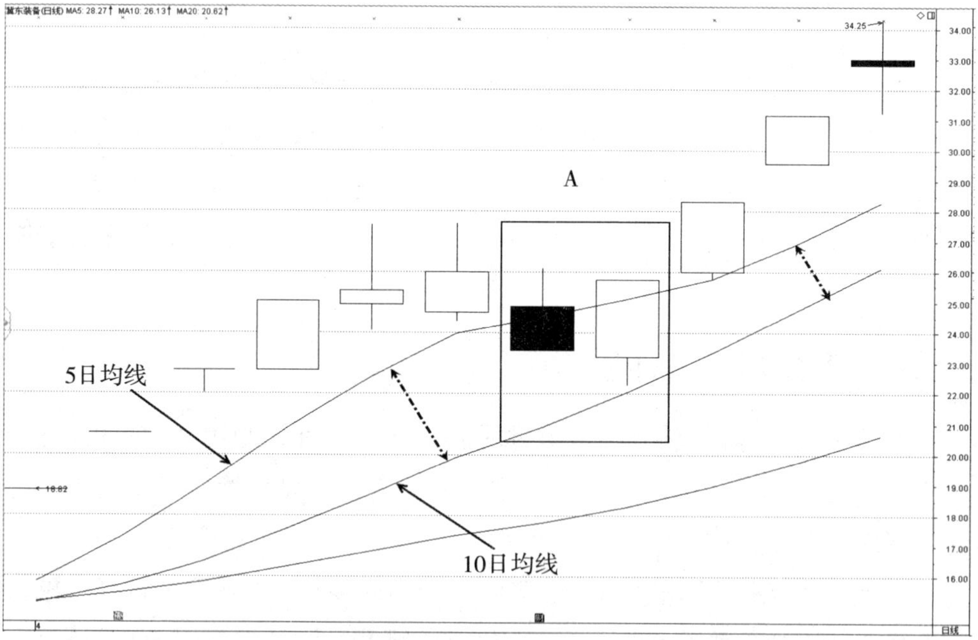

图 4–16

被资金狂追的个别强势股，也会采用回调略探5日均线便再度起涨的方式。连续采用这种方式调整的个股，一旦资金失去追涨的欲望，就会直接进入到大级别的下跌中去。常说的“断崖式下跌”，往往就发生在这种个股上。

图4-16中的A点，第二根是低开高走的阳线，其低点接近10日均线，而高点已收复5日均线。前面说过，厚度空间是由均线构成的，不是股价。A点，5日均线和10日均线仍具有相对较大的厚度空间，更为重要的是，代表价格强度的5日均线仍旧维持上行的态势。

这就说明，A点第一根阴线的跌停板并未能消耗掉股价上升的强度，探底回升的阳线就是较为适宜的低吸点。

类似于案例中的强势股，即使股价跌破10日均线，只要5日均线未转向，厚度空间并未封闭，就说明短线涨升强度未完全消失，仍可寻机介入。

实战中，如果5日均线交叉10日均线，厚度空间封闭，则说明该股调整的空间和时间都会出现相应的延长，甚至是扭转。具体可根据技术细节具体分析。

二、最忌逆势孤军深入

上涨趋势中，有时会突然遭遇大幅度的暴跌行情，价格短期内连续突破中长期均线系统，如60日均线、120日均线、250日均线等。下跌趋势中也有类似的情况，突如其来的暴涨连续突破多条中长期均线。

逆势出现的暴涨、暴跌行情多数不可持久，即使这种暴涨、暴跌行情最终改变了运行趋势，也存在一个较长的修复过程。但在其急速运行阶段，普通的交易者如果没在最初阶段介入，后面很难捕捉到适宜的介入点。

如图4-17中，A点股价以60度区急速上涨，一度穿越下行态势中的60日、120日、250日均线，但是这种孤军深入式的逆势急升很难持久，如图中所示，股价很快便回归下跌。在A点涨势中追高的人，很难从中赚取稳定的收益。

图 4–17

当中长期均线呈空头排列向下运行时，股价短期暴涨，如同过度冒进、孤军深入的部队，短期的强势难掩之后大概率的颓然败退。

对于股价短时间内突起的逆向行情，如果技术环境上并不具备趋势改变的基本条件，那么多数都会在急速运行阶段结束后，略经盘整或直接回归原有趋势。

如图 4–18 所示，A 点股价突然大幅下跌，连续跌破中长期均线，但不久股价便迅速回升并创出新高。追随股价短期波动，会使心态越来越脆弱，难以承受股价来回的折返，更难看清本来并不复杂的趋势。

三、起飞跑道

上涨趋势初期，或者是涨势中级别较大的调整之后，部分个股股价恢复上涨的过程是以较小的倾角来运行的，较少有大阳线、大阴线，而是以中小 K 线居多。总体来说，这种走势的个股一段时间内的升幅很有限，所以不少持仓者耐不住股价磨磨蹭蹭的上涨，选择卖出换股。

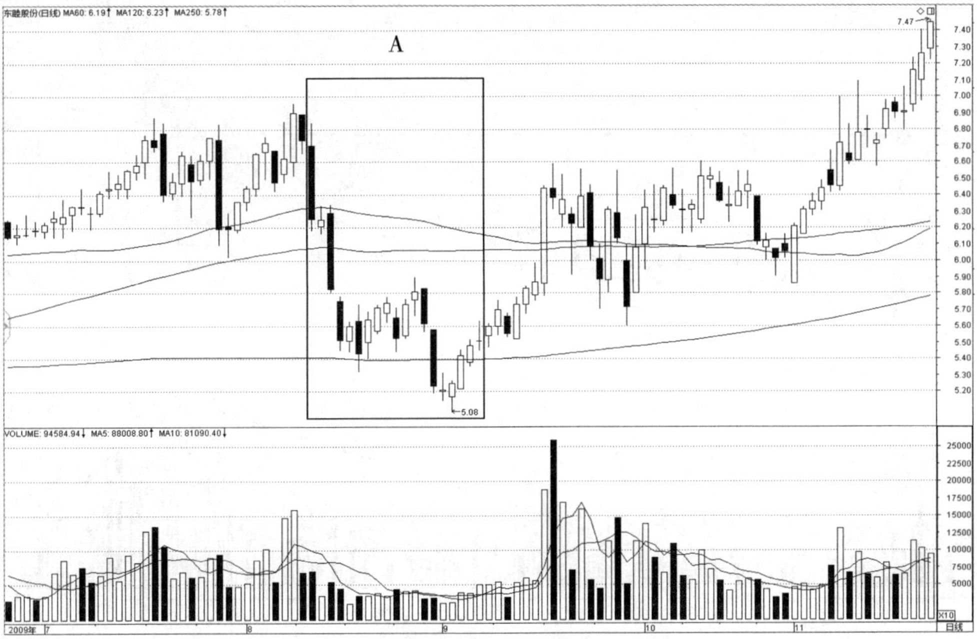

图 4–18

其实仔细分析这类个股的走势，可以发现具有如下几个技术特点。

（1）短中期均线多头排列，稳定向上运行。

（2）量能逐步增加，接近滑行、起飞阶段时形成聚量攻击。

（3）股价极少会回落至中期均线之下，即使偶有发生，也会以下影线等方式快速收回。

具备这几个特点的个股，一般将其比喻成正在修建起飞跑道的潜力股。

如图 4–19 所示，该股于升势中出现调整，A 点短中期均线逐渐完成修复，进入到多头排列中。之后股价多数时间在短期均线上运行，虽然 K 线实体以小阴小阳为主，偶有回落，但都很快被拉回，显示下方均线系统具有强大的支撑。

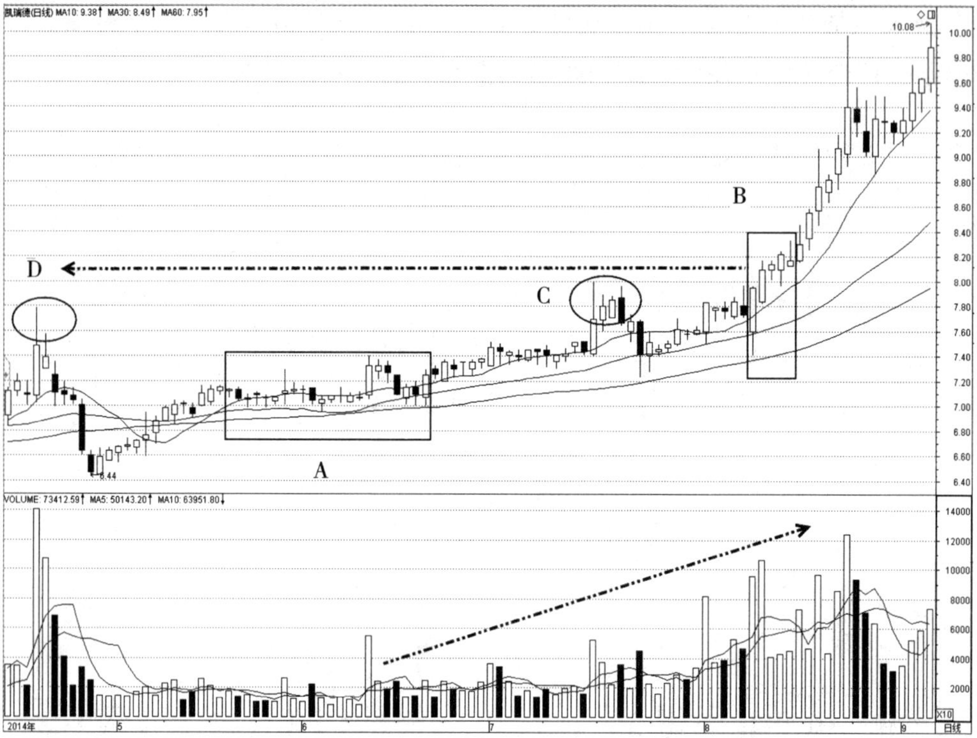

图 4-19

随着均线间的厚度慢慢拉开，“跑道”支撑强度也逐渐变大，股价“起飞”也就为时不远了。

“修建起飞跑道”的个股，进入滑行、起飞阶段的标志，通常都是对最近密集成交区的突破。如图中 B 点，突破 C 点以及 D 点的密集成交区后快速上涨。

其实案例中的 C 点，股价曾尝试突破 D 点的密集成交区，但这里的量能情况显示主导资金并未倾力而为。C 点的量能对比 D 点的量能明显不在一个等级上，所以 C 点极有可能只是主导资金试盘和洗盘的一个点。

进入滑行和起飞之前，吓走不稳定的持仓者，引出 D 点的部分套牢盘割肉，这样既可以减轻之后的上涨压力，也可以减少获利盘，为股价快速上涨铺平道路。

图中 B 点及之后，股价脱离均线进入滑行、起飞阶段。

四、升势休整

上涨趋势中，30 日均线回落触及或向下交叉 60 日均线，随后又向上交叉 60 日均线。之前回落过程中无量运行的股价开始加大换手率，K 线的低点逐步抬高，此后均线系统形成多头排列，即为升势休整形态，后市大多会有一轮强劲的上攻行情。

如图 4–20 中 A 点所示，30 日均线向下交叉 60 日均线，在这个过程中，虽然股价不断震荡，但低点不断抬升。B 点时，30 日均线上穿 60 日均线，同时股价明显受到下方均线支撑，逐步回到均线系统上方。

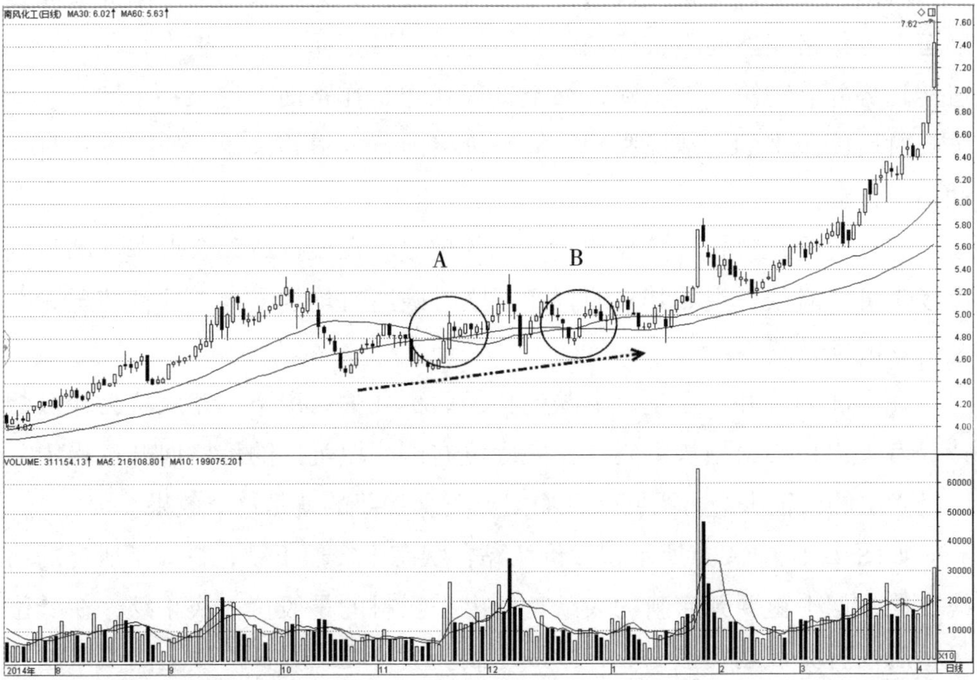

图 4–20

升势休整，其实也是均线修复的过程。当股价与均线上涨趋势运行一段时间后，会累积一定数量的不稳定因素。随着股价越升越高，获利盘也会迅速增加，其兑现的欲望越来越强烈。

出现一段时间的回落修复，既可以清理获利盘，也可以借机提升市场的平均持仓成本。这个清理过程的长短，一般以 30 日均线向下交叉 60 日均线，随后又向上交叉 60 日均线为主要观测基准。之后股价再度回归升势时，则意味着清理过程的结束。

出现升势休整，可以让日益躁动的市场心理平复下来。毕竟过早地让价格进入疯狂状态，对于主力来说并不一定是好事。

五、兜底坑

所谓兜底坑，是指经过大幅下跌后，有中长期均线加入的聚拢或黏合形态下，价格突然向下快速跌落，但随后便开始回升并突破中长期均线，扭转趋势并启动第一波上涨，整个过程就像是在路面上挖出一个坑。这个坑会对后面跟来的人造成影响，但对价格前行的道路来说，崎岖不平是一种正常状态。

兜底坑是趋势扭转阶段比较常见的现象。在聚拢或黏合形态渐渐得到市场认可的时候，突如其来的急速下跌打破所有均线支撑，这种情况无疑会引发市场恐慌。

在上涨趋势并不明了，下跌趋势僵而不死的情况下，兜底坑会让多数持仓者失去信心，抛售筹码。在兜底坑右侧“填坑”的价格回升过程中，已经卖出的人很少会再买回来，而主导资金想要的就是这个效果。

如图 4–21 中 A 点所示，股价从黏合状态中突然下跌，打破了所有的均线支撑，似乎正要开启新的大跌。但出乎意料的是股价很快止跌，在低位盘整后回升并成功突破 250 日均线压制。股价在 250 日均线上测试压制并转化为支撑后，随即开启新一轮升势。

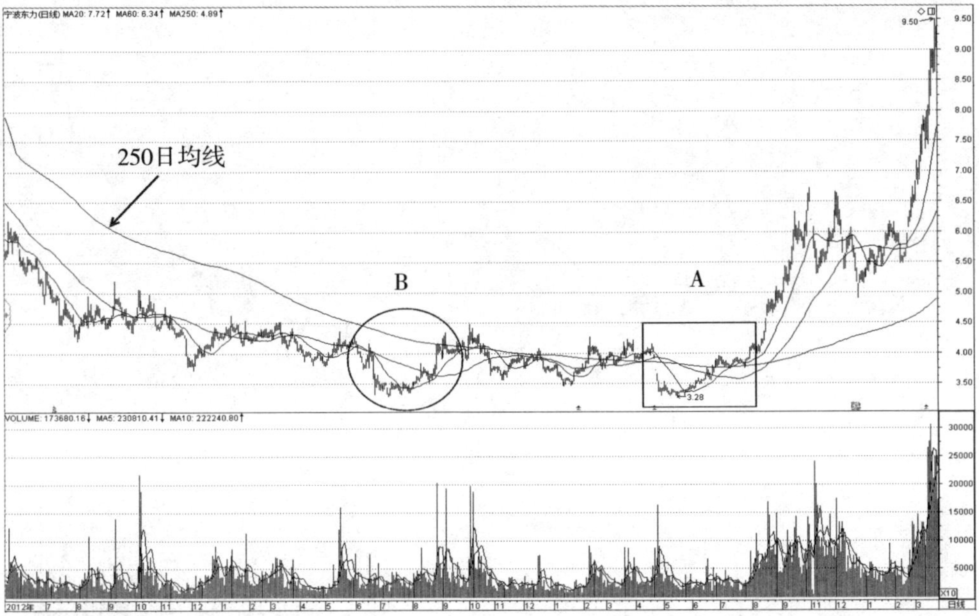

图 4-21

图 4–21 中 B 点的“坑”和 A 点的“兜底坑”很相像，但 B 点并不符合兜底坑的标准。B 点的“坑”缺少长期均线加入到聚拢或黏合形态中这个先决条件，前期只有短中期均线的一个常规盘整，更像是跌势末期为吸纳带血筹码而挖的坑。

从技术上来说，B 点的“挖坑”起涨和盘绕 250 日长期均线的走势，对于这条长期均线最终扭转向上起到一定的牵引作用。这也是很多个股在构筑底部过程中，为使长期均线尽快进入修复并完成扭转常见的情况。

实战中，兜底坑形成过程中的“挖坑”阶段，并不都像图 4–21 中那样下跌幅度相对较小，也有部分个股在“挖坑”阶段表现得穷凶极恶，以致会让持仓者开始怀疑人生。

如图 4–22 中 A 点所示，股价以 60 度区的角度下跌，下跌过程又快又急，股价从 16 元多一直跌至 10 元上方。从下跌幅度之大，下跌过程之凶悍，可以看出该股主力无疑是个“狠”角色。

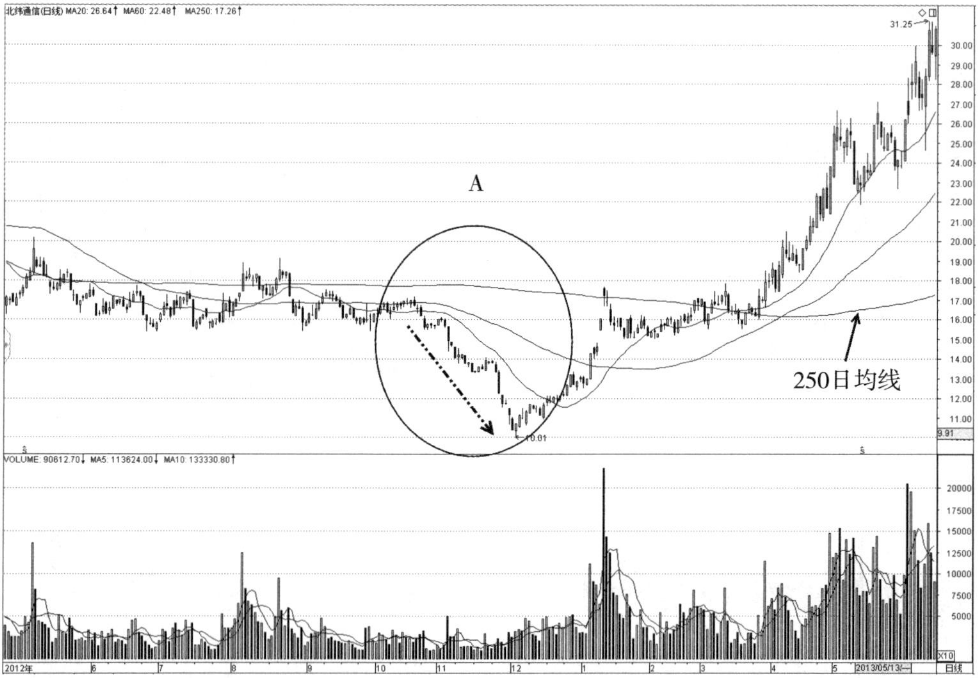

图 4–22

当然，兜底坑的深与浅，也与个股之前跌势中的整体下跌幅度有关系。经过长期大幅下跌的个股，即使想“挖深坑”恐怕也很难做到，因为没有那么多的套牢筹码愿意在此时割肉，因为多数被套牢的人早已看破红尘，不看盘了。

跌势中，相对跌幅不大或刚经过一波次级反弹的个股，如果出现兜底坑，大多数可以挖出深度很可观的兜底坑。

有时候兜底坑挖得深，也并不是全无好处，主力之所以“狠”，是因为意在长远，想把底部锤炼得更结实，为之后的“远大钱景”打好基础。

六、长逆短顺

长逆短顺是下跌趋势中的逆水行舟形态，这种形态并不一定都能达到次级反弹的级别，也包括价格的短期反弹。在研判长逆短顺形态时，可以参考第三章讲过的涟漪效应部分内容。

长期均线保持下行态势，对于股价的反弹具有强大的压制，多数反弹都会终止于压制之下。即使某些个股后市发生趋势扭转，第一次反弹到下行的长期均线附近时，也会出现回落。

如图 4–23 所示，股价在连续下跌后企稳反弹，A 点上攻至下行态势的 120 日长期均线时遇阻回落。如果是短期反弹，这个回落基本就宣告了反弹结束。图中个股在回落至 20 日均线附近时得到支撑，在量能的支持下再度上涨。

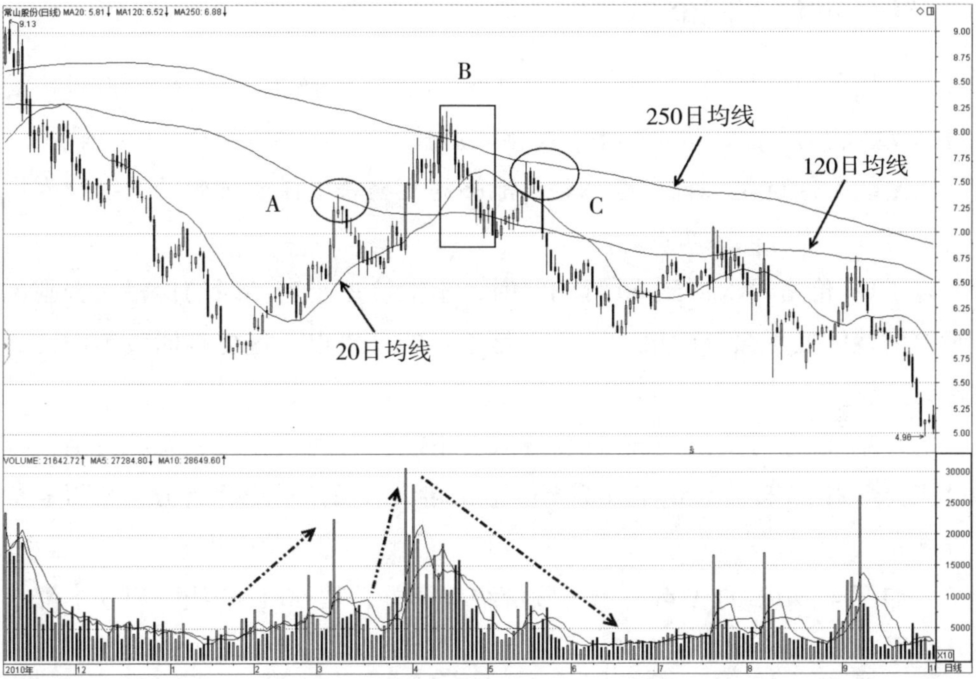

图 4–23

B 点，再度上涨的股价得不到 250 日长期均线的支撑，反而在压制下迅速回落。从图中可以看到，B 点股价回落时，20 日均线支撑非常微弱，股价停留 3 个交易日后继续下跌至 120 日均线。在这个过程中，量能已经呈现出消散的态势。

下行态势中的均线，能够提供的支撑微乎其微，更多地表现为市场心理上的支撑。图中 B 点，股价在 120 日均线上止跌反弹，对于交易者来说，不用等到 C 点出现，也能大致测算出它的终点在哪里。

实战中，一些个股虽然突破长期均线，却不能牵引其发生扭转。此时出现放量滞涨或量能呈消散态势时，则意味着涨升强度正在快速减弱，股价回归跌势就是大概率的事。

长逆短顺形态下，对于个股涨幅以及上涨持续时间不要抱有太大的希望。

七、回线不回价

回线不回价是指在上涨趋势中出现一波回落调整后，价格在 60 日均线得到支撑启动上涨，价格的下一次重要调整低点可能就在 60 日均线附近。

回线不回价是一种良性调整，能够为交易者提供较理想的短线介入机会，但需要注意以下两点。

（1）价格再次回到 60 日均线时，不能接近于启动时的价格，否则说明价格整体处于盘整阶段，不一定是适合的介入点。这也是回线不回价的含义所在。

（2）价格再次回到 60 日均线后，不能长时间呈盘线状态，否则很有可能会牵引 60 日均线走平，甚至向下扭转，从而使后市运行方向变得复杂难辨。

如图 4–24 中的 A 点所示，股价结束调整，从 60 日均线上启动上涨。其后只在级别较大的一波调整中回到 60 日均线，随后结束回落再次转升。见图中 B 点。

八、蛟龙出海

蛟龙出海，是指经过长期大幅下跌之后，均线系统呈现聚拢或黏合状态，此时价格突然打破底部沉闷的局面，就像一条冲出海面的蛟龙。如图 4–25 中 A 点所示。

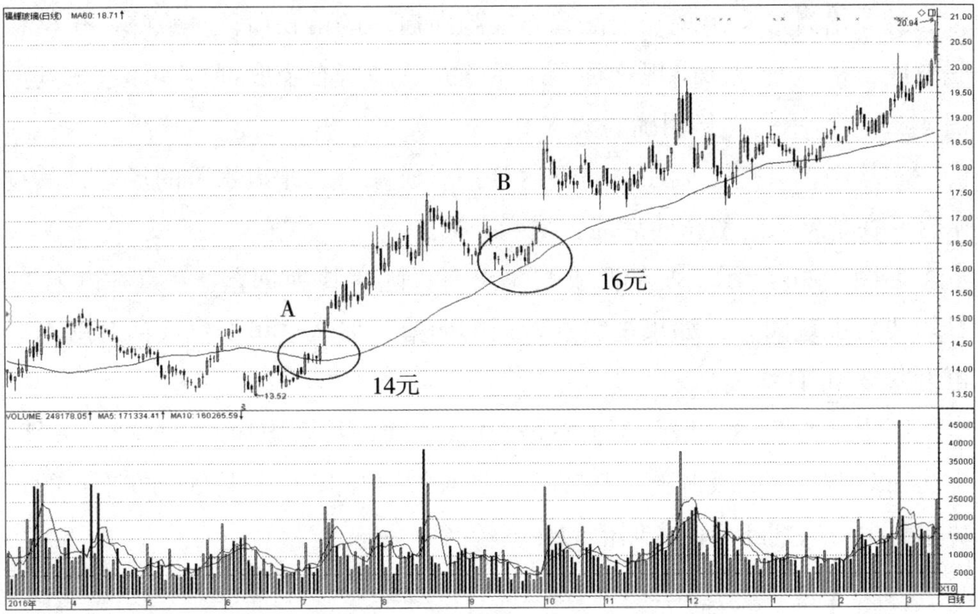

图 4-24

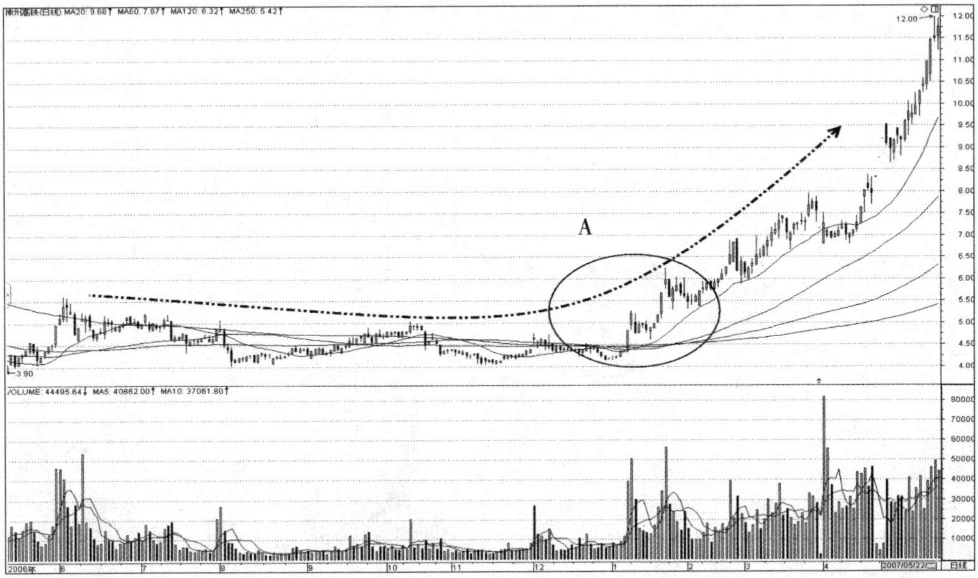

图 4-25

蛟龙出海形态出现在上涨趋势或趋向启动的最初阶段，意味着价格将脱离底部构筑阶段。出现这种形态后，并不是所有个股都会立即进入到如图 4-25 中所示的趋势明确的大涨中。

实战中，某些个股还会向下运行，形成一个“龙汲水”的形态，其技术含义在于确认趋势扭转后能否得到支撑。

如图 4-26 所示，A 点形成蛟龙出海，随后快速回落。B 点在跌破 20 日均线后出现回升，如果是级别较低的回落，那么这里的见底回升就不会再度跌破 20 日均线。

图中 C 点显示，股价不但跌破 20 日均线，甚至破掉 60 日均线，说明本次回落是一个次级调整。其实从 B 点股价回升但 20 日均线仍在下行的走势中，也可以判断出此次回落的强度较高。

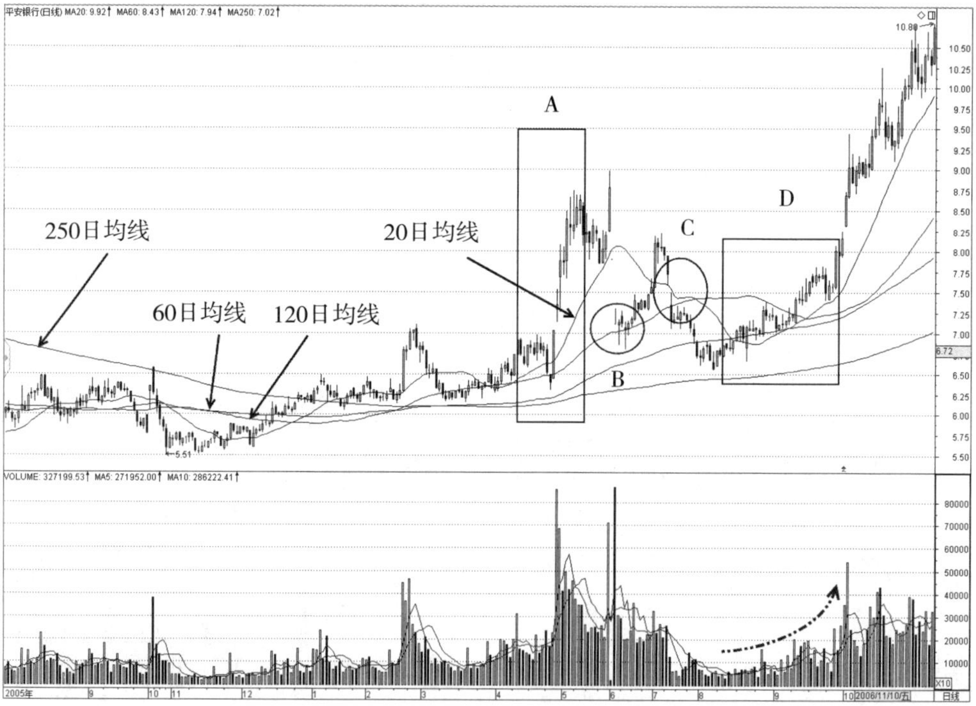

图 4-26

之后股价继续回落，虽然一度破掉 120 日均线，但是最终未触及 250 日均线，仍在 120 日均线上得到支撑，随后价格止跌企稳并开始回升，见图中 D 点。

从 B 点到 D 点，即为“龙汲水”的过程，其实也是趋势扭转、启动升势之前的确认过程。“龙汲水”是否完成，主要看价格回升时的量能表现，如图中 D 点下方的成交量柱状图显示，量能已从前期回落时的消散态势，转为逐渐增加的聚量形态。

案例中提及的个股，在蛟龙出海形态出现后的回落调整过程中，走势虽然凶悍，但仍不是穷凶极恶的那一种。还有些个股，会在跌破所有长期均线形成兜底坑后，再转头向上启动升势。

蛟龙出海应当具备一定的技术条件才可以进一步认定。通常来说，蛟龙出海形态的技术环境，应是下跌趋势末期、均线系统呈聚拢或黏合状态之时。技术环境不匹配，即使出现类似的形态，也不可轻易参与交易。

如图 4-27 所示，该股经过大幅下跌之后，形成一个类似均线聚拢、黏合的形态，而且长期均线也加入其中。

A 点股价突然上攻，必然让部分人认为蛟龙出海形态正在形成。如果匆忙追高，那么从图中可见，股价虚晃一枪后即向下跌落。

案例中个股有哪些技术上的缺陷，交易者可以提前判别。从中也可以看到，即使股价上涨，也不都是蛟龙出海。

其一，从技术环境分析来看，该股趋势上处于下跌趋势的大幅震荡阶段，图中 B 点为一波次级反弹的高点。图中出现类似均线聚拢、黏合的形态，更合理的解释应当是：在回归下跌趋势途中出现的短期均线修复过程。

其二，图中类似均线聚拢、黏合的形态中，120 日长期均线从上而下加入，而 250 日均线一直保持横向运行。从均线时间周期上来说，时间较长的均线，其修复过程应晚于短期均线，而图中显现的情况正相反。这就说明，该股形态上仍处于紊乱期，多个周期的均线离进入修复过程的聚拢、黏合状态还有很长的距离和时间。

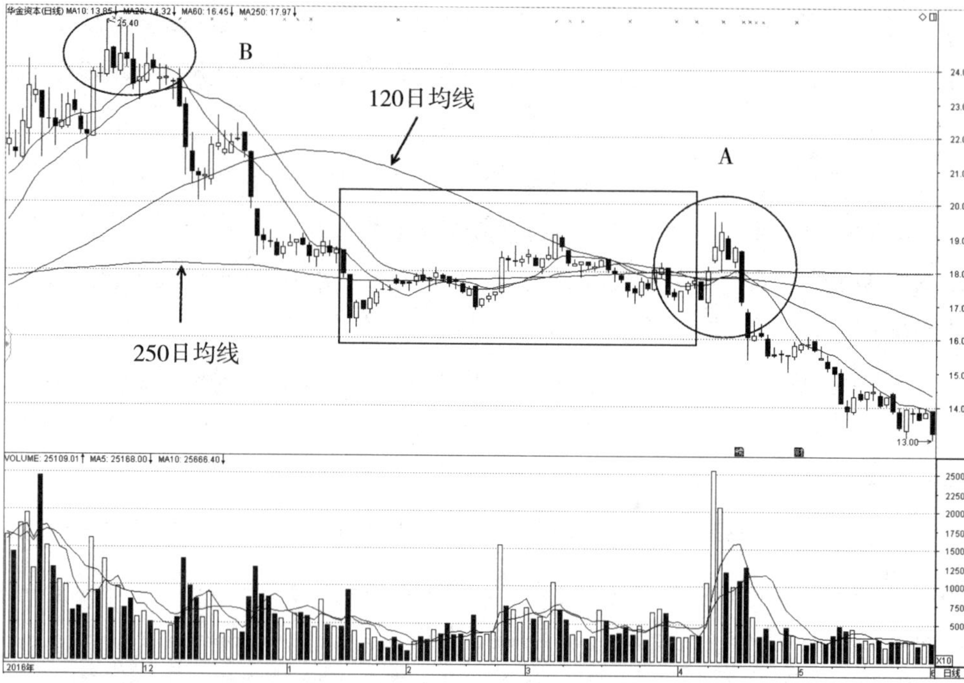

图 4-27

仅以上述两点为依据，至少可以得出以下结论：趋势上，均线系统不具备聚拢、黏合的条件，图中类似形态仅是短期均线修复、股价休整的横向盘整阶段。长期均线的加入，也仅是均线系统紊乱的表现，并不具有真正的支撑作用。

图中 A 点股价只是以一次佯攻来吸引跟风资金的骗线行为，其突放的变量和滞涨的股价也提供了证明。

九、断头铡刀

断头铡刀是一种比喻性称谓，是指一根中大阴线将数条均线同时跌破，是一种空头提示信号较强的形态。

如图 4-28 中 A 点所示，一根大阴线一举跌破 60 日、30 日、10 日均线，形成断头铡刀形态，发出强烈的做空提示信号。

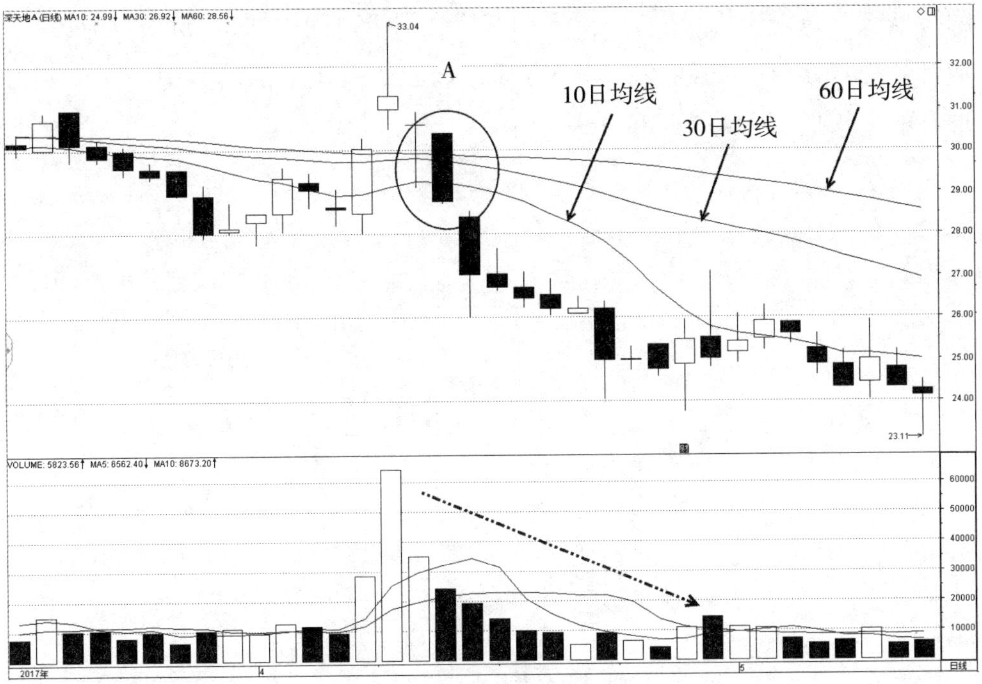

图 4-28

案例中个股的技术环境处于下跌趋势运行过程中，所以三条均线呈空头排列。跌势途中，反弹结束以及趋势扭转向下时，出现断头铡刀形态，都是高度危险的形态，继续跌势是大概率事件。

在升势初期或中期阶段出现断头铡刀形态时，可能是短期或次级调整的信号，短线交易需要根据盘面具体变化，注意控制操作节奏。

判断断头铡刀这种形态时，在均线系统的配置上，应以采用短中期均线混合的方式。案例中选用的是 10 日、30 日、60 日均线，均线周期偏重于稳定性，能够相对准确地提示形态的真实性。

如果均线系统都选用短期均线，则容易被价格的短期波动误导。如图 4-29 中的均线系统由三条短期均线构成，A 点一根大阴线跌破三条短期均线，形成断头铡刀，但股价并未继续跌势，而是在低点略加盘整后再次上涨。

之所以出现这种情况，一方面是因为案例中的断头铡刀形态，是由大阴线跌破三条短期均线形成的。短期均线受限于时间周期，对价格反应灵敏，但却缺乏稳定性上的优势。另一方面，该股运行于上涨趋势中，断头铡刀形态的空头提示强度要远低于跌势中。

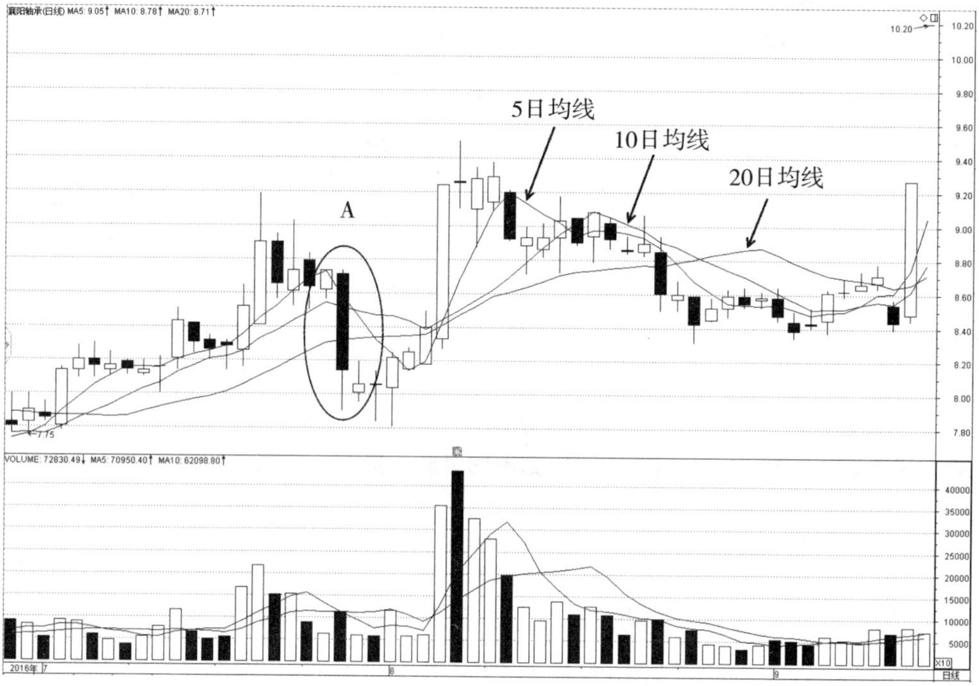

图 4-29

十、回家与吻别

股价和均线之间具有相互牵引的关系。当股价过快、过分地远离均线之后，如果是上涨阶段，获利丰厚的人就会抛出，导致股价回归平均成本区。如果是下跌阶段，过于凶悍的跌势必然会吸引抄底资金进场，所以股价会发生反弹，这就是“回家”形态的技术原理。

根据“回家”形态的时长法则，在下跌趋势中，股价回到 20 日均线的极限时长是 50 个交易日左右，平均时长是 30 个交易日左右，跌速较快的个股有的在 20 个交易日也会出现反弹。

也就是说，在大多数情况下，股价连续下跌会在 30 个交易日左右时见到阶段性低点，并向 20 日均线目标位展开反弹。

如图 4-30 所示，A 点股价反抽 20 日均线确认压制后，开始下跌过程，至 B 点时为 30 个交易日左右。图中可见，B 点就在本次下跌的低点区域。

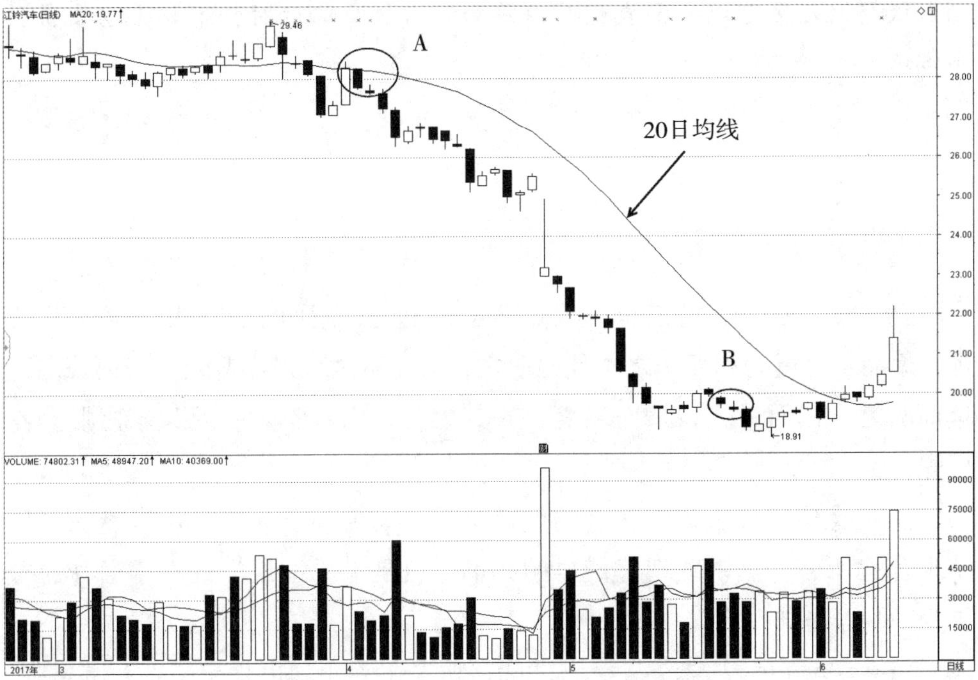

图 4–30

“回家”形态的主要作用在于估算下跌持续的大致时间和范围。当然，其低点也未必都是理想的介入点，但可以为大家从整体上分析目标个股提供一个重要的技术参考。

“吻别”形态的主要形式，其实就是破位后的反抽确认，该形态可以为捕捉做空时机和判别趋势或趋向扭转提供依据。如图 4-30 中的 A 点，就是股价“吻别”20 日均线、确认启动下跌的提示信号。

第四节　均线如水

羊群效应是我们每一次投机能够成功的关键，如果这种效应不存在或相当微弱，几乎可以肯定我们难以成功。当机会临近时，不妨主动出击引导市场。

——乔治·索罗斯

一、诡道十二法

孙子曰：兵者，诡道也。故能而示之不能，用而示之不用，近而示之远，远而示之近。利而诱之，乱而取之，实而备之，强而避之，怒而挠之，卑而骄之，佚而劳之，亲而离之，攻其无备，出其不意。此兵家之胜，不可先传也。

这是《孙子兵法》中著名的诡道十二法。《孙子兵法》由春秋时吴国将军孙武所著，是中国现存最早的兵书，也是世界上最早的军事著作，被誉为“兵学圣典”。

将兵法精髓引入交易与操作，可谓“功夫在诗外”，也是交易者开阔思维、升级与进阶交易水准的康庄大道。

交易之道，博弈为先。散户势穷力薄，要与各方虎狼共分一杯羹，不好好地将这些凶悍对手的行为特点琢磨一番，那么难有胜算。就像孙子所说：多算胜，少算不胜，而况于无算乎！

十二法是孙武先生提出的，这里不妨举一反三，毕竟变化是没有尽头的。兵者，诡道也。其实是说用兵之法在于变化之道。诡道十二法，可以将之视为主力的行为特点，也可以作为散户审视价格变化的标尺。

（一）能而示之不能

明明可以做到的事，却伪装成做不到。这句也可以延伸理解为：根本就做不到的事，却偏偏装作能做到。

这种情况在实战中经常见到，比如，经过技术环境分析认为，某股向上突破 30 日均线应当很轻松，但股价却在均线下方踟蹰不前，经过反复盘整后才最终向上突破。

出现这种走势，原因在于主导资金借用 30 日均线故布疑阵，制造有强大压制的假象，目的是洗掉浮筹，之后才发力向上。这就是能而示之不能。

根本就做不到的事或不想做的事，却偏偏装作能做到。

例如，大盘转向，某股主力减仓并不顺利，跌势途中必然会想尽一切方法来完成这个任务。常用的方法是向上突破一些重要技术关口，吸引市场资金的注意，并竭力扭转市场资金看淡该股后市的思路，诱使散户进场接盘。

如图 4–31 所示，适逢大势暴跌，该股主力未能全身而退。至 A 点时，主力借助 250 日均线的支撑展开反弹，量价配合良好，一度有再起升势的迹象。即使再度下跌后，还于 B 点做出一副收复 250 日均线的假动作，给市场资金“该股有支撑，会再次上涨”的想象空间。主力资金则利用反弹趁机减去不小的仓位。

在整个市场处于风雨飘摇之中时，个股的耀眼表现只是为了吸引眼球。从技术环境上分析，得不到任何扭转趋势的依据，而个股却做出扭转趋势的动作，那么主导资金就是在做“根本就做不到或不想做的事，却偏偏装作能做到”。

如果你相信主导资金让你相信的事，那么过程很迷人，结局很惨淡。

（二）用而示之不用

某股有主力进驻，但在建仓初期，主力绝对不想被人侦知，所以会尽其所能地远离市场资金的视线。总之，主力会隐藏实力，迷惑对手，韬光养晦，以待时机。

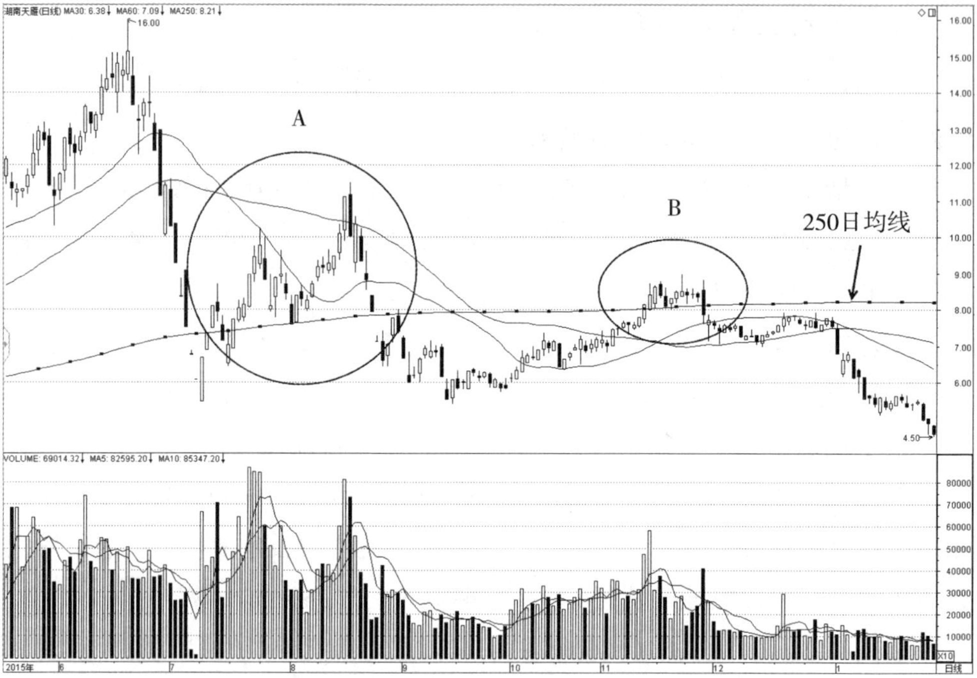

图 4-31

一旦发觉有资金进场抢筹，主力就会使尽一切手段制造恐慌，如连续打压股价，发布股东减持公告、业绩亏损公告等。当市场弃之若敝履时，却正是该股快要崭露头角之日。

本条还可以延伸理解为：不用而示之为用。

主力布局出货时，个股无论是基本面还是技术面都会欣欣向荣，甚至某些股评还会大胆预测股价将会涨至难以想象的高位。

如图 4–32 所示，该股从 6 元多起步，一直涨至 60 多元。在 A 点的高位区域横盘时，就有市场吹鼓手宣称该股能够涨到 100 元。

其实，很多时候你若能坚持做一个理智、冷静的技术分析者，不被市场喧闹的声音干扰，那么很多骗局对你根本不会起作用。

图 4–32

（三）近而示之远，远而示之近

战术，其实就是诱骗对手犯错的手段，目的是让对手在目标、方向上产生错误判断。

主力在进入到拉升阶段或脱离底部之前，有时会故意打压使股价下跌，让市场资金以为大跌正在进行，其实却是大涨就在不远处。

前面讲过的兜底坑，主力采用的就是这种战术。眼前的恐怖下跌，相比之后迎来的大涨，不过是“一览众山小”。这就是近而示之远。

远而示之近的案例也比比皆是。例如，上涨趋势中的次级回落调整，有些回落的幅度极其惊人，过程“吓煞”人，会让持仓者以为趋势转向。你若抛出清仓，又不敢再度买回的话，那么真正的大涨必然还在后面。

如图 4–33 所示，A 点出现的回落调整不但幅度较大，还一度跌破下方的250日长期均线，不可谓不凶猛。但藏在这个“凶猛”走势背后的，却是“更凶猛”的60度区大角度拉升。

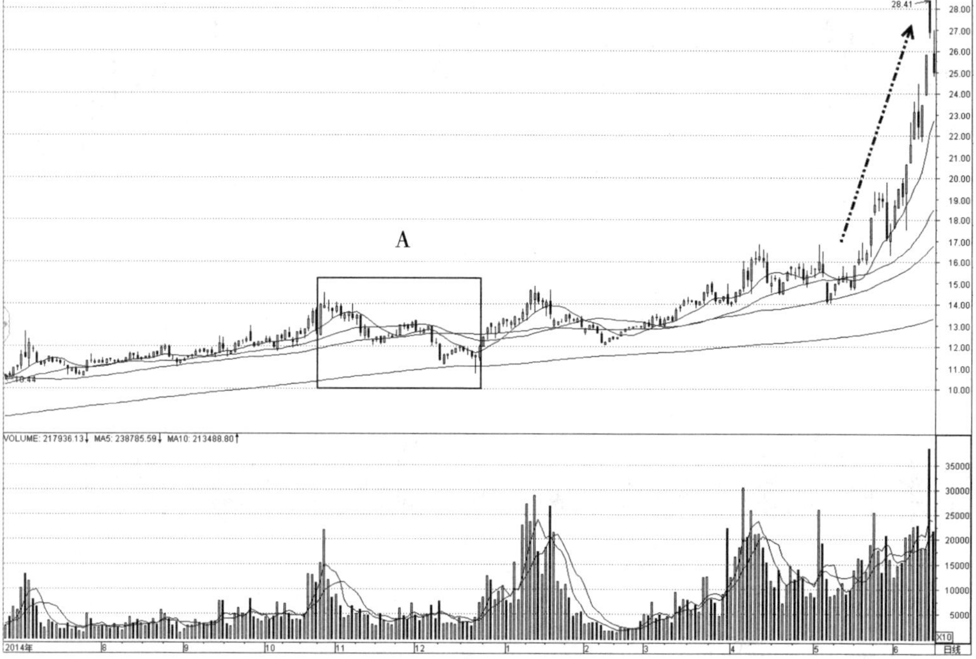

图 4-33

（四）利而诱之

陷阱上放上几粒米，就能捕捉到贪吃的鸟儿。主导资金最善于利用散户的贪婪心理，然后投其所好，为我所用。

对于“手中无股心里慌”的人来说，只要出现1～2个点的小波动，就会认为自己已经失去了整个世界。如果空仓时碰巧大盘拉出一根大阳线，那么“三观”就会因此而改变！

波动，致命的波动！

对很多人来说，价格明确的涨跌并不可怕，却最怕波动。因为波动代表着难以预料，甚至是失去。失去，不但包括曾经拥有的，也包括不曾拥有过的，比如机会。所有的诱骗方式，都不如“机会”高明。“机会”是主力利而诱之的杀手锏。

如图 4–34 所示，该股股价在高位出现连续的折返走势，每一次下跌，都会迎来反弹，然后下跌、反弹……“机会”就是这样在昭示你，让你尽快地抓住它，拥有它，然后……就到 A 点了。

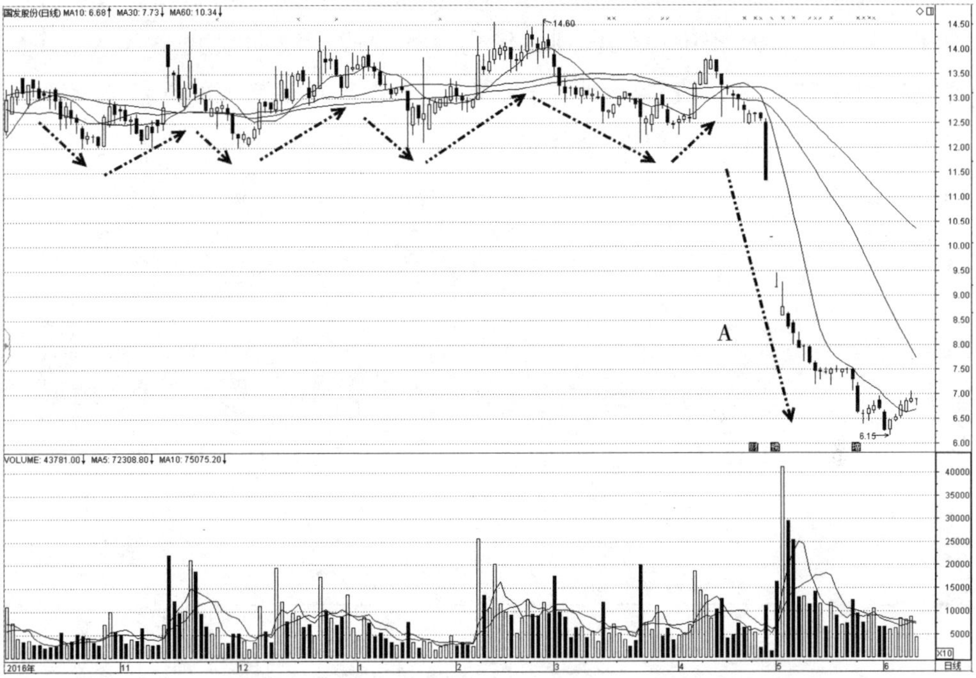

图 4–34

（五）乱而取之

尽管主导资金财大气粗，但也并非无懈可击。建仓期、拉升期、次级回落调整期，都是其不得不为、省略不掉的环节，也是有技术准备的交易者乱而取之的时机。

拉升期比较适合短线交易者参与，次级回落调整期则是波段交易者的介入良机。

长线交易者可在建仓期埋伏，然后像冬眠的龟一样，悄无声息潜伏下来，这就是所谓的“龟息战法”。龟息战法的精髓就是要做到甩不掉、吓不跑、耐得住、守得牢。做到这些并不容易，所以说建仓期比较适合中长线交易者介入。

如图 4–35 所示，A 点为该股大致的建仓区域，整个建仓过程持续时间约在 3 年左右。从图中可以看到，建仓过程中股价波动幅度并不小，甚至直至趋势扭转前夕，股价还创下了新低。过早介入，其中的煎熬未经历过的人难以想象。很多时候绝望会淹没了你，若非有坚定的信念，长线交易并不容易做。

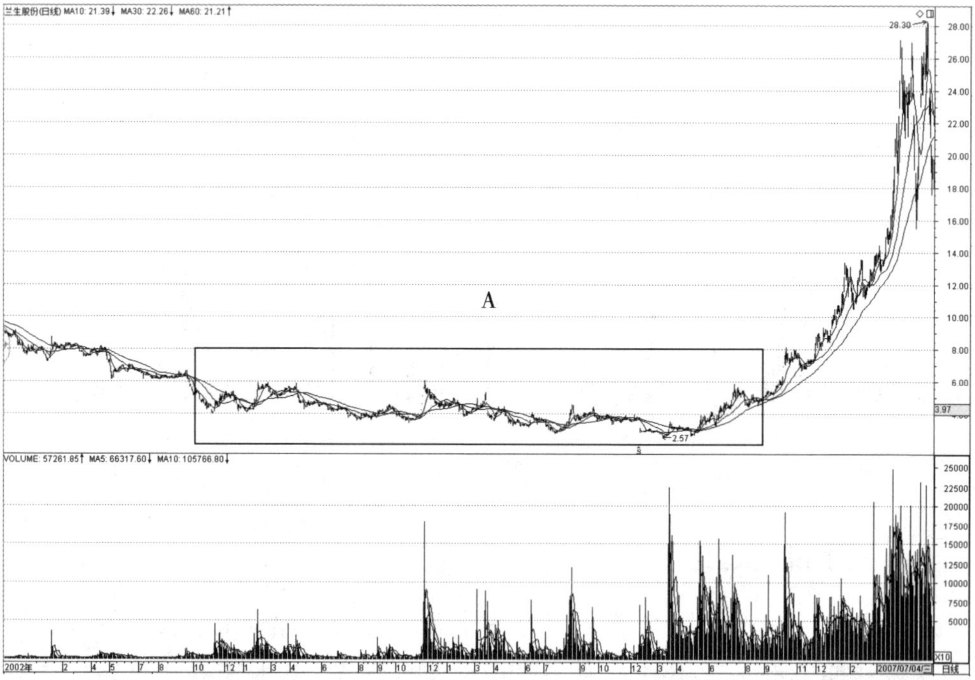

图 4–35

（六）实而备之，强而避之

在对手实力和势头强盛的时候，要时刻做好准备，避免与之硬碰硬。

大盘或个股的主升段并没有出现任何结束迹象之前，不可轻易做空，等待就是最好的选择。同样，在大盘或个股主要下跌阶段并未结束之前，应严禁入场做多。逆势交易，是与市场大众心理相逆，而不是与趋势相逆。

“最悲观的时刻正是买进的最佳时机，最乐观的时刻正是卖出的最佳时机。”这是逆势交易大师约翰·邓普顿关于逆势交易的名言。

在对手最强悍的时候回避，在其懈怠、虚弱之际发起攻击。毕竟，这世界上除了变形金刚，无论多么强大的敌人，也总有疲劳和休息的时候。

（七）怒而挠之

主力会时刻不停地用各种招数来刺激市场资金犯错，作为市场资金中最为弱势的散户，也避免不了犯错。上当受骗并不可怕，关键要及时认识到这一点，并能够避免在情绪和心理上被主力牵着鼻子走。

有些人犯错被套后，总是说“不卖了，看它能跌哪儿去”，主力最喜欢这样思考的人。无数的事实都证明，最开始心存“不卖了”的人，往往都会在最残酷也是最后的暴跌阶段改变初衷，挥泪割肉。

别被主力激怒，不和市场较劲，错了及时纠正。有山在，总会有柴烧。

（八）卑而骄之

当市场资金开始变得小心翼翼，如履薄冰，谨小慎微时，主力常用的招数就是“养”。养出市场资金的信心，养出骄纵之气，养出忘乎所以，毕竟养肥的猪才有更多的肉吃。

例如，一波大跌过后，多数人不敢交易或低仓位交易。等看到行情平稳地涨起来，就会尝试进场交易。成功几次过后，胆量就会倍增，甚至认为自己是百战百胜的股神，浑然不知主力正在背后冷笑不已。

如图 4–36 所示，一波大跌过后，A 点股价慢慢回升，这个上升也是让市场资金恢复信心的过程。

图 4–36

如果市场中的“羊群”都躲在圈里避风，那么市场上的“狼”们岂不要饿死。所以即使在罕见的暴跌市道中，也会出现为时并不太短的反弹时段。

散户要做技术派，不要做“羊群”派。一哄而上的地方，看起来很安全，看下去就未必了。

（九）佚而劳之，亲而离之

对于技术派散户，主力还是有些头疼的。尤其是那些用《孙子兵法》和《十六字诀》开拓思维的交易者，常常是“打得赢就打，打不赢就跑”，或者采取龟息战法跟主力磨性子，主力想将他们一网打尽，基本是办不到的。

主力多是土豪，有几个“蹭饭”的散户，只要资金体量未对主力构成威胁，主力也只能忍了。

另外，冒出几个高水平的技术派散户，对于主力来说也是好事。一个成功者会引出无数的向往者和追随者，梦想过度放大，就会成为泡沫。众多的梦想家只会形成“羊群效应”，这也是主力做梦都想达到的状态。这就是亲而离之的延伸理解。

当然，对付技术派散户，图形是可以作假的。但即使是主力亲手画的图形，还是会留下蛛丝马迹，所以主力想玩死技术派散户，只能靠心理战。

佚而劳之的意思是让有准备、有计划、有技术分析能力的散户失去这一切，那么怎样才能做到呢?

把技术派散户的心态搞乱，使其心理崩溃。心态失衡，技术就只是云烟!

对诡道十二法的总结，孙武先生用了“攻其不备，出其不意”八个字!

交易就是战场，资金就是兵卒，交易者就是运筹帷幄的将帅。一将无能，会累死千军。如果连续遭遇主导资金的沉重打击，那么用不了多久交易者就会成为孤家寡人。

对手是虎狼之师的主导资金，硬碰硬的阵地战绝非散户的最佳选择。埋伏战、游击战、龟息战，才是上上之选。

何为埋伏战?

缜密分析后，确认主力处于建仓或休整阶段，不必理会股价的短期波动，寻找价格震荡中的相对低点，在其中埋伏下手中的半数兵力。此后，如果价格继续下跌则加仓，回升后滞涨则抛掉加仓部分，一直保持半仓的状态，在价格震荡中保持这种节奏。

当价格突破盘局时，加仓（加仓比例为仓位的10%），连涨连加，遇第一次滞涨，出掉所有加仓部分。保持这种节奏，直至波段结束。此即为埋伏战。

何为游击战?

精选不同板块的龙头优质股建成股票池追踪观察，哪个板块个股先起涨，就出击哪个板块。待其走弱后，再选择股票池中要启动的个股进入。如果有一天你发现股票池中所有的个股都不符合介入标准，或者模棱两可，难以判断时，则放弃交易，因为此时市场极有可能正在酝酿一场下跌风暴，之后大部分个股都将难逃暴跌的噩运。

对于中长线交易者来说，选择在长期下跌趋势运行至“三没”时埋伏进去，坚定信守“龟息战”理念，直至上涨趋势如火如荼、众生癫狂阶段，再果断清仓，大把财富就会收入囊中。

“三没”是指没有成交量、没有人谈论股票、没有向好的希望。

“龟息战”是指买入后不看、不听、不问，以不交易为交易之法。

十六字诀是指“敌进我退，敌驻我扰，敌疲我打，敌退我追”。

二、喧哗与平静——可资借鉴的交易人生

1993 年，他利用欧洲各国在统一汇率机制问题上步调不一致的失误，发动了抛售英镑的投机风潮，迫使英格兰银行认亏出场。1997 年，他的量子基金横扫东南亚，使得这些国家几十年的经济发展成果一夕化为乌有。

一个人倚仗自己的资金优势来狙击整个或多个国家及其货币营运体系并获得了成功，此人就是有史以来最具传奇色彩的投机大师——乔治·索罗斯。

2008 年 1 月，索罗斯在英国《金融时报》发表了一篇文章——《全球将面临 60 年来最严重的金融危机》，精准预测了 2008 年全球金融危机。索罗斯根据自己的判断进行操作，使自己的基金不仅避免了资产大幅缩水，而且获得了高达 10% 的回报。

索罗斯纵横世界金融市场的纪录，似乎更像是一部冒险史，很多人认为命运之神特别眷顾索罗斯。索罗斯在自己的一本著作中说：“如果我必须就我的实务技巧作个总评，我会选择一个词——生存。”为了生存而冒险，也许是索罗斯童年的一些经历教会了他贯穿一生的行为法则。

（一）索罗斯小传

1930 年 8 月 12 日，乔治·索罗斯出生在匈牙利布达佩斯一个中上等

级的犹太人家庭。乔治·索罗斯的父亲是一名律师，性格坚强且极其精明。他经历过战争，把生存看得高于一切，但鄙夷像守财奴似地积聚财富。他认为财富太多会使人软弱，使生存更困难，很多人终生劳碌，捞取财富，却因此丢掉了性命。

诸如此类的言论，对幼时的索罗斯影响是极其深远的。在以后的生活中，索罗斯对积累万贯家产并无太多兴趣，而是将亿万家财投入慈善事业。这一点应该是得益于父亲的熏陶。

少年时代的索罗斯总有一种与众不同的感觉，甚至认为自己就是上帝，或者是唯一能和上帝对话的人。成年后，他在一本书中写道："从孩提时代起，我就拥有强烈的救世梦想，但我不得不控制，否则它们会给我带来麻烦。"索罗斯的童年玩伴回忆说，他喜欢凌驾于其他孩童之上，他比较擅长游泳、网球，还是各种游戏的常胜将军。

总之，索罗斯的童年是在父母悉心关爱下度过的，非常幸福。

1944 年，随着纳粹侵略布达佩斯，索罗斯的幸福童年也宣告结束，全家开始了逃亡生涯。自纳粹上台以来，乔治·索罗斯的父亲就一直关注着这个政党。他看到纳粹恶性膨胀，很早就担心暴力迟早会延伸到匈牙利，延伸到布达佩斯，延伸到他的家庭。在战争早期，他就卖掉了一些不动产。他的高度自信和冷静安慰了自己的家人。那是一个充满危险和痛苦的时期，父亲告诉索罗斯："正常的法律不适用了，你得忘掉你在正常社会里的行为，适应这个不正常的环境。"

这场战争给索罗斯上了终生难忘的一课。索罗斯后来说，1944 年是他生活中最快乐的一段时光，他从生死危难中学会了生存的技巧。其中的两条经验对他此后的投机生涯很有帮助，第一是不要害怕冒险，第二是冒险时绝不孤注一掷。

1945 年，战争结束了。秋天，乔治·索罗斯回到了学校。1947 年秋天，17 岁的索罗斯只身离开匈牙利，准备前往西方国家寻求发展。他先去了瑞士的伯尔尼，之后又去了伦敦。原以为在伦敦会有很好的发展，但他在那里只能当侍者、农场工人、漆匠，靠打零工维持生计，同时期待着好运降临。在这一时期，他感到孤独，心灰意冷，生活毫无乐趣可言。很多年以后，索罗斯回忆起这个阶段的生活境遇仍然不寒而栗："有了一次，就再也不想有另一次了。"

1949 年，索罗斯进入伦敦经济学院学习。在伦敦经济学院求学期间，对索罗斯影响最大的要数哲学家卡尔·波普。虽然波普以关于科学方法的理论著称，但是他于 1951 年写的《开放社会及其敌人》一书，给乔治·索罗斯带来了深远的影响。

索罗斯曾专门拜访卡尔·波普，想从这位学者那里学到更多的东西。卡尔·波普鼓励他严肃地思考世界运作的方式，并尽可能地从哲学的角度解释这个问题。这对于索罗斯建立金融市场运作的新理论打下了坚实的基础。

贫困几乎使索罗斯辍学。无奈之下，他去当了一个夜班铁路搬运工，但却不小心折断了腿，他不得不向犹太人救济委员会申请救济金。

1953 年春天，索罗斯从伦敦经济学院毕业。虽然他乐于沉醉在思维的王国并喜欢写作，也许假以时日，他会成为一名哲学家或一名学者，但是现实的残酷却让他立刻面临着如何生存的问题，他只能去做任何能找到的工作。

他销售过手提袋，但很快就发现这项工作不是他能胜任的。凭借伦敦经济学院毕业的学位，他试着给城里的各家投资银行写了一封自荐信，最后辛哥尔 & 弗雷德兰德公司给了他一个实习的机会。这个机遇降临时，可能当时处于困顿境况中的索罗斯自己都没有意识到，他纵横全球金融界的大幕正缓缓拉开。

来到辛哥尔 & 弗雷德兰德这个股票交易十分繁忙的公司后，索罗斯体会到了什么叫如鱼得水，他感觉自己终于寻找到了人生的方向。虽然当一名哲学家的梦想仍旧使他耿耿于怀，但是索罗斯确实着迷于目前的这个工作。不久，他就成了一名在黄金股票套汇方面很有研究的交易员，尤其在不同市场间套利方面更是有所专长。

在伦敦当交易员的日子里，虽然生计已经不是问题，但是伦敦窘迫的生活经历给他留下的心理阴影仍旧挥之不去。这里有很多擅长套汇的行家里手，使得索罗斯很难得到扬名立万的机会。伦敦充满压抑的空气，已经不能满足日益成长起来的索罗斯的那颗勃勃雄心，他决定到世界最大的金融中心——纽约华尔街闯荡一番！

索罗斯 1956 年的个人积蓄是 5000 美元，事业上前途未卜。同一年，巴菲特正在着手成立巴菲特合伙公司，个人已经拥有 14 万美元的积蓄。金融界未来的两位风云人物，在起步阶段似乎并无可比之处。

1956 年，索罗斯来到纽约，通过熟人引荐，成为 F · M · 梅叶公司的一名套利交易员，主要从事欧洲证券分析以及为美国金融机构提供咨询。这个时候，还没有人愿意关注一个叫乔治 · 索罗斯的年轻人给出过什么样的建议。

索罗斯通过自己小心翼翼的研究，利用同一种股票在不同市场间的微小差价，通过低价买进高价卖出来盈利。因为当时闭塞的地域观念，没有多少实力公司愿意听从索罗斯的建议和分析进行大规模的套利投资。当套利在 20 世纪 80 年代逐渐成为最火爆的金融投资形式时，索罗斯无疑是那个时代的先驱。

1959 年，索罗斯离开 F•M• 梅叶公司，转投经营海外业务的维特公司，继续从事欧洲证券业务。

1960 年，索罗斯经过缜密的分析研究，发现德国阿利安兹保险公司的房地产价格上涨，其股票售价与资产价值相比有较大的折扣，于是建议人们投资阿利安兹公司的股票。摩根担保公司和德雷福斯公司听从了索罗斯的建议，购买了大量阿利安兹公司的股票。阿利安兹公司的股票价格后来翻了 3 倍，索罗斯因此声名鹊起，逐渐成为公众关注的人物。

1963 年，索罗斯开始为更适合自己的霍德 · 布雷彻尔德公司效力。这家公司比较擅长经营外国证券，使他的专长得以充分发挥。相比大多数美国交易商，索罗斯能够讲多种欧洲语言，包括法语、德语等，同时索罗斯与生俱来的敢于冒险的精神以及多年来积累的套利方面的丰富知识，很容易就使他成为在这一领域最杰出的分析师。1967 年，索罗斯凭借自己卓越的才能，晋升为公司研究部主管。

索罗斯不是那种奉传统若神明的人，他有自己独特的一套市场理论。他认为，金融市场动荡无序，股票市场的运作基础不是逻辑的，而是心理的，跑赢市场的关键在于如何把握这种群体心理。

索罗斯在金融市场上能够获得巨额利润，除了依赖于他独特的市场理论外，还在于他超人的胆略。因为索罗斯认为一个投资者所能犯的最大错误，并不是过于大胆鲁莽，而是过于小心翼翼。虽然有一些投资者也能准确地预期市场走向，但由于他们总担心一旦行情发生逆转将遭受损失，所以不敢建立大的头寸。当市场行情一直持续看好时，又后悔自己当初的头寸太少，坐失赚钱良机。

索罗斯一旦根据有关信息对市场作出了预测，就对自己的预测非常自信。当他确信他的投资决策无可指责时，那么建立再大的头寸都在所不惜。当然，要建立巨额头寸，需要有超人的胆略和勇气，否则，他将无法承受由此带来的巨大压力。在这个时期，他的投资理论经过实战检验和反复思考，经过严密的论证过程，已经渐趋成熟。索罗斯注定不会埋没于芸芸众生之中。

吉姆·罗杰斯的出现，使索罗斯遇到了投资生涯中的黄金搭档。1970 年索罗斯和罗杰斯创立双鹰基金，资本额为 400 万美元，基金设立在纽约，但其出资人皆为非美国籍的境外投资者，因为可以避开美国证券交易委员会的监管。

1972 年，在其他投资者对银行股票毫无兴趣时，索罗斯经过独自研究，发现银行业股票存在着巨大的机会，最终从中获得了 50% 的利润。同一年，索罗斯根据商业部的一份私人报告，发现美国经济发展依赖于外国的能源资源。索罗斯开始大量收购石油钻井、石油设备和煤炭公司的股票。一年之后，即 1973 年，阿拉伯产油国决定对西方发达资本主义国家实行石油禁运，引起能源业股票飞涨。

由于规则的改变，索罗斯和罗杰斯无法再从公司的股票经营中获得利益。尽管爱霍德·布雷彻尔德公司不想让他们离开，但索罗斯和罗杰斯还是认为外面的世界正等待着他们展翅翱翔，离开爱霍德·布雷彻尔德公司更有利于实现自己在金融市场上的雄心壮志。

1973 年，索罗斯和罗杰斯离开爱霍德·布雷彻尔德公司，并将双鹰基金更名为索罗斯基金管理公司，从此开始了他们为自己奋斗的投资生涯。

由于他们迥异于华尔街陈旧的思维方式和操作理念，使他们更善于抓住每一次赚钱的机会。索罗斯后来说："我们的出发点都假设市场经常是错误的。实际上，我和罗杰斯最大的差别是，他认为流行的观点总是错误的，我却认为我们也可能错误。我们把华尔街的看法视为凡俗之见，因为我们不但希望与众不同，而且事实上我们也的确与众不同。"

1973 年 10 月，埃及和叙利亚大举入侵以色列时，由于以色列的武器装备技术已经过时，以色列遭到重创，付出了血的代价。索罗斯和罗杰斯从这场战争联想到美国的武器装备也可能过时，美国国防部有可能会花费巨资采购新式武器重新装备军队。

1974 年初，罗杰斯密切关注军事工业的动态。罗杰斯到华盛顿跟国防部的官员周旋，又找到美国军工企业的承包商谈判。索罗斯和罗杰斯越来越坚信，他们的判断是正确的，其他的投资者将会失去这一发财的好机会。索罗斯基金开始投资于诺斯罗普公司、联合技术公司、格鲁曼公司、洛克希德公司等握有大量国防部订货合同的公司股票，这些投资最终为索罗斯基金带来了巨额利润。

索罗斯的独特之处在于，在一种股票变成热门股之前，他能够透过乌云的笼罩看到希望，他很清楚为什么要买或不买。当他发现自己处境不利时，他能走出困境。索罗斯曾经讲过一个案例："有一家是抵押保证保险公司，我们根据它名字的缩写，称之为神奇公司（MAGIC）。加州住宅市场崩溃时，市场认为这家公司可能破产，但是它经受住了考验，我们也赚了一大笔财富。我就是在这个时候制定了一个规则，规定企业成功熬过艰苦的考验时，应该拥有他们的股票，但是在考验期间应该避开这些股票。其实这种事说起来容易做起来难。”

索罗斯除了正常的低价购买、高价卖出的投资招数以外，卖空也是索罗斯特别喜爱的招数，其中的经典案例就是索罗斯关于雅芳化妆品公司的交易。

为了达到卖空的目的，索罗斯以市价每股 120 美元借入雅芳化妆品公司 1 万股股票。一段时间后，该股票开始狂跌。两年以后，索罗斯以每股 20 美元的价格买回了雅芳化妆品公司的 1 万股股份。从这笔交易中，索罗斯以每股 100 美元的利润为基金赚了 100 万美元，几乎是 5 倍于投入的盈利。

索罗斯承认他喜欢通过卖空盈利，这给他带来谋划后的喜悦。公司把赌注下在几个大的机构上，然后卖空，当这些股价猛跌时，公司就赚到了大量的钱。虽然在别人看来，卖空要冒太大的风险，但是因为索罗斯事前做足了研究和准备工作，因此，他的冒险大都以胜利告终。

1979 年，索罗斯决定将公司更名为量子基金。之所以取“量子”这个词语，是源于海森堡的量子力学测不准原理，此定律与索罗斯的金融市场观念相吻合。测不准定律认为，在量子力学中，要准确描述原子粒子的运动是不可能的。

在索罗斯和罗杰斯超群的投资才能和默契的配合下，他们的基金公司没有一年是亏损的。到 1980 年 12 月 31 日为止，索罗斯的量子基金增长 3365%。与标准普尔综合指数相比，后者同期仅增长 47%。1980 年，更是一个特别值得骄傲的年份，该年度量子基金增长 102.6%，这是索罗斯和罗杰斯合作成绩最好的一年。此时，量子基金已增加到 3.81 亿美元，索罗斯个人也跻身到亿万富翁的行列。就在投资事业渐入佳境，一切顺风顺水的时候，罗杰斯却决定离开公司。

至于他们分手的原因，多年之后索罗斯回忆道：“我们引进一些非常有天分的人，他们不是完全没有经验，就是经验很有限。当他们开始学习，开始和吉姆讨论问题，吉姆不能忍受来自员工的批评。他非常尊重我的批评，对于我的批评从来没有不满，但是他不能忍受他的员工批评他或与他意见不同。在这些人真正开始发挥能力时，他会离奇地把他们摧毁，这样造成了很不愉快的气氛，也使我们丧失了这些刚刚能够独立作业的人才，因此我们公司就出现了真空。基金的规模越来越大，但是我们必须自己做所有的工作。我们成功了，却遭遇工作和责任不断增加的惩罚，终于演变到我们的合伙关系破裂的地步。”

罗杰斯并不想建立如此大规模的公司。当索罗斯试图接纳另一伙伴，想对他进行训练并使之成为自己的接班人时，罗杰斯不同意这样做。“他不赞成我考虑过的任何一个人，也不能容忍周围的其他人。”索罗斯说，“他使得其他人活得太艰难。”

合作 10 年之久的华尔街最佳搭档分手，多少令索罗斯有些失落。索罗斯说：“如果我不能享受成功的欢乐，那我遭受的所有痛苦和紧张又有什么意义呢？我问自己。我应该开始享受自己的劳动果实，即使这意味着杀鸡取卵。”

长期以来，索罗斯对工作恪尽职守，与罗杰斯等高水准的人合作，使他能长时间立于不败之地。当索罗斯过早改变这些使之成功的细节，又未能及时采取有效的替代措施时，个人思想的混乱影响到他领导的基金，公司也出现了混乱，并直接导致索罗斯遭受到金融生涯中的一次大亏损。

1981 年，索罗斯判断美国经济会因通货膨胀出现问题，而公债市场会出现一个较大的上升行情，于是用所借的银行短期贷款大量购入长期公债。但形势并未像索罗斯预料的那样发展，相反，由于美国经济保持强劲发展，银行利率不断地快速攀升，已远远超过公债利率。这一年，索罗斯持有的公债总计大约损失了几百万美元，量子基金净值下降达 26%。大批投资者大笔赎回资金弃他而去，基金规模从 4 亿美元降到 2 亿美元。

索罗斯有一种被抛弃的感觉，甚至曾想过要退出市场，去过一种平淡的生活。

索罗斯最终还是选择留下来。他开始从哲学的角度思考金融市场的运作。思考得越多，越深入，索罗斯越感到自己被以往的经济学理论所愚弄。

传统经济学家认为市场是具有理性的，市场运行有其内在的逻辑。由于投资者对上市公司的情况能够作充分的了解，所以每一只股票的价格都可以通过一系列理性的计算得到精确的确定。当投资者入市操作时，可以根据这种认知理智地挑选出最佳品种的股票进行投资，股票的价格将与公司未来的收入预期保持理性的相关关系，这就是有效市场假设。它假设了一个完美无瑕的、基于理性的市场，也假设了所有股票价格都能反映当前可掌握的信息。另外，一些传统经济学家还认为，金融市场总是“正确”的，市场价格总能正确地折射或反映未来的发展趋势，即使这种趋势仍不明朗。

索罗斯通过对华尔街进行考察，发现以往的那些经济理论是多么不切实际。他认为金融市场是动荡的、混乱的，市场中买入卖出决策并不是建立在理性的假设基础之上，而是基于投资者的预期，数学公式是不能控制金融市场的。人们对任何事物获得的实际认知都不是完美的，投资者对某一股票的偏见，不论其肯定或否定，都将导致股票价格的上升或下跌，因此市场价格并非总是正确的，也不是总能反映市场未来的发展趋势，它常常因投资者以偏概全的推测而忽略某些未来因素可能产生的影响。

实际上，并非目前的预测与未来的事件吻合，而是目前的预测造就了未来的事件。所以，投资者在获得相关信息之后作出的反应，并不能决定股票价格。其决定因素与其说是投资者根据客观数据作出的预期，还不如说是根据他们自己的心理感觉作出的预期。投资者付出的价格不仅仅是股票自身价值的被动反映，还成为决定股票价格的积极因素。

索罗斯认为，由于市场的运行是从事实到观念，再从观念到事实，一旦投资者的观念与事实之间的差距太大，无法得到自我纠正，市场就会处于剧烈的波动和不稳定的状态，这时市场就会出现“盛—衰”循环。投资者的盈利之道就在于推断出即将发生的预料之外的情况，判断盛衰循环的过程，逆潮流而动。但同时索罗斯也提出，投资者的偏见会导致市场跟风行为，而不均衡的跟风行为会因过度投机而最终导致市场崩溃。

1981 年里根就任总统。索罗斯通过对里根新政策的分析，确信美国经济将会开始一个新的“盛—衰”循环，索罗斯开始果断投资。美国经济在里根的新政策刺激下，开始走向繁荣。到 1982 年底，量子基金上涨了 56.9%，净资产从 1.933 亿美元猛增至 3.028 亿美元。索罗斯已经从 1981 年个人和基金的混乱中走了出来。

索罗斯讲过一个小故事来说明这段时间的心路历程：“过去我嘴里的唾液腺有一颗结石，极为疼痛，医生动手术拿出结石，手术也很痛。这颗结石是坚硬的小圆球，因为结石给我造成了这么多的痛苦，所以我希望保留这颗结石。几天之后，我去看结石，发现它已经变成了灰，因为它是纯粹的钙，干燥之后会变成粉末。我的烦恼其实也是这样，不知道为什么，烦恼公开之后就烟消云散了。”

随着美国经济的发展，美元表现得越来越坚挺，美国的贸易逆差以惊人的速度上升，预算赤字也逐年增加。根据他的“盛—衰”循环理论，索罗斯确信美国经济正在走向萧条，一场经济风暴将会危及美国经济。

他决定在这场即将到来的风暴中放手大干一场。他密切关注着政府及市场的动向。随着石油输出国组织的解体，原油价格开始下跌，这给美元带来巨大的贬值压力。同时，由于石油输出国组织解体，美国的通货膨胀开始下降，相应地利率也跟着下降，这将促使美元贬值。索罗斯预测美国政府将采取措施支持美元贬值，同时，他还预测德国马克和日元即将升值。

1985 年，索罗斯开始做多马克和日元。他先期持有的马克和日元多头头寸达 7 亿美元，已经超过了量子基金的全部价值。由于他坚信他的投资决策是正确的，在先期遭受了一些损失的情况下，他又大胆增加了差不多 8 亿美元的多头头寸。

索罗斯一直增加投入，是因为他认为浮动汇率的短期变化只发生在转折点上，一旦趋势形成，它就消失了。他要趁其他投机者还没有意识到这一转折点时，利用美元的下跌赚更多的钱。当然，索罗斯增加投入的前提是他深信逆转已不可能，因为一旦趋势逆转，哪怕是暂时的，他也将万劫不复。

1985年9月22日，美国新任财长詹姆斯·贝克和法国、西德、日本、英国共五大国财政部部长在纽约广场大饭店（Plaza Hotel）开会，商讨美元贬值问题。会后五国财长签订了《广场协议》。该协议准备通过更紧密的合作，有序地对非美元货币进行重新估价。这意味着中央银行必须低估美元价值，迫使美元贬值。

《广场协议》公布后的第一天，美元汇率宣布从239日元降到222.5日元，即下降4.3%。这一天的美元贬值使索罗斯一夜之间赚了4000万美元。接下来的几个星期，美元继续贬值。10月底，美元汇率已跌落13%，达到1美元兑换205日元。量子基金已由1984年的4.489亿美元上升到1985年的10.03亿美元，资产增加了223.4%。索罗斯凭借他当年的惊人业绩，在金融世界——华尔街收入最高的前100位人物排名上名列第二位。

索罗斯后来回顾这段历史时这样说："为了让自己在心智上重新与投资结合，我决定设法写一本书，谈谈我的投资方法，就这样开始我所说的即时实验。我的构想是在决策过程逐步开展时，把过程记录下来。因为我认为投资是一个历史过程。对我而言，这正是该做的适当实验，这不是科学实验，而是像炼金术，因为我预期我进行的实验会影响结果，我希望这种影响是正面的，也希望我的期望能够达成。结果我们创造了另一段爆炸性成长的时期，因此，虽然根据科学标准，实验并没有确切证明我的理论，但是根据这个理论所建立的标准来看，实验证明了理论的正确性。我的论点之一是理论和实验会影响有关的主题事件，所以到1985年，我开始着手即时实验。这个即时实验变成非常好的构想，因为它刺激我的思考。由于我必须解释作决策的原因，我被迫变得比较前后一贯，等于在我身上强加了若干纪律，这一点非常有帮助。即时实验涵盖了1985年9月的广场协定（Plaza Accord），对我和基金来说，这个实验是个重大胜利。我们在即时实验的15个月里，大约赚进114%的利润，对作家来说，这可能是写一本书所能获得的最高酬劳了。”

1986 年美元跌至 1 美元兑换 153 日元。索罗斯在这场金融豪赌中获得了重生，也因此奠定了量子基金在华尔街甚至在世界金融界的地位。这一年量子基金的财富增加了 42.1%，达到 15 亿美元。索罗斯个人从公司中获得的收入达 2 亿美元。

经过这场金融豪赌，索罗斯不但收获了财富，使得自己的基金公司再度快速增长，同时他的理论经受住了实践的验证，最终获得成功。《金融炼金术》可以说是索罗斯这个时期投资理论的精华之作。

索罗斯虽然痛恨赔钱，但他却能够忍受痛苦。对于其他人而言，犯错是耻辱的来源。而对于他来说，认识到错误则是一件引以为豪的事情。因为在他看来，对于事物的认知缺陷是人类与生俱来的伴侣，他不会因为错误百出而感到伤心丢脸，他随时准备去纠正自己的错误，以免在曾经跌倒过的地方再度跌倒。他在金融市场上从不感情用事，因为他明白理智的投资者应该是心平气和的，不能求全责备。

1987 年，索罗斯预测日本正在形成金融泡沫，所以开始做空日本股票，做多美国股票。结果下跌却首先在美国出现，日本市场没有崩溃。索罗斯在日本的空头头寸给他带来了重大亏损，他迅速调整策略并及时撤出。

他说：“我的原则是生存第一，赚钱其次。如果你的表现不尽人意，首先要采取的行动是以退为进，而不是铤而走险。当你重新开始时，不妨从小处做起。当你决策失误，造成巨大损失时，自责是毫无意义的，重要的是勇于承认自己的错误，及时从市场中撤出，尽可能减少损失。只有保存了竞争的实力，你才能卷土重来。”

索罗斯具有比别人更敏锐地意识到错误的才能。当他发现他的预期设想与事件的实际发展有出入时，他不会待在原地坐以待毙，也不会对那些该死的错误视而不见，他会进行一次歇斯底里的盘查以期发现错误所在。一旦发现错误，他会修正自己的看法以图东山再起。正是因为索罗斯的这一宝贵品质，他才始终能够在动荡的金融市场中生存并不断发展壮大。尽管经受了重大的挫折，到 1987 年末，量子基金的财富仍上升了 14.1%，达 18 亿美元。

使索罗斯成为全球金融界瞩目的投机大师或“金融大鳄”的，是 20 世纪 90 年代凭借量子基金发动的几次大规模的货币狙击战。量子基金以其强大的财力和凶狠的作风，自 20 世纪 90 年代以来在国际货币市场上兴风作浪，常常对基础薄弱的货币发起攻击并屡屡得手。

随着索罗斯在华尔街的声望日隆，量子基金的资金行踪和投资方向开始受到规模庞大的国际游资追随。因此，量子基金的一举一动常常对某个国家货币的升降走势发挥重大的影响。

对冲基金对一种货币的攻击往往是在货币的远期和期货、期权市场上通过对该种货币大规模卖空进行的，从而造成该种货币的贬值压力。对于外汇储备窘困的国家来说，经过徒劳无功的市场干预后，剩下的唯一办法往往是任其货币贬值，从而使处于空头的对冲基金大获其利。

1992 年，为配合欧共体内部的联系汇率制度，英镑汇率被人为固定在一个较高的水平。索罗斯确信处于衰退中的英国无法维持 1 英镑兑换 2.95 马克的汇率水平，便动用了 100 亿美元进行豪赌，抛售了 70 亿美元的英镑，购入 60 亿美元坚挺的货币马克，并且进行了一系列杠杆操作，此举引发国际投机资金的关注和跟风。

量子基金率先发难，在市场上大规模抛售英镑而买入德国马克。英格兰银行虽下大气力抛出德国马克购入英镑，并配以提高利率的措施，仍不敌量子基金等投机资金的攻击。最终英镑被迫退出欧洲货币汇率体系，实行自由浮动汇率，短短 1 个月内，英镑汇率下挫 20%，而量子基金在此次金融行动中获得了 20 亿美元的暴利。

1994 年，索罗斯的量子基金对墨西哥比索发起攻击。墨西哥 1994 年之前的经济良性增长，是建立在过分依赖中短期外资贷款基础之上的。为控制国内的通货膨胀，比索汇率被高估并与美元挂钩。由量子基金发起的对比索的攻击，使墨西哥外汇储备在短时间内告罄，不得不放弃与美元挂钩，实行自由浮动汇率，从而造成墨西哥比索汇率和国内股市崩溃，量子基金在此次比索危机中则收入不菲。

1997 年东南亚发生金融危机，与 1994 年的墨西哥金融危机如出一辙。许多东南亚国家如泰国、马来西亚和韩国等，长期依赖中短期外资贷款维持国际收支平衡，汇率偏高并大多实行与美元或一揽子货币挂钩的固定汇率或联系汇率，这给国际投机资金提供了一个很好的猎杀机会，量子基金扮演了狙击者的角色。

索罗斯从大量卖空泰铢开始攻击，迫使泰国放弃维持已久的与美元挂钩的固定汇率，转而实行自由浮动汇率，从而引发了一场泰国金融市场前所未有的危机。危机很快波及到所有东南亚实行货币自由兑换的国家和地区，迫使除了港币之外的所有东南亚主要货币在短期内急剧贬值，并导致大量工厂倒闭，银行破产，物价上涨，呈现出一片惨不忍睹的景象。东南亚各国货币体系和股市崩溃，由此引发大批外资撤离和国内通货膨胀，给这个地区的经济发展蒙上了一层阴影。量子基金则从中获得了暴利。

在东南亚取得完胜后，索罗斯把矛头指向了香港。

1998 年 7 月中旬，港币遭到大量投机性抛售，港币汇率受到冲击，一路下滑，已跌至 1 美元兑 7.7500 港币的心理关口附近。香港金融市场一片混乱，各大银行门前挤满了挤兑的人群。

香港金融管理当局立即入市，强行干预市场，大量买入港币，以使港币兑美元汇率维持在 7.7500 港元的心理关口之上。刚开始的一周时间里，政府干预确实获得了预期的效果。但不久，港币兑美元汇率就跌破了 7.7500 港元的关口。香港金融管理局再次动用外汇储备，全面干预市场，将港币汇率重新拉升至 7.7500 港元之上，显示了强大的金融实力。

索罗斯第一次试探性的进攻在香港金融管理局的有力防守中暂时退却。

1998 年 7 月 21 日，索罗斯开始发动新一轮进攻。当日，美元兑港币 3 个月远期升水 250 点，港币 3 个月同业拆借利率从 5.575% 升至 7.06%。香港金融管理局立即于次日精心策划了一场反击战。

香港政府通过发行大笔政府债券，抬高港币利率，进而推动港币兑美元汇率大幅上扬。同时，香港金融管理局对两家涉嫌投机港币的银行提出了口头警告，使一些港币投机商战战兢兢，最后选择退出港币投机队伍，这无疑削弱了索罗斯的投机力量。当港币又开始出现投机性抛售时，香港金融管理局又大幅提高短期利率，使银行间的隔夜贷款利率暴涨。

一连串的反击，使索罗斯的香港征战未能讨到任何便宜，据说此举使索罗斯损失惨重。中国政府也一再强调，将会全力支持香港政府捍卫港币稳定，必要时，中国央行将会与香港金融管理局合作，联手打击索罗斯的投机活动，这使索罗斯投机港币赚大钱的希望落空。

索罗斯并非全无收获，虽然未能在港币投机上占到便宜，但是他在狙击港币的同时做空恒指，使得恒指从 18000 点跌到 6000 点，尽管未能成功实现一箭双雕的计划，却依然得到了可观的收益。

经过不到 30 年的经营，至 1997 年末，量子基金已增值为资产总值近 60 亿美元的巨型基金。如果投资者在 1969 年投入量子基金 1 万美元的话，那么在 1996 年底已增值至 3 亿美元，即增长了 3 万倍。

1998 年索罗斯对俄罗斯债务危机及对日元汇率走势的错误判断，使量子基金遭受重大损失，后来投资于美国股市网络股也大幅下跌。至此，索罗斯的量子基金损失总额达近 50 亿美元，量子基金元气大伤。

2011 年 7 月，索罗斯基金管理公司致信全体股东，称今后索罗斯将专心经营自己家族的投资业务，年内将解散其 255 亿美元规模的基金公司，将不多于 10 亿美元的资金退回给客户。原因是不久前美国证券交易委员会（SEC）公布了基金监管的一项重大调整，新的监管规定要求私人投资顾问必须在 2012 年 3 月以前向 SEC 注册。如果投资机构作为一个家族组织运作，就无需遵守这方面的规定。

实际上，11 年前，索罗斯基金管理公司已作为一个家族机构进行运作，当时索罗斯宣布对投资重点进行调整，量子基金也改名为量子捐赠基金，这使得外部股东的利益可与家族投资者保持一致并继续向量子基金投资。

但是依照新的监管规定，这些豁免条款已不再适用，索罗斯基金管理公司必须完全转型为家族机构。这一新情况产生的一个后果是，依据新监管规定的要求，索罗斯将不能再为家族客户之外的任何人管理资产。因此，索罗斯基金管理公司要求量子基金董事会将相对少量的、不合规定的资本在监管规定生效前返还给外部投资者。

至此，这位曾让英国央行溃不成军、泰国政府胆战心惊的美国亿万富翁正式"金盆洗手"，结束了其纵横全球金融界辉煌的基金经理生涯。这位年届八旬的老人除了投资大师的称号之外，还是金融家、慈善家、哲学家、社会活动家，作为慈善家的索罗斯，在过去 30 年里，在全球范围内捐赠了 80 多亿美元的资金。

乔治·索罗斯，一个人可以击败一个国家，却敌不过岁月催人老。量子基金无论最初如何璀璨夺目，也有落幕的一刻。从此之后，国际金融市场再也无人能被称为"金融大鳄"。

（二）索罗斯的投资哲学

索罗斯的"反身性"理论和"盛衰"理论，可以说是他投资理念或者说投资哲学最集中的反映。

1. 反身性理论

反身性理论的基本含义是：人们的认识会改变事物的发展，同时事物的发展变化反过来会改变人们的认识，这是一个双向互动的过程。比如投资者与金融市场之间的互动关系，投资者根据自己获得的资讯和对市场的认知形成对市场的预期，并付诸投资行动。这种行动改变了市场原有的发展方向，就会反馈出一种新的市场形态，从而形成新的资讯，让投资者产生新的投资信念，并继续改变金融市场的走向。

索罗斯通过构造两个函数，即认知函数与参与函数，并把它们表述成一对递归函数来阐述他的反身性理论。

认知函数

$$Y = f(x)$$

参与函数

$$X = \Phi(y)$$

X：事态，Y：认知或思维

推出

$$Y = f[\Phi(y)]$$

$$X = \Phi[f(x)]$$

参与者对事态的认知称为认知函数，参与者的思维对现实世界的影响称为参与函数。在认知函数中，参与者认知的事态是自变量，而在参与函数中，参与者的思维是自变量。在研究社会现象时，两个函数同时发挥作用，相互影响，相互作用，一个函数的自变量是另一个函数的因变量，这样研究将不再产生确定的结果。由于事态和思维两者均为因变量，所以一个初始变化会同时引起事态和参与者的思维的进一步变化。这两个递归函数不可能产生均衡点，存在的只是一个无限运动的过程，索罗斯称这种相互作用为“反身性”。

传统的投资理论认为，市场永远是正确的，市场价格已经对市场未来的发展作出精确的反映。而索罗斯认为，市场总是错的，投资者对金融市场的不完全认识与事件实际进展，要用偏见与实践之间的反馈关系才能解释。由于投资者不可能获得完整的资讯，而且投资者会因个别问题影响其对市场的认知，令投资者对市场预期产生不同的意见。索罗斯把这种“不同的意见”解释为“投资偏见”，并认为“投资偏见”是金融市场的根本动力。当“投资偏见”零散的时候，其对金融市场的影响可以忽略。当“投资偏见”在互动中不断强化并产生群体影响时，就会产生“羊群效应”，从而推动市场朝单一方向发展，最终必然反转。

（1）投资者对金融市场怀有偏见，即有不完全认识。

（2）偏见无时无处不在。

（3）投资者的偏见反过来影响市场发展。

（4）投资者的偏见和市场实际进程之间相互作用和影响，这就是反身性理论所说的“认知功能”和“参与功能”相互作用的过程。

索罗斯说：“参与者的价值判断总是有偏见的，而目前的偏见会影响市场价格。如果这是我想要说的一切，则不值得用一本书的篇幅来讨论。我的观点是，在某些情形下，偏见不仅影响市场价格，而且影响所谓的基本面，这才是反身性变得重要的时刻。它并非无时无刻存在着，可是一旦出现，市场价格变化趋势会遵循不同的模式。它们也扮演不同的角色，它们不仅反映所谓的基本面，它们本身也会成为基本面之一而参与价格的演化。这种递归（recursive）关系使得价格的演化变得不确定，从而与所谓的均衡价格毫不相干。”

（5）股价和其他金融商品的价格就是由投资者的认识和市场实际发展之间的反馈作用所影响而一直处于波动状态，同时价格波动进一步影响投资者的偏见和市场实际发展。

索罗斯反身性理论的一个关键点是参与者认知的不完备性，因而会对事物产生所谓的“偏见”。在资本市场上，投资者确实无法得到所需要的全部信息，即使得到了某一时的全部信息，随着事物的发展变化，又会有投资者不具备的新信息出现。

反身性理论的本质是认知可以改变事件，而事件反过来又改变认知。打个比方来说：如果你讨厌一个人，认为他是坏人，并打他、骂他，那么这个人会回击你。你会更进一步地打击这个人，这个人也会更猛烈地回击……例如，投资者相信某公司的股价将上涨，那么随着他们的买进，股价就会进一步上涨。股价欣欣向荣，使得公司认知度提升，增加了公司回购股票、融资扩大生产规模以及并购优良资产的可能性，反过来这些利多信息会再次拉动股价上涨。

索罗斯将这种事实作用于认知，认知又作用于事件，并如此循环往复地交互影响的过程称为“鞋袢”理论：“这些就是我的方法的理论基础。两个递归函数不会产生均衡的结果，只有一个永无止期的变化过程。这个过程从根本上区别于自然科学研究的过程，在那里，一组事件跟随另一组事件，不受思维或认知的干扰（尽管在量子物理学中，观察引入了不确定性）。当一个情境包含思维参与者时，事件的因果联系不再是由一组事件直接导向下一组事件，相反，它以一种类似鞋袢的模式将事实联结于认知，认知反过来联结于事实。由此，反身性概念产生了一种历史的‘鞋袢’理论。”

索罗斯谈到反身性理论时说：“我把反身性理论描述成始终有效的理论，这在某一层面是正确的，因为反身性中最重要的双向反馈机制可以随时运作。但这在另一层面却是错误的，因为它并非随时运作。事实上，在大多数情况下，它十分微弱，所以我们可以安然地忽略它。我们可以将情况区分为接近均衡的条件与远离均衡的条件。就前者来说，某种修正的机制可以防止认知与现实（perceptions and reality）之间出现过度的背离。以后者而言，反身性的双重反馈机制处在运作中，除非既存的条件或制度出现显著的变化，否则认知与现实便不会趋于一致。在第一种情形下，传统经济理论是适用的，而认知与现实之间的分歧可以视为噪声加以忽略。在第二种情形下，均衡理论便毫无关联了，我们面对的是单向的历史过程，其中认知与现实的变化都是无法反转的，我们必须区分这两种状态，因为一种是正常的，另一种则是反常的。”

索罗斯回避了市场上传统操作理论的误区，根据自己的反身性理论寻找战机，并取得了一系列的成功。

2. 盛衰理论

盛衰理论是建立在反身性理论基础上，和反身性理论相辅相成、共同运用的一种判断市场波动的理论。所谓盛衰理论，是指认知和现实之间的差距不断扩大，最终肯定会发生“事态失控”，这种情况也就是索罗斯所说的金融市场上的繁荣—萧条循环。

索罗斯认为市场的波动可以分为七个阶段。

（1）某个趋势尚未得到确认。这是过程的开始阶段，市场表现出的趋势尚不足以被投资者觉察。

（2）开始自我强化。人们开始觉察这种趋势并付诸行动，这种趋势反过来被强化，形成市场趋势，和人们的偏见互相强化。趋势随偏见而发展，偏见越来越被夸大，“动态不平衡”便出现了。

（3）市场的走向经受外部考验。外部冲击向偏见和趋势挑战。

（4）信念增强。偏见和趋势经受住了外部冲击的考验且更加巩固。此阶段称为“加速期”。

（5）真实和认知分歧。信念和现实间差距太大时，偏见被察觉。趋势依惯性前行，但信念不再加强。这一时期称为停滞期。

（6）高潮。趋势发展已到顶点。

（7）逆转。信念尽失，偏见走向反面，自我强化的趋势向反向发展，并开始加速运动。

上述内容包含了构成一个繁荣—萧条循环的所有要素。

市场总是处于不断变动中，充满了不确定性，繁荣—萧条循环经常反复发生。这个过程刚刚露头时，形势非常之好，而缺陷要待这种趋势获得了充分的发展之后才暴露出来。在盛极而衰的过渡期，参与者们愈益警觉和抵触，于是趋势丧失了劲头，最终发生逆转，这时常常会伴随着灾难性的结局。市场总是错的，繁荣—萧条循环随时都可能出现或者已经出现，而赚钱的方法就在于从不稳定性中寻找获利的途径，寻找意想不到的发展。

困难在于界定盛衰的拐点，也就是说要能够分辨出市场何时开始消耗自己的势头。一个趋势不可避免地要发生变化，不可能永远持续下去。不确定性越大，市场趋势对人的影响就越大；跟风投机的影响越大，形势就变得越不确定。当事情进展很顺利的时候，就离糟糕不远了。跟风行为是指人们以自我强化的方式，在价格上涨的时候买入，在价格下跌的时候卖出。不平衡的跟风行为是产生剧烈波动的市场崩溃的重要条件。索罗斯认为，有缺陷的认知导致市场自食其果。换句话说，随着投资者陷入盲目的狂热之中，或受羊群效应的影响进行市场操作，这样市场总是会发生过度反应并走向极端。繁荣—萧条循环只有在市场价格有办法影响基本面时，也就是影响到一般认为已经反映在市场价格的基本面时才会发生。

索罗斯在《金融炼金术》一书中举例说：集团企业热潮中，集团企业用他们高估的股票作为通货，购买获利能力，获利能力随后用来证明高估的股票价值。在国际借贷热潮中，银行用所谓的负债比率来衡量债务国的贷款能力，这些比率包括债务余额占国民生产总值的比率，或是债务本息支出占出口额的比率（偿债比率）。他们认为这些比率是客观的衡量标准，但是事实证明，债务比率受到银行本身的活动影响。例如银行停止贷款时，国民生产总值就会恶化。在所谓的基本面和价值之间，冲突并不经常发生。然而一旦发生，就会推动一种可能自我强化但最后会自我失败的过程。

反身性理论和盛衰理论是索罗斯金融投资哲学的主要部分，是索罗斯哲学观在金融市场投资中的结晶。在这两大理论的指导下，索罗斯还形成了一系列独特的投资理念和操作方法，为其投资实践赢得了巨大的成功。

3. 索罗斯的交易格言

（1）错误并不可耻，承认错误是件值得骄傲的事情。可耻的是错误已经显而易见了却不去修正。

（2）如果你未准备好忍受痛苦，那就不要再玩这场游戏，别指望你会成为常胜将军。投资者必须懂得如何保持冷静，承受亏损。索罗斯曾说，赔钱这事是一件痛苦的过程，的确是一个惨痛的遭遇，但是玩这个游戏，你就必须忍受痛苦。

（3）投资人的认知缺陷和盲从会使市场过度反应，当偏差大至超过某个临界点时，则会出现相反的趋势。索罗斯在大部分时候会一边跟着趋势走，一边寻找趋势的转折点并准备反向投资。

（4）世界经济史是一部基于假象和谎言的连续剧，要获得财富，正确的做法就是认清其假象并择其弱点攻击，然后在假象被公众识破之前退出游戏。

（5）在投资实践中，索罗斯总是根据研究先假设一种发展趋势，然后建立小仓位来试探市场。若假设有效，则继续投入巨资；若假设是错误的，就毫不犹豫地撤资。

（6）索罗斯认为，除了凭借专业知识进行分析之外，直觉在投资方面的作用也很重要。他的直觉常常来自于对国际贸易状况的宏观考虑，以及从身边诸多国际金融权威人士了解到的他们对宏观经济发展趋势的看法和策略。

（7）选择一个行业股票时，要选两家，但不是随便找两家，应选一家最好和一家最差的。

（8）当所有的参与者都习惯某一规则的时候，游戏的规则也将发生变化。索罗斯说过，他特别注意游戏规则的改变，不只是在游戏规则里打转，而是了解新的游戏规则何时出现，并且要在众人察觉之前采取行动。如果有可能，可以引导市场改变游戏规则。

（9）索罗斯对待金融市场有一种超然物外的耐心。他认为利率和汇率变动需要时间，因而整个投资往往是一场持久战。花时间去思考，学习和自省往往是等待过程中重要的一个环节。

（10）索罗斯以为，股票市场运行的基础不是逻辑层面，而是基于群体本能的心理层面，理解金融市场中混乱的根源正是其挣钱的良方。

（11）索罗斯非常看重合伙人的人品，他认为金融投机需要冒很大的风险，而不道德的人不愿意承担风险，这样的人不适宜从事高风险的投机事业。任何从事冒险业务却不能面对后果的人都不是好手。在他的团队里，投资风格可以完全不同，但人品一定要可靠。

（12）判断对错并不重要，重要的在于正确时获取了多大利润，错误时亏损了多少。

（13）索罗斯是对冲基金领域里的大师级人物，他懂得通过在多头和空头两面下注，将投资部位中风险资产的组成多样化，从而在一定程度上规避风险。

（14）通过哲学研究，索罗斯发现人类的认知存在缺陷，对真实的看法存在扭曲。金融投资的核心就是在人类存有缺陷和扭曲的认识上做文章。

（15）金融市场在不均衡中运转，造成市场参与者的市场预期与客观事物出现不可避免的偏差。寻找市场可能出现过度非均衡的倾向，是发现投资机会的捷径。

（16）根据反身性理论，市场天生就不稳定，偏见和认知缺陷将进一步导致市场波动，市场波动将再次影响投资人的期望——认知和现实间出现双向回馈，这种不稳定对投机者极为有利。

（17）懂得利用杠杆，不但可以提升投资力度，同时还能进一步提高报酬率。但是杠杆投资不仅需要好的心理素质，还需要保持杠杆平衡的技巧和能力。

（18）市场哪里乱哪里就可以赚到钱。辨识混乱，你就可能致富。越乱的局面，越是胆大心细的投资者有所表现的时候。乱局对冷静客观的投资人来说正是天赐良机，因为这可能是大捡便宜货的机会，也是财富重新分配的时候。

（19）索罗斯对冷门的东西特别感兴趣，例如在套汇还是一项冷门又无聊的工作时，他把套汇研究得很透彻，继而成为套汇理论兼操作的大师。

（20）索罗斯很相信自己的直觉。当他直接管理基金时，时常会背痛。只要一开始痛，他就知道投资组合有问题。更妙的是如果痛的地方接近腰部，就是买超出了毛病。若是左肩痛，就是货币方面有麻烦。

（21）索罗斯说，他的特长就是没有特定的投资作风，或者更精确地说，他常常改变自己的作风以迁就环境。

书，总有写完的时候，而技术理论的探索，技术实战的思考，永远不会有终点。以《优婆塞戒经》中三兽渡河的寓言故事，作为本书的结尾并与读者共勉。

兔、马、香象同时穿越恒河。兔子四脚完全踩不到河底，浮在水面而过。马的四蹄有时踩着河底，有时踩不到河底，半沉半浮而过。只有强壮的香象，四脚完全踩着河底，稳健地渡过恒河。

这个寓言以兔、马、象三兽渡河入水之深浅，喻示领会教义深浅的差异，后用以比喻同做一件事情，由于每个人下的工夫不同，得到的结果也不同。